Graubünden

Südlich vom Lunghinpass, 2645 m über dem Meer, markiert ein »Wasserweiser« die Nahtstelle zwischen Ost- und Westalpen, Europas berühmteste Wasserscheide. Graubündens Gletscher senden ihre Schmelzwasser mit dem Rhein in die Nordsee, mit Inn und Donau ins Schwarze Meer, mit Maira (Mera), Adda und Po in die Adria

Liebe Leser,
wer kennt nicht Arosa, Davos und St. Moritz, jene drei Wallfahrtsorte des internationalen Skitourismus. Sie liegen in Graubünden. Der größte Kanton der Schweiz ist ein Wintersportparadies. Wirklich kennenlernen aber kann man das »Land der 150 Täler« nur im Frühling, im Sommer, im Herbst. Im Frühling, wenn im Misox und im Puschlav die Feigen- und Mandelbäume blühen, im Sommer, wenn die Bauern ihr Vieh auf die Alpweiden treiben, im Herbst, wenn bei Soglio im Bergell die Kastanienwälder in allen Farben glühen und in der »Herrschaft« der Wein gelesen wird.
Den spröden Charme von Chur, der ältesten Stadt der Schweiz, gilt es zu entdecken, einst Hauptstadt der römischen Provinz Raetia prima. Auf dem Schafberg schuf der Maler Giovanni Segantini seine gewaltigen Bilder; hier starb er einen frühen Tod. Lesen Sie, warum die Bündner so schweigsam sind, wie Davos mit dem unwillkommenen Ruhm zurechtkommt, ein bedeutender Schauplatz der Weltliteratur zu sein, welche Überraschungen erleben kann, wer sich nach langer Zeit noch einmal mit Johanna Spyris »Heidi« beschäftigt, der berühmtesten Bündnerin. Aber ganz ohne Schnee geht es natürlich nicht: Wir sagen Ihnen, was dran ist am Cresta Run, dem kuriosesten Eissport der Welt, und warum die wirksamste Waffe gegen Lawinen, den weißen Tod der Skifahrer – Kanonen sind.

Herzlich Ihr

Ferdinand Ranft

Inhalt

Kein anderer Kanton hat so viele Kulturen und Sprachen, stille Winkel und touristische Tummelplätze Seite **6**

In der Kapitale Graubündens lebt es sich nicht schlecht. Die Altstadt hat Charme, die Küche ihren Reiz Seite **26**

Das Bergell ist uraltes Durchgangsland zum Süden, eine Grenz- und Pendlerregion Seite **32**

Hirtenjunge im Bergell mit dem charakteristischen Filzhut der Älpler
Foto: Walter Mayr

Mit 135 km pro Stunde rasen die Ritter der Cresta durch den blauen Eiskanal von St. Moritz Seite **52**

Davos und »Der Zauberberg«: Wie eine Stadt damit lebt, Schauplatz der Weltliteratur zu sein Seite **42**

Lawinen: Immer noch eine tödliche Gefahr für die Skifahrer Seite **70**

Viehabtrieb bei Stierva.
Im Hintergrund die Pyramide
des Piz Mitgel

Eine Bahn besiegt die Berge

Die Rhätische Bahn ist die kühnste der Alpen. Sie fährt durch 100 Tunnels und über 500 Brücken (hier über die Landwasserbrücke bei Schmitten) auf einem Streckennetz von 400 Kilometern: Ingenieurkunst triumphiert über ein eisenbahnfeindliches Bergland

Walter Imber

Während im Kanton Bern (ohne Stadt) 104 Menschen auf einem Quadratkilometer leben, sind es in Graubünden nur 23. Dafür gibt es hier noch viel Platz für Hirsche, Steinböcke und Gemsen. Graubünden ist auch der einzige Kanton, der, wenn man von Grenzen auf dem Wasser absieht, an drei Nachbarländer stößt: Österreich, Liechtenstein und Italien. Und obschon er nur einer von sechzehn Grenzkantonen ist, nimmt er ein Viertel der Landesgrenze in Anspruch.
Eine dritte Besonderheit mußten wir uns schon in der Schule einprägen: Das höchstgelegene ganzjährig bewohnte Dorf Europas findet man in Graubünden. Es heißt Juf und liegt auf einer Höhe von 2126 Metern. Für Bündner ist das im Vergleich zum Gipfel der Bernina (4049 m) nicht sonderlich hoch. Beeindruckend ist aber, daß das tiefstgelegene Dorf Graubündens, San Vittore im Misox, nur 275 Meter über dem Meeresspiegel liegt – der Kanton in seiner senkrechten Ausdehnung also rund 3800 Meter »hoch« ist.

Das alles aber erklärt nicht den Zauber, den Graubünden auf uns Unterländer ausübt. Naturschönheit findet man auch in Landesgegenden, die uns weniger stark anziehen. Es ist vor allem eine gewisse Vornehmheit, die mich dort beeindruckt. Graubünden hat eine große Vergangenheit. Es hat früh seine Selbständigkeit errungen und ist erst spät, 1803, zur Eidgenossenschaft gekommen, und dies nicht als Untertanenland oder schutzsuchender Nachbar, sondern als ebenbürtiger Partner. Vornehmheit sehe ich in der Großzügigkeit der Landschaft, in der Weite der Bergtäler, die nicht bedrükken, sondern ein Gefühl der Freiheit wecken; in der Stille der Lärchenwälder; in den Burgen und in den Dörfern, wo sich die Bauernhäuser mit kunstvoller Bemalung und prächtigem Blumenschmuck hinter schmiedeeisernen Fenstergittern wie Herrensitze ausnehmen.
Mich überrascht es immer wieder, wie unvermittelt Natur und Kultur in Graubünden aufeinandertreffen. Da durchquert man die schaurige Schlucht der Via Mala, betritt im Dorf Zillis eine schlichte romanische Kirche und steht unter der ältesten figürlich bemalten, fast vollständig erhaltenen Holzdecke der abendländischen Kunst – aus der Zeit um 1160. Oder man gelangt nach der Wildnis des Nationalparks und der Einsamkeit des Ofenpasses in den schwach besiedelten Ostzipfel des Landes und findet, wenige Schritte vor der italienischen Grenze, die Klosterkirche von Müstair, die aus der Zeit Karls des Großen stammt. Es gibt viele solcher einzigartigen Baudenkmäler in fast unberührter Natur: die karolingische Kirche von Mistail, Schloß Tarasp, der Palazzo Salis in Bondo, die reformierte Kirche San Gian bei Celerina – Romanik neben Alpenblumen: das ist Graubünden.
Vornehm kommen auch die Familien- und die Ortsnamen daher: Planta, von Salis, Cantieni – das klingt anders als Meier und Müller. Pontresina, Arosa, Surava, Maloja – das ist Musik, und man hätte als Unterländer geradezu Minderwertigkeitsgefühle, fände man in Graubünden nicht auch weniger poetische Ortsnamen wie Lantsch, Rhäzüns und das unaussprechliche Chamues-ch.
Mich haben diese eindeutig bündnerischen Bezeichnungen schon immer gefesselt, und ich bin überzeugt, daß der Charakter einer Landschaft sich auch in ihren Flurnamen ausdrückt. An einem regnerischen Urlaubstag komponierte ich das »Lied der Heimat 268«, eine »topolyrische« Schöpfung, ausschließlich aus Ortsbezeichnungen der Schweizerischen Landeskarte, Blatt 268 (Julierpaß):

Lied der Heimat 268

Albanella Chantarella,
Cresta Crasta Sur La Sella,
Salacina Pontresina,
Beiva Prüma Piz Bernina.

Tscheppa Crappa Morteratsch,
Lantsch Gravatscha Clavadatsch,
Plang Arblatsch,
Cam Furnatsch,
Acla Verda Munteratsch.

Maloja Alpetta
Misaun Palüdetta,
Mutain Capalotta,
Albana La Motta,
Suvretta La Stretta Valletta Stüvetta,

Flix Fex Clüx!

Wir Berner hören diesen Klang gern, wir mögen es, wie die Bündner ihre schweizerdeutsche Mundart sprechen. Sie verwenden noch mittelhochdeutsche Verbalformen; ihr A ist hell, und Reibelaute gibt es nicht. Ihre Hauptstadt heißt eigentlich nicht Chur, sondern Ghur. Wir Berner schätzen die Bündner noch aus einem anderen Grund. Wir glauben, daß wir zum gleichen Menschenschlag gehören: eher wortkarg bedächtig, nichts überstürzend, mit einer großen Liebe zu Traditionen und einer Zurückhaltung gegenüber revolutionären Neuerungen.
Richard Wagner war von Graubünden, das er 1853 besuchte, nicht sonderlich begeistert. Ihm steht aber eine erdrückende Mehrheit prominenter Liebhaber des Kantons gegenüber. Nicht nur Schlagzeilen-Persönlichkeiten wie Bing Crosby, Charlie Chaplin, Gunter Sachs, Aristoteles Onassis und König Hussein von Jordanien, sondern solche, die dort die richtige Umwelt für fruchtbares Schaffen fanden: Giovanni Segantini, Alberto Giacometti, Thomas Mann, Rainer Maria Rilke, Friedrich Nietzsche und auch Johanna Spyri, deren Geschichte über ein kleines Mädchen aus den Bündner Bergen Millionen Menschen in aller Welt gelesen haben. (Siehe auch S. 126.)

In Graubünden finden sich mehr Gegensätze friedlich nebeneinander als in jedem anderen Kanton: Drei unserer vier Nationalsprachen werden hier gesprochen; römisch-katholische und protestantische Einwohner halten sich fast die Waage; neben dem Edelweiß der Hochalpen gedeiht im Misox die Palme, neben dem Gletscherhahnenfuß die Weinrebe; außer Landwirtschaft gibt es im Churer Rheintal auch eine leistungsfähige Industrie. Vor allem aber haben trotz Massenmedien und Mobilität die meisten Talschaften Graubündens ihre Eigenart bewahrt. Das zeigt sich in der Vielfalt der Volkstrachten und Dialekte und im politischen Leben des Kantons. Partikularismus nennen wir diesen typisch helvetischen Widerstand gegen jegliche Gleichschaltung. Partikularismus ist mühsam, er führt zu Interessenkonflikten und Rivalitäten, er verzögert politische Entwicklungen und Entscheidungen und wäre geradezu unausstehlich, würde er nicht sofort beiseite geschoben, wenn das Bestehen der Gemeinschaft in Frage gestellt wird.
In diesem Sinne ist Graubünden tatsächlich der Prototyp einer unsentimentalen, realistischen Eidgenossenschaft, einer Schweiz in der Schweiz. □

In keinem anderen Kanton gibt es eine solche Vielfalt der Natur, so viele eigenständige Kulturen und Sprachen, stille Winkel und touristische Tummelplätze. Graubünden mit seinen 150 Tälern ist eine Miniaturausgabe der Eidgenossenschaft

DIE SCHWEIZ IN DER SCHWEIZ

Von Guido Schmezer

Ich erwachte um drei Uhr früh, weil es sehr kalt war im Zelt und auch ungewöhnlich hell. Ich kroch ins Freie, richtete mich auf und glaubte zu träumen. Der Vollmond stand über dem Lärchenwald, und darunter leuchteten im Silberlicht die Berge der Lenzerheide. Es gibt Bilder, die sich unauslöschlich einprägen. Immer, wenn ich an Graubünden denke, sehe ich die Berge der Lenzerheide im Silberlicht.

Ich war damals kein Feriengast, sondern Mitglied einer international zusammengewürfelten Pfadfindergruppe, die nach einem harten Lawinenwinter die Alpweiden von Felsbrocken und zersplitterten Bäumen säuberte. Ich lebte in einem kleinen Dorf und lernte den Alltag einer Bevölkerung kennen, die keinen Anteil hatte am Glanz der mondänen Fremdenorte. Ich schlief auf Stroh, wusch mich am Dorfbrunnen und kannte den Gemeindepräsidenten und den Ziegenhirten.

Einige Jahre später kamen wir auf der Hochzeitsreise aus Österreich und strebten rheinaufwärts dem Oberalppaß zu. In einem Anfall von Übermut und Leichtsinn fuhren wir in Disentis beim besten Haus am Platze vor, dem schloßartigen *Disentiserhof,* dessen altmodische Vornehmheit uns andächtig stimmte. Im langsam sich bewegenden Lift stand ein Kanapee, im Badezimmer hätte man radfahren können, und der Speisesaal war so feierlich, daß wir uns kaum zu unterhalten wagten. Das Zimmer, mit Balkon gegen Dorf und Kloster, kostete fünfzehn Franken, und das war damals, vor dreißig Jahren, recht viel. Doch es reute uns nicht, denn eine Hotelnacht in Graubünden war für uns Berner etwas ganz Besonderes, wie man es sich nur auf einer Hochzeitsreise leistet im Bewußtsein, daß es wohl einmalig bleiben werde.

Für uns Berner nämlich, die wir drei Eisenbahnstunden von Chur und fünf von St. Moritz entfernt leben, ist Graubünden immer ein Traumland gewesen. Einer Schulkameradin begegneten wir mit Hochachtung und nicht ohne Neid, weil sie im Sommer nach Pontresina fuhr. Ihre Eltern mußten sehr reich sein, denn nach unserer Meinung konnten nur die oberen Zehntausend Ferien im Engadin verbringen. Wir kannten jene Landesgegend nur von Kalenderbildern, die wunderschöne Winterlandschaften und herbstlich-goldene Föhrenwälder an tiefblauen Seen zeigten; wir lasen, daß Greta Garbo, Marlene Dietrich und der Schah von Persien sich in St. Moritz aufhielten; wir stellten fest, daß unsere besten Eishockeyspieler aus jenem Wintersportparadies kamen, daß Parsenn und Cresta Run Weltruhm genossen. Und nie hätte ich damals zu glauben gewagt, daß ich einmal mit Frau und Kindern Ferien in Graubünden verbringen würde.

Bündner Ferien – das war der weiße Winter in Flims, der farbige Sommer im Engadin; das waren die Fahrten mit dem Schlauchboot von Maloja nach Sils, wenn der regelmäßig gegen Mittag sich erhebende Talwind unsere selbstgenähten Segel blähte; das waren die langen Wanderungen durch die Seitentäler des Engadins, auf denen wir keinem Menschen begegneten; das waren Bergblumen, Murmeltiere, Hirsche, Schlangen und Schmetterlinge; das war auch jener Julitag, an dem wir, weil im Engadin Schnee fiel, kurzerhand an den Comer See fuhren und dort unten badeten, bis oben der Schnee wieder geschmolzen war.

Graubünden ist nicht nur der größte der 23 Kantone der Eidgenossenschaft, sondern auch derjenige mit der geringsten Bevölkerungsdichte. Der schweizerische Durchschnitt liegt bei 154 Einwohnern pro Quadratkilometer.

Fortsetzung auf Seite 13

Freiheit mit Flügeln

Fast schwerelos schweben, sich von den Winden gemächlich hinab ins Tal tragen lassen – für die Drachenflieger ist in der Schweiz ein uralter Menschheitstraum Wirklichkeit geworden. Das Gebirgsland Graubünden wird weltweit gerühmt als ideales Revier für diesen windigen Sport. Im Vordergrund ragt der Gipfel des Scesaplana, im Tal floß einst der Urrhein zum Bodensee

Herbert Maeder

Walter Mayr

Ein Heerwurm geht am Stock

Alle Jahre wieder, am zweiten Sonntag im März, gleiten rund 12 000 Skimarathonläufer von Maloja zum 42 Kilometer entfernten Zuoz. Dabei überqueren sie den zugefrorenen Silvaplaner See und umrunden das Schlößchen Crap da Sass

Andreas Riedmiller

Die wilde Schlucht des jungen Rheins

Bei Flims hat sich der Vorderrhein mäandernd durch die Trümmermasse eines mächtigen Bergsturzes gesägt: Die Steilhalden der Ruinaulta ragen weiß und meist vegetationslos empor. Der Bergsturz und die Schlucht teilen das Bündner Oberland in Sutselva (unterhalb des Waldes) und Surselva (oberhalb des Waldes)

Walter Mayr

Der Gletscher als Bildhauer

Wenn das Eis der Gletscher taut, beginnen die Wasserstrudel ihre unermüdliche Mahlarbeit. Mit Geröll als Schmirgelmasse schleifen sie in Tausenden von Jahren phantastische Formen aus dem Schiefer, hier über dem Hinterrhein in der Viamala

Walter Mayr

Walter Mayr

Neun Monate Winter und drei Monate Kälte

So spottet man über das Klima mancher Täler Graubündens. Ein Drittel des Jahres dringt die Sonne nicht bis zur Talsohle vor, und die Dörfer versinken im Nebel. Auf diesem Hang in der Lenzerheide kündigt Rauhreif den nahen Winter an

Eine mächtige Pforte zum Engadin

14 Pässe queren Graubündens Alpen. Nirgendwo gibt es mehr Übergänge auf so engem Raum. Den Julier, den ein Gletscher in den grünen Granit schliff, benutzten schon die Römer. Unzählige Opfermünzen zeugen vom Glück der Spender, endlich »über den Berg zu sein«

Peter Hatt

Das Quartier im Schatten von St. Martin ist das noch immer intakte Herz der alten Bürgerstadt – vom bischöflichen »Hof« nur wenige Schritte entfernt, über Jahrhunderte aber durch eine dicke Mauer getrennt. Denn in der Martinskirche hatte Comander, ein Studienfreund Zwinglis, den neuen Glauben gepredigt und dem Bischof die meisten seiner Bündner Schäfchen abgeworben

DER SPRÖDE CH

Von Margrit Sprecher

Heute trennen Eisenbahnschienen die Altstadt von den Neubauvierteln in der Rheinebene. Diesseits der Schienen haben sich privilegierte Bürger in sorgfältig restaurierten Zunft- und Handwerkerhäusern Komfortwohnungen eingerichtet, jenseits drängeln sich Zuwanderer aus der Surselva oder aus Sizilien in Hochhäusern, die genauso aussehen wie in den Vorstädten von Zürich

Walter Mayr

RME VON CHUR

Für die einen ist es der allerschlimmste Ort auf Erden, die anderen sehen nur heile Welt und schöne Winkel: Was ist wirklich dran an der ältesten Stadt der Schweiz?

In der Churer Altstadt ist die Kunst auf die Straße gegangen und hat sich unter die Leute gemischt. Der Maler Robert Indermaur: »Ich möchte meine Figuren mitten ins Geschehen stellen, in die Welt, der ich sie entnommen habe.« Die Churer reagierten überrascht und verwirrt auf die lebensgroßen Fassadenbilder, akzeptierten die Figuren aber dann als stumme Mitbürger

Wie ein Lorbeerkranz, mag sich ein in Chur aufgewachsenes Kind vorstellen, ranken sich hundertfünfzig Täler um das glorreiche Haupt Graubündens, um seine Heimatstadt: nichts als eine grüne Dekoration, geschaffen zum Lob und Preis der Kapitale des größten Kantons der Schweiz. Später rücken der Blick auf die Karte und das Leben solch anmaßende Proportionen wieder zurecht. Chur, entdeckt man, ist eher ein seltsam an den Rand, an die Kantonsgrenze gerückter Wasserkopf mit wüsten Betonwucherungen.

Chur, entdeckt man weiter, gefällt vor allem den Churern. Die Engadiner dagegen fühlen sich in ihrer Kantonshauptstadt wie in der Verbannung, und die Disentiser, Sedruner und Truner, die hier leben, schließen sich zu verschworenen, romanischen Zirkeln zusammen, um der – sechzig Kilometer weit entfernten – Heimat zu gedenken.

Mit den übrigen Schweizern steht's kaum besser. Die meisten steigen auf dem Churer Bahnhof nicht aus, sondern bloß um. Und kommen sie mit dem Auto, so erscheint ihnen die Stadt vor allem als eine Häufung roter Ampeln, als ein letztes Hindernis auf dem Weg ins Ferienparadies und auf dem Rückweg als ein erster Vorgeschmack auf den grauen Alltag.

Aber auch in manchem Churer verdichtet sich allmählich die düstere Erkenntnis, daß man wohl in Chur geboren sein muß, um Chur schön zu finden. Dafür gibt's auch in der Literatur manch bösen Hinweis. Der Journalist und Schriftsteller Niklaus Meienberg hat mit ihr ebenso abgerechnet wie der Bündner Reto Hänny in seinem Buch »Ruch« – eine leicht durchschaubare Umkehrung von Chur. Für beide ist die Stadt bloß Kulisse und Maske einer sich nach außen abschließenden, selbstzufriedenen Gesellschaft.

Noch schlimmer schlägt der Österreicher Thomas Bernhard in seinem Buch »Der Untergeher« zu. Der Untergeher fährt nach Chur, um sich hier aufzuhängen, weil es für ihn schlichtweg der allerschlimmste Ort auf Erden ist. »In den Churer Weinstuben schenkten sie den schlechtesten Wein aus und trugen die geschmacklosesten Würste auf. Mein Vater nannte Chur eine angenehme Zwischenstation, was ich nie verstand, denn ich hatte Chur immer als besonders unangenehm empfunden. Genau wie die Salzburger waren mir die Churer noch verhaßter in ihrem Hochgebirgsstumpfsinn. Ich hatte es immer als Bestrafung empfunden, mit den Eltern nach Sankt Moritz fahren zu müssen, in Chur Station zu machen, in diesem trostlosen Hotel absteigen zu müssen, dessen Fenster auf eine enge, bis zum zweiten Stock herauf feuchte Gasse hinausgingen. In Chur hatte ich niemals geschlafen, dachte ich, war immer nur voller Verzweiflung wachgelegen. Chur ist tatsächlich der trübsinnigste Ort, den ich jemals gesehen habe. Nicht einmal Salzburg ist so trübsinnig und letzten Endes krank machend wie Chur. Und die Churer sind dementsprechend. In Chur kann ein Mensch, auch wenn er nur eine einzige Nacht bleibt, für sein Leben ruiniert werden.«

So weit Thomas Bernhard. Der »schlechteste Wein«, versucht man nachzuvollziehen, war wahr-

Die bunten Flaggen in der Reichsgasse (oben) täuschen darüber hinweg, daß Chur ein eher puritanisch-nüchternes Aussehen hat. Aber hinter den bescheidenen Fassaden – wie der des Rathauses (oben) – verbergen sich oft prunkvolle Einrichtungen. Chur ist eine handliche Stadt, sie ermüdet den Fußgänger nicht, der sie entdecken will. Und auch das Vieh darf noch Verkehrsteilnehmer sein: das Welschdörfli jenseits des Obertors (unten)

scheinlich ein zweitklassiger Veltliner (den man halt überhaupt nur über 1500 Meter Höhe trinken sollte), und die »geschmacklose Wurst« Churs kulinarischer Stolz: eine Beinwurst. Die Wurst ist tatsächlich für viele ein Schock, denn ihr Name ist durchaus wörtlich zu nehmen: im runden Darmbeutel stecken neben geräucherten Stücken von Schweinefleisch auch Knochen – Bein eben. Zahllose Churer Vereine veranstalteten (unter Ausschluß des weiblichen Geschlechts, eine weitere Churer Spezialität) im Winter »Beinwurstabende«, die oft ein feucht-wüstes Ende nehmen.

Doch obwohl die meisten Churer bösartige Schilderungen ihrer Stadt mit Befriedigung lesen, erwacht in ihnen manchmal ein leiser Trotz. Gewiß, sagen sie, Liebliches und Charmantes sucht man in unserer herben Stadt vergebens. Aber wie schön ist doch die Altstadt, wenn auf den mächtigen Dächern der Schnee liegt und die grauen Steinquader der Häuser plötzlich zu wachsen und noch mächtiger zu werden scheinen.

Oder wenn im Herbst der Föhn den Himmel zwischen Calanda und Pizoggel preußisch-blau färbt und aus den noch verbliebenen Torkeln in Lürlibad der Duft des neuen Weines dringt. Oder wenn in einer lauen Sommernacht die Stimmen in den Gewölben der Altstadt wie im Süden widerhallen, die Menschen im Freien sitzen und die Steine noch die Wärme des Tages ausstrahlen. Dann wird Chur plötzlich zur italienischsten Stadt nördlich der Alpen. Dann ist's, als wären die Römer erst gestern abgezogen.

Chur feiert 1986 sein zweitausendjähriges Bestehen, reiht sich in den Festreigen der Städte, die ihre Bedeutung den Römern verdanken. Und wie die anderen Geburtstagskinder fragt sich auch Chur nicht, was es denn eigentlich zu feiern gibt. Etwa, daß die römische Besatzungsmacht in kürzester Zeit die ethnische und kulturelle Identität der Einheimischen zerstört hat. Zufrieden notierte jedenfalls der römische Geograph Strabo: »Jetzt sind die einen vernichtet, die andern völlig unterworfen, so

Für die Fremden: Gerstensuppe und saure Leber

daß die durch ihr Land führenden Gebirgspässe, die früher spärlich und schlecht passierbar waren, jetzt zahlreich und von den Menschen gut gangbar sind.« Daneben lebten die Eroberer, wie die Ausgrabungen im Churer »Welschdörfli« zeigten, in Curia nicht schlecht: sogar Austernschalen aus der Bretagne wurden gefunden.

Auch heute lebt sich's in Chur nicht schlecht. Ganz besonders im Herbst, wenn überall Hirsch-, Gems- und Rehpfeffer von der Patentjagd (Volksjagd) zu haben ist. Zudem haben sich einige Lokale – zum Beispiel der *Stern*, ein arvenholzgetäfeltes Romantikhotel, das *Zollhaus* und das *Bahnhofbuffet* (eines der schönsten der Schweiz) wieder auf die einheimische Küche besonnen und servieren Gerstensuppe, Capuns (in Mangoldblätter gewickelter Spätzliteig) und saure Leber. Manches allerdings, so bemäkeln kulinarische Puristen, wirkt schon wieder allzu gewollt und aufgesetzt, kurz: touristisch. Doch offenbar ist die schlichte, sättigende Direktheit der ursprünglichen Rezepte auswärtigen Gästen nicht zuzumuten.

Ein Vorteil für Besucher: Chur läßt sich bequem

Baulücken trüben die Freude des Wiedersehens

besichtigen. Wie handlich es daliegt, sieht man am besten vom kegelförmigen Pizoggel, dem Churer Hausberg. Wem's nur um die Aussicht geht, steigt in der Mittelstation der Brambrüesch-Seilbahn aus. Wer aber, nur wenige Seilbahn-Minuten vom Trubel des Postplatzes entfernt, sich plötzlich inmitten von Alpweiden und Kuhgebimmel wiederfinden möchte, löst seine Fahrkarte bis Endstation.

Von oben sind auch die Betonkeile, die falsch verstandener Fortschrittsglaube, phantasielose Architekten und renditebewußte Bauherren ins geschlossene, mittelalterliche Stadtbild schlugen, besonders deutlich zu sehen. Noch schlimmer: Während andere Städte die Zeichen der Zeit erkannt haben und bewahren, was noch zu bewahren ist, wird in Chur weiterhin munter abgerissen. So mischt sich denn in jede Wiedersehensfreude die bange Frage: Wo klafft jetzt wieder eine Lücke? Wo gähnt die nächste Baugrube?

Nur heile Welt und schöne Winkel sieht dagegen, wer den roten und blauen Fußspuren des Verkehrsvereins folgt. Sie führen nicht, wie böse Zungen behaupten, von Beiz zu Beiz, sondern im Zeitraffertempo von Höhepunkt zu Höhepunkt. Man kommt garantiert an der gotischen Rathaushalle und am Obertor vorbei, am Süßen Winkel und am Arcas, am bischöflichen Schloß und an der gedrungenstämmigen romanischen Kathedrale, die ein Literat eine *symphonie sur un air montagnard* nannte. Auch die schönsten Herrenhäuser liegen am Weg, meist von dem Sold aus fremden Kriegsdiensten bezahlt: massige graue Würfel mit weißgekalkten Gewölben und großzügigen Treppenaufgängen. In die beiden schönsten kann man werktags ruhig eintreten, auch wenn keine Tafel dazu ermuntert: Das eine, an der Reichsgasse, beherbergt die Kantonsregierung, das andere, an der Postgasse, ist Gerichtsgebäude.

Meine Führungen lasse ich meist in der *Hofkellerei* ausklingen, dem schönsten und gemütlichsten Lokal der Stadt im Turm über dem Aufgang. Auch wenn Gault & Millau in ihrem gefürchteten Restaurantführer für die Kochkünste der Wirtin nur hämische Worte übrig haben, lasse man in der holzgetäfelten gotischen Stube eine Flasche hellroten Churer Schiller aus des Bischofs Rebbergen entkorken. Er sieht so harmlos aus wie Sirup und entfaltet seine ganze Wirkung erst beim Aufstehen. Doch damit haben es die meisten dann gar nicht mehr so eilig. □

Soglio, das schönste noch intakte Dorf im Bergell mit Herrschaftspalästen und bäuerlicher Gassenenge, liegt abseits auf einer Sonnenterrasse. »Soglio è la soglia al paradiso« (Soglio ist die Schwelle zum Paradies) sagen seine Bewohner selbstbewußt

Walter Mayr

Max Wermelinger

EINE TREPPE ZUM SÜDEN

Das Bergell, italienisch Bregaglia, ist die kürzeste Verbindung vom Engadin zum Comer See, uraltes Durchgangsland, eine märchenhaft anmutende Bergwelt mit eigenständiger Kultur

Mit den kargen und steilen Bergweiden oberhalb von Soglio kommen Ziegen am besten zurecht. So vollzieht sich zweimal am Tag ein uraltes Ritual. Frühmorgens holt der Hirt die Tiere von den Stadeln des Dorfes ab und bringt sie abends wieder zurück

Walter Mayr

Um Soglio und Castasegna dehnt sich der größte Edelkastanienwald Europas. Die Maronen werden gesammelt und in Rösthäusern gelagert. Über Jahrhunderte waren Eßkastanien ein Hauptnahrungsmittel der armen Bergbauern, heute werden sie bei guten Ernten auch als Viehfutter genutzt

Walter Mayr

Eine Treppe zum Süden: das Bergell

Ehe man sich's versieht, ist das Tal schon zu Ende. Vom Malojapaß im Nordosten bis zur Landesgrenze bei Castasegna im Südwesten sind es 32 Kilometer, und die führen steil hinab. Zwischen den Alphütten bei Maloja und den Feigenbäumen in Castasegna liegen 1485 Höhenmeter. Conrad Ferdinand Meyer nannte das Bergell »eine steile Treppe, welche fast plötzlich . . . aus der leichten Bergluft in die Hitze Italiens hinunterführt«, und Rainer Maria Rilke spottete über die »Eile des Tales, in Italien anzukommen«.

Die Fahrt vom Maloja hinab hat Ernst Bloch beschrieben: »So geht die berühmte Straße steil abwärts. Kehre um Kehre zieht die alte Schlucht von Maloja herunter ins Bergell. Diese Abfahrt nach Italien dürfte die jäheste, dabei die fühlbarste und lebendigste sein. Kein nordsüdlicher Bergtunnel ist damit vergleichbar, auch der durch den Gotthard nicht, trotz der gleichsam ausgelegten Plötzlichkeit des Wechsels. Drehung um Drehung mildert sich die hochalpine Welt und was in ihr gedeiht; Arven und Lärchen lassen nach, nun erscheint die Tanne, nicht vereinzelt, sondern fast schon einen kleinen Wald bildend, zwischen dessen Stämmen die Sonne scheint und ein Stück Himmel Platz hat. Fallend voran geht die Fahrt, aber rückwärts geht die Jahreszeit: aus frühem Herbst in frühen August. Voller wird das botanische Orchester, füllt sich mit immer zugetaneren Stimmen, der Norden zieht ab und schmilzt in der weichen, schweren Luft des Mittags. Jetzt auch steigt die erste Zeder aus der Tiefe, die Wipfel heben sich und werden ein Dach. Rückwärts aber, welches Bild, das den Absturz einfaßt. Die Berge, von denen die Straße herkommt, wachsen in unglaubwürdige Höhe, sind keine geschrumpfte, gefaltete, emporgeschobene Rinde mehr, haben jeden Blickbezug zum Boden verlassen, fast jeden Raum zwischen sich und einem Himmel, wohin sie nicht so sehr ragen, als sie ihn zur Hälfte wegnehmen und selbst der Himmel geworden sind. Völlig als Stück dieser anderen Welt schmerzen die Granitspitzen und Todeszacken, blickt das Granitfenster herab, das in den Alpen an dieser Stelle sich auftut; es ist Terminus humanitatis, ja der Erde – diese Ferne bringt diese Grenze erst ans Licht.«

Heute fließt der Verkehr über die perfekt ausgebaute Malojastraße. Davor gab es eine andere, berühmte und vermutlich noch ältere Verbindung, die schon die Römer benutzten: den Septimer, der auf dem kürzesten Weg nach Bivio ins Oberhalbstein führte. Der Maloja lief ihm den Rang ab, weil er lawinensicher ist. Der Septimer wurde erst im vergangenen Jahrhundert endgültig aufgegeben, als die neutrassierte Verbindung von Casaccia nach Silvaplana und weiter über den Julier, also nach Bivio, fertig war. Heute sind die verlassenen Transportwege ein beliebtes Ausflugsgebiet für Wanderer. Die Rückeroberung, im Zeichen eines bewußteren Natur- und Landschaftsverständnisses, hat begonnen. Nur wenige wissen allerdings, daß sie sich im klassischen Angrenzerdreieck befinden, das zu einem guten Teil die sprachlichen Besonderheiten des Bergells prägte. In westlicher Richtung erreicht man die Nahtstelle zum deutschsprachigen Avers, dessen obere Seitentäler angestammtes Weideland der Bergeller sind. Nordöstlich beginnt das Oberhalbstein mit dem ebenfalls von Bergellern besiedelten Bivio, einem italienischsprachigen Vorposten; die anderen Dörfer sind romanisches Sprachgebiet. Rätoromanisch ist auch die Stammsprache des Oberengadins jenseits des Maloja.

Das Bergell gehört zu den vier versteckten Bündner Tälern, die sich nach Süden öffnen und als kleine Trichter nach Italien hineinragen: Auf der Landkarte von links nach rechts finden wir Calanca und Misox, die sich wie eine Flanke des Tessins ausnehmen; in der Mitte das Bergell, das nach Chiavenna ausgerichtet ist; auf der Südseite des Bernina das Puschlav, das auf Madonna di Tirano im Veltlin mündet. Nach dem Wiener Kongreß von 1815 fiel das Veltlin zunächst an Österreich, 1859 endgültig an Italien. Seither können die Bewohner der Täler von Italienischbünden einander nur über zeitaufwendige Umwege oder über Italien besuchen. Obwohl die bündnerisch gebliebenen *Valli* italienischer Sprache mit dem Tessin, das eine ganz andere geschichtliche Entwicklung hatte, die *Svizzera italiana* bilden, führen sie doch ein Eigenleben.

Das Bergell ist das einzige italienischsprachige Tal, das im Jahrhundert der Reformation zum neuen Glauben übertrat. Und es war die Reformation, die hier die italienische Sprachtradition festigte. Vormals galt für den Schriftverkehr Latein, daneben Romanisch und Deutsch. Über Jahrhunderte war das Gebiet eine Einheit mit dem angrenzenden Oberengadin. Und wo die Bergeller bei der Ausweitung ihrer Landnutzung auf das Rätoromanische stießen oder auch auf das Deutsch der Walser wie etwa im oberen Avers, da bildeten sich besondere Mischmundarten heraus.

Die grundsätzliche Umorientierung nach Norden, die Verbindung mit dem rätischen Lebens- und Kulturbereich, begann sehr früh, bereits im Jahre 960, als die Talschaft durch Erlaß Kaiser Ottos des Großen von Como abgetrennt wurde, und nunmehr dem Bistum Chur unterstand. Mitte des 14. Jahrhunderts gehörten die Bergeller dann zu den Mitbegründern des Gotteshausbundes, der, wie später der Graue Bund und der Zehngerichtenbund, gegen die Abhängigkeit vom Churer Bischof stritt. Das war ein unmißverständliches Freiheitssignal. Im damaligen feudalherrschaftlichen Gefüge, in welchem es bereits

Bis heute sprechen die Bergbauern Bargaiot, eine eigenständige romanische Sprache

Walter Mayr

spürbar knirschte, schien es ratsam, die Hüter der strategisch und handelspolitisch so wichtigen Paßübergänge nicht länger durch Unterdrückung oder durch Mißachtung ihrer erworbenen Rechte zu verärgern.

Ab 1524 gehörte das Bergell zum Freistaat der Drei Bünde und nahm in der Folge die italienischen Glaubensflüchtlinge auf, die in ihren Ländern wegen ihrer protestantischen Konfession bedroht, verfolgt oder ausgewiesen wurden. Der profilierteste Reformator des Tales war Peter Paul Vergerio, vormals Bischof von Capodistria. Er hatte bereits im Puschlav gewirkt und sich dies- und jenseits des Alpenkammes ein weitverzweigtes Netz von Gesinnungsfreunden aufgebaut. Es waren geistig militante Stützpunkte, von denen er ausgehen konnte, um sein Gedankengut zu verbreiten, was oft nicht ohne Folgen blieb. In Casaccia kam es nach einer aufrüttelnden Predigt Vergerios zu einem Bildersturm in der Wallfahrtskirche San Gaudenzio. Noch heute steht die Ruine dieser Kirche, die nach der Trennung des Bergells von Rom zerfiel.
Mit der Reformation wurde Italienisch im Bergell zur Kirchen-, Schul- und Amtssprache. Außerdem hielt sich die Bevölkerung an ihre Mundart, das Bargaiot, eine Mischung von alpinlombardischen und romanischen Sprachelementen mit deutschen Einsprengseln. Die Bergeller waren über Jahrhunderte Bergbauern, vor allem Viehhalter und Alpwirte. Ihre Mundart, mit der sich die Sprachforscher immer wieder beschäftigen, besitzt einen reichhaltigen bäuerlichen Wortschatz.
Eines der wenigen schriftlichen Zeugnisse des Bargaiot ist das Bergeller Nationalschauspiel »La Stria« (Die Hexe). Es entstand 1875: ein tragikomisches Volkslehrstück des aus Vicosoprano stammenden Giovanni Andrea Maurizio (1815–85). Darin verbinden sich humanistisches Wissen, Menschenkenntnis und ein gewisser Altersmoralismus auf glückliche Weise mit Humor. Die Liebesgeschichte zwischen zwei jungen Menschen verschiedener Konfessionen und sozialer Herkunft spielt im 16. Jahrhundert, im politischen und religiösen Spannungsfeld des Bergells, mit allen nur denkbaren Intrigen, die bis zur Hexenverfolgung reichen. Sie werden mit Pfiffigkeit aufgelöst und kommen im Zeichen von Vernunft und Versöhnung zu einem heiteren Ende.
Lage, Geschichte und Sprache sind Schlüssel zum Verständnis des Bergells, das nicht einmal 1500 Einwohner zählt, etwa ein Zehntel der Bevölkerung des Oberengadins. Es gibt fünf Gemeinden, die sich in verschiedene Dörfer und Weiler gliedern. Der bewohnte Teil konzentriert sich – wenn man von Casaccia als nördlicher Vorhut absieht – auf die Strecke zwischen Vicosoprano und dem vierhundert Meter tiefer gelegenen Castasegna am Übergang zu Italien.
Steilflanken, Steine, kraftvolle Nadel- und Mischwälder und wie ruhende Pole wirkende Wiesen sind das Merkmal dieser Landschaft. Sie biedert sich dem Besucher nicht an, und gerade dieser Charakterzug ist der Grund dafür, daß es ausgesprochene Bergell-Liebhaber gibt, die vom Tal und von allem, was es verborgen hält und nur den Kennern preisgibt, nicht loskommen. Damit sind die Fernsichten gemeint, die sich dem Alpinisten eröffnen, die wechselnden Farben der Jahreszeiten, die prachtvollen Mineralien in der Umgebung. Die schönsten Kristalle wurden übrigens während des Kraftwerkbaus gefunden, ein Stück Bergeller Entwicklungsgeschichte der neueren Zeit.
In den fünfziger Jahren baute die Stadt Zürich hier einen Teil ihrer Stromversorgungsanlagen. Sie erstrecken sich vom Albigna-Stausee bis zur Kavernenzentrale in Castasegna. Es war eines der ersten bewußt umweltfreundlich gestalteten Kraftwerke, bei dessen Bau man sich

Historischer Wacht- und Zollturm am Malojapaß

bemühte, die Landschaft so wenig wie möglich zu verletzen. Mit dem Kraftwerk entstanden im Bergell wichtige Infrastrukturen. Steuern und Wasserzinsen gaben dem Finanzhaushalt der Gemeinden endlich einen größeren Spielraum.

Trotz allem wird das Bergell eine Grenz-, Rand- und Pendlerregion bleiben: Man kann die Verhältnisse bessern, aber nicht grundsätzlich ändern. Die Einwohner finden ihr Auskommen zu einem guten Teil im Engadin, während italienische Grenzgänger im Wald und in den Steinbrüchen arbeiten. Die Land- und Forstwirtschaft geht mehr und mehr zurück, obwohl heute die Voraussetzungen für bäuerliche Betriebe bedeutend besser sind als früher. Aber wer will schon das traditionelle Nomadentum auf sich nehmen: Die Freiflächen sind beschränkt, die Wiesen rasch gemäht oder abgeweidet, man muß das Heu auf verschiedenen Höhenlagen einbringen, mit den Herden weiterziehen, wie es die Bergeller von altersher getan haben. Für den Ackerbau ist der Boden vor allem im oberen Tal nicht geeignet. Die Wälder werfen nur einen geringen Ertrag ab, gemessen an den Lohn- und Transportkosten für das geschlagene Holz.

Aber die Entfernungen haben sich entscheidend verkürzt, und die Bergeller nehmen diesen Vorteil wahr. Denn auswärts zu arbeiten bedeutet jetzt nicht mehr den endgültigen Abschied vom Tal. □

Bei Promontogno teilt ein Felsriegel das Tal (ganz unten). Auf ihm steht Burg Castelmur aus dem 9. Jahrhundert, daneben die Mutterkirche des Tals, »Nossadonna« oder Santa Maria di Castromuro. Dieser Riegel bildete einst die Grenze zwischen dem Bistum Como und dem von Chur. Die Sperre wurde mit einem Tunnel durchbrochen, la Porta, der Pforte, die Sopra Porta und Sotto Porta miteinander verbindet, das kühlere Bergell, das oberhalb der Porta liegt, mit dem wärmeren unterhalb der Porta. Der Palazzo Castelmur (unten), ein pseudomittelalterliches Schloß, erbaut zwischen 1723 und 1850, enthält eine prunkvolle Einrichtung aus verschiedenen Epochen

Walter Mayr

Reise in die Vergangenheit: Bilde

us Davos

Ein Davoser Hotelier hatte die Idee: Im Jahre 1889 brachte zum ersten Mal die Eisenbahn Heilungsuchende von Landquart nach Davos

Man hielt an einer kleinen Station, es war Davos-Dorf, wie Hans Castorp draußen hörte, er würde nun binnen kurzem am Ziele sein, schrieb Thomas Mann in seinem »Zauberberg«

Walter Mayr

Fassade des Hotels *Bellevue:* Die vielgerühmten Liegestühle sind aus dem Inventar des ehemaligen »Zauberberg«-Sanatoriums *Berghof* übernommen worden

Die unangenehmen Empfindungen jedoch wurden aufgewogen durch die . . . schwer zu zergliedernden und fast schon geheimnisvollen Eigenschaften des Liegestuhles

Thomas Mann »Der Zauberberg«

Walter Mayr

Der Waldfriedhof von Davos, auf dem viele Tbc-Tote begraben wurden

Die Denksteine und Kreuze waren anspruchslos, bekundeten wenig Aufwand. Was ihre Inschriften betraf, so stammten sie aus allen Winden und Welten

Thomas Mann »Der Zauberberg«

DER DESINFIZIERTE

Wie Davos mit der Erinnerung an die »Schreckenspaläste« der Lungensanatorien fertig wird und mit dem unwillkommenen Ruhm, ein Schauplatz der Weltliteratur zu sein

Sie hätten sogar eigens die Kantonspolizei konsultiert, um eine hieb- und stichfeste Auskunft einzuholen, was mit den Spucknäpfen zu geschehen habe und den Giftflaschen, und die Herren vom Amt hätten nach gründlichem Für und Wider zum Vergraben geraten. Das Operationsbesteck, obwohl hoch an Wert, habe man, nur um es los zu sein, hergeschenkt, und daß ich unter meinem Frühstücksgeschirr eine Silberkanne identifiziert habe, die noch das verräterische Signum »Waldsanatorium« trägt, ist der Frau Direktor, der ich von meiner morgendlichen Entdekkung berichte, gar nicht recht.

Das erste vom alten Inventar, das sie ausrangiert hätten, damals, Ende der fünfziger Jahre, als sie darangegangen seien, das *Waldsanatorium Dr. Jessen* ins *Waldhotel Bellevue* überzuführen, seien die Matratzen gewesen – von den schweren Fällen ganz durchgelegen –, ein einziges schauriges Memento mori. Und dann all das viele Weiß, wo immer man hinblickte! »Weiß und hart schimmernde Wände, mit einer lackartigen Ölfarbe überzogen«, »weiße, praktische Möbel«, »weiße, starke, waschbare Tapeten« heißt es im Anfangskapitel des »Zauberbergs«. Einen ganzen Sommer habe sie, das Febril-Sterile der Anstalt zu tilgen, Vorhänge genäht, nichts als bunte Vorhänge. Einzig die Liegestühle, deren »besonders wohltuende Wirkung« auch Hans Castorp nicht genug rühmen konnte, diese »ein wenig altmodischen Gestelle« aus rotbraun poliertem Holz, der dreiteiligen Matratze mit dem »weichen, kattunartigen Überzug« und der »weder zu festen noch zu nachgiebigen« Nackenrolle, habe man ins »neue Haus« übernommen – freilich (um auch sie von allem TBC-Ruch zu befreien) mit einem frischen Farbanstrich. Ein Außenstehender mache sich ja keine Vorstellung davon, wie sehr die ersten Hotelgäste noch von der düsteren Vergangenheit des Hauses verunsichert gewesen seien. Ein kleines Loch in der Zimmerwand, von einem Bilderhaken herrührend, habe genügt, um ängstliche Naturen in Panik zu versetzen: Um Himmels willen, sitzen da am Ende noch Bazillen drin? Heute, wo die Tuberkulose weitgehend ihren Schrecken verloren habe, lache man über derlei, aber damals, 1957, als der Baron, dem das Haus gehöre, sie mit der Umwandlung des Lungensanatoriums in ein Hotel betraut habe, in ein Hotel für Wintersportler zumal, da sei es zunächst das Vordringlichste gewesen, jegliche Erinnerung an den »Schreckenspalast« und die »horizontale Lebensweise« seiner Insassen auszumerzen. Dreieinhalb Millionen Franken habe man sich die Sache kosten lassen. Ob ich nun also verstünde, weshalb man sich bei der Namensgebung solchen Möglichkeiten wie »Hotel Berghof« oder »Haus Zauberberg« verschlossen und lieber für das unverfänglich-wohllautende, dank der wirklich imposanten Höhenlage des Hauses übrigens auch vollständig zutreffende »Bellevue« entschieden habe?

Jetzt, da es nicht mehr die Lungenkranken sind, die in Davos Heilung, Besserung, Überleben suchen, da die Zahl der Sanatorien auf einige wenige geschrumpft ist und da die Skiläufer die Führung übernommen haben, da die Zimmer statt mit Fieberthermometer und Spucknapf mit Mini-Safe und Schrankbar ausgestattet sind, da die Fahnen vorm Portal nichts Grün-Weißes mehr an sich haben, nichts von »Emblemen der Heilkunde« wie noch in den Tagen des »Zauberbergs«, sondern massiv Nationales: Schweiz, Graubünden und Davos, haben auch »die da oben« aufgehört, die alte Zeit zu tabuisieren. Man kann es sich mittlerweile leisten, Gäste mit literarischen Neigungen über die vormalige Funktion gewisser im Souterrain gelegener Räumlichkeiten aufzuklären, kann sich also etwa in makabren Scherzen darüber ergehen, daß die Kellerbar, bevor man die Zwischenwände umgelegt habe, der Schlaftrakt der Assistenzärzte gewesen sei, die heutige Lingerie früher als Operationssaal, Laboratorium und Röntgenzimmer gedient habe, die Fonduestube die Spucknapfwaschkammer und das Fernsehzimmer – nun ja: das Moribundenkabinett gewesen sei. Ja, vielleicht ist sogar der Tag nahe, da man es bereuen wird, daß bei der Austreibung der Vergangenheit allzu radikal verfahren worden ist, und man Geschmack daran fände, dies und das vom alten Inventar, gar vom nunmehr literarisch so sehr aufgewerteten, noch zur Hand zu haben, um es bei Bedarf vorzeigen zu können: jenen zwar mitunter lästigen, aber doch auch schmeichelhaften Interessenten aus Japan und Amerika zu Gefallen, aus Deutschland und aus aller Welt, denen es so viel zu bedeuten scheint, einen Blick ins »Russenzimmer« zu werfen oder ihr Ohr an jene »schändlich billig gebauten« Wände legen zu können, durch die der tief verstörte Hans Castorp »alles so deutlich hörte«, ihren Fuß auf den Balkon zu setzen, der noch genauso wie früher, da seine Konstruktion die verbotenen erotischen Kontakte unter den Pfleglingen begünstigte, »durchläuft und nur vermittelst undurchsichtiger, nicht ganz bis zum Geländer vortretender Glaswände in einzelne Zimmerbereiche geteilt« ist, oder den charakteristischen Klang jener Restauranttür zu erproben, die die schöne Madame Chauchat immer so geräuschvoll ins Schloß fallen ließ.

Der Dichter in Davos – ein Odysseus im Schattenreich

Ansätze zu diesbezüglicher Umkehr, zu vermehrter Inanspruchnahme des noch vor kurzem verpönten »Ruhms«, haben mittlerweile sogar im neuen Hotelprospekt ihren Niederschlag gefunden, wo den Hinweisen auf Sonnenlage und Waldnähe, auf Liegebalkon und Sanitärkomfort, auf Parkraum und Garagenheizung auch ein eigener »Zauberberg«-Passus folgt – freilich einer, der der Direktion des Hauses eine Philologenrüge aus dem Hamburgischen eintrug. Die rückte die Rolle, die das Waldsanatorium gespielt hatte, streng ins rechte Lot: Nicht geschrieben, wie man sich zu behaupten anmaße, habe Thomas Mann seinen Roman hier, sondern nur die Anregung dazu empfangen – damals im Frühjahr 1912, als seiner Frau, von den vier allzu rasch aufeinanderfolgenden Schwangerschaften geschwächt und von

ZAUBERBERG Von Dietmar Grieser

einem leichten Lungenspitzenkatarrh befallen, ein längerer Aufenthalt im Hochgebirge verordnet worden war.
Frau Katia, von ihrer Mutter nach Davos begleitet, stieg zunächst im *Hotel Rätia* ab – das Haus existiert nicht mehr; an seiner Stelle steht heute ein protzig-klotziger Supermarkt. Nach zehn Tagen wechselte man ins Waldsanatorium des berühmten Professors Friedrich Jessen über, droben am Waldrand bei der Hohen Promenade, etwa auf halber Strecke zwischen Platz und Dorf. Und hier kam nach geraumer Weile – ganz wie der Ingenieur Hans Castorp zu seinem kranken Vetter Joachim Ziemßen – Thomas Mann zu seiner Gattin auf Besuch. Teils aus eigener Anschauung, »wie Odysseus im Schattenreich«, teils aber auch aus den Berichten und Korrespondenzen der für volle sechs Monate an Davos gefesselten Gefährtin, nahm der Dichter nun also den »hermetischen Zauber« der Sanatoriumswelt in sich auf, dermaßen »impressioniert« von jenem Zwischenreich zwischen Leben und Tod, daß er – so Katia Mann in ihren Erinnerungen – »gleich daran dachte, über Davos eine Novelle zu schreiben, quasi als groteskes Nachspiel und Gegenstück zum ›Tod in Venedig‹. Aus der geplanten Novelle wurde dann der ›Zauberberg‹.«
»Ich leiste hier meiner gebesserten, aber noch keineswegs hergestellten Frau Gesellschaft und gewöhne mich mühsam an die 1600 m«, schrieb der 37jährige über jene dreieinhalb Mai-/Juni-Wochen in einem Brief an den Freund Hans von Hülsen nach Bad Tölz. »Ein paar Tage lang machten sie mir sogar Fieber, so daß der Professor mich schon profitlich lächelnd für offenbar tuberkulös und einer längeren Kur bedürftig erklärte.« Doch Thomas Mann, der Diagnose mißtrauend, holte bei seinem Münchner Hausarzt brieflich Rat ein, und der schrieb ihm postwendend zurück, die Davoser Lungenärzte hätten noch bei jedem irgendeine »Stelle« gefunden, er solle nur ja gleich heimkehren, er habe in Davos ganz und gar nichts zu suchen.
So blieb es denn bei den paar Wochen, doch auch sie reichten aus, den Dichter in Fülle mit jenen »wunderlichen« Realien zu versorgen, die später – von Sommer 1913 bis Herbst 1924 schrieb Thomas Mann, mit zum Teil kriegsbedingten Unterbrechungen, am »Zauberberg« – in den Roman einflossen: im Sinne jener »subjektiven Vertiefung des Abbildes einer Wirklichkeit«, die er schon in seiner berühmten Selbstrechtfertigung »Bilse und ich« verteidigt und ein andermal als das überhaupt »Allervergnüglichste« bezeichnet hatte: »auf geistige, steigernde Art nach der Natur zu arbeiten«.
Während Hans Castorp ein Zimmer im Haupthaus bezog: Nr. 34, den Vetter zur Rechten, das skandalöse Russenpaar mit seinen »geräuschvoll-tierischen« Spielen zur Linken, wurde Thomas Mann, ein »windiger Hospitant« nur, im Gästehaus untergebracht, dort wo dreißig Jahre zuvor schon sein schottischer Kollege Robert Louis Stevenson logiert hatte, als Schwerkranker letzte Hand an das »Schatzinsel«-Manuskript legend. Es ist die heutige Villa am Stein, eine Zeitlang übrigens auch der Privatwohnsitz des Geheimrats Dr. Jessen, der im »Zauberberg«, wie Thomas Mann gelegentlich vor amerikanischen Studenten zugegeben hat, zumindest umrißartig als »Hofrat Behrens« wiederkehrt, jener schnoddrig-saloppe Chef des »Berghofs«, an dessen übermütiger Karikierung zum »Monstrum von Zynismus und Herzlosigkeit« später weite Kreise der Ärzteschaft glaubten Anstoß nehmen zu müssen. Das Gebäude, die typische Dependance, inzwischen gleichfalls umgestaltet und modernisiert, ist dem Haupthaus vorgelagert, diesem jedoch nicht mehr zugehörig: Privatapartments.
Dafür blieb in Dingen, bei denen sie der heutige Besucher wohl am wenigstens erwarten würde, eine bemerkenswerte Kontinuität gewahrt: In der Halle vorm Speisesaal, wo Thomas Mann den Assistenzarzt Dr. Krokowski »vor dem gesamten volljährigen, der deutschen Sprache kundigen und nicht moribunden Publikum des ›Berghofes‹« seine populärwissenschaftlichen Vorträge halten läßt, bereitet nun der Herr Hoteldirektor den Gästen des *Bellevue* eine »regelmäßig wiederkehrende Abwandlung des Tagesablaufes«, indem

Für die Gäste aus England den »Magic Mountain«

er ihnen, ein Meister des anspruchsvollen Amateurfilms, einmal pro Woche seine Werke vorführt. Natürlich sind da Unterschiede. Ging es bei Krokowskis »belehrender Unterhaltung« nach dem zweiten Frühstück um das Generalthema »Die Liebe als krankheitsbildende Macht« (und später vollends um Biophysisches und schlicht Spiritistisches), so ist Direktor R. auf die filmische Umsetzung anerkannter Konzertstücke spezialisiert, wofür er sich notorisch die apartesten Drehplätze und Requisiten einfallen läßt. So kam für Griegs Peer-Gynt-Suite nur das Engadin in Frage, und die Flammen, die durch seine »Rhapsody in Blue« züngeln, stammen – welch künstlerische Ökonomie! – von jenem Feuer her, mit dem man im Zuge der Speisesaalmodernisierung den ausgedienten Fußbodenbelag von Anno »Berghof« verbrannte – so wie bald darauf übrigens auch die alten Sanatoriumsakten, die man zunächst volle zehn Jahre hatte aufbewahren müssen, nur weil noch immer, zumeist in Wiedergutmachungsangelegenheiten ehemaliger NS-geschädigter Patienten, die eine oder andere dringliche Anfrage zu erledigen war.
Gleich neben der Filmvorführkabine befindet sich die Hotelbibliothek. Sie ist gut bestückt, besser als in den alten Tagen, wo sie bloß den »erweiterten Unterhaltungsbestand eines zahnärztlichen Wartezimmers« bot; neben dem Hauptkatalog liegt eine Liste der jüngsten Neuerwerbungen auf. Der »Zauberberg«, obwohl in drei Exemplaren vertreten, darunter auch, für die Englischsprachigen, ein »Magic Mountain«, bilde einen ständigen Streitgegenstand unter den Gästen, weil ihn die meisten zu lange behielten, doch was solle man tun, die Ermahnten redeten sich regelmäßig auf die horrende Länge des Textes heraus, und der zweite Teil, da helfe kein Beschönigen, ziehe sich ja in der Tat sehr. Auch als ich Nachschau halten will, sind die Nummern 264 a, 264 b und 706 nicht an ihrem Platz, und so überbrücke ich meine Wartezeit mit Max Frisch und delektiere mich daran, es so viel besser getroffen zu haben als dessen »Stiller«, der, gleichfalls auf Lokalaugenschein in Davos, wenn auch mit dem staatlichen Gefängniswagen, mit weit weniger Finderglück gesegnet ist als ich:
»Sie haben mir das Sanatorium zeigen wollen, wo Julika sei-

Katia Mann in Davos: Der Besuch der alten Dame bannte die letzten bösen Geister

nerzeit gelegen hat; es ist inzwischen niedergebrannt, und mein Verteidiger ist darüber sehr untröstlich.«
Am Nachmittag, im *Café Schneider* an der berühmten Promenade, wo die Zuckerbäcker, wintersportlichen Modetrends ihren Tribut zollend, sich »Curling-Steine« als neueste Kreation haben einfallen lassen und wo einst, in der großen Davoser Zeit, also in den Jahren vor 1918, als noch der russische Hochadel hierherkam, um Kaviar und Champagner zu frühstücken, in den paar Morgenstunden mehr umgesetzt wurde als heute – bei an sich anhaltend gutem Geschäftsgang – an einem ganzen Tag, blättere ich in der »Davoser Zeitung«. Mein Blick bleibt an einer Verlautbarung der Schweizerischen Alpinen Mittelschule hängen, die für die nächsten Wochen einen sechsteiligen Abendkurs »für Erwachsene und Jugendliche mit erfüllter Schulpflicht« ankündigt: »Thomas Mann/Eine Einführung in sein Werk«. Im Begleittext wird darauf hingewiesen, wieviel Staub dieses Ereignis damals in Davos aufgewirbelt hat, weil das Buch allgemein als »Schmähung des renommierten Kurortes« empfunden worden sei, und wie sehr man damit letzten Endes doch unrecht gehabt habe, da sich inzwischen – »mit dem nötigen geschichtlichen Abstand« – bestätigt habe, daß der Name Davos durch den »Zauberberg« doch »nur noch bekannter« geworden sei. Thomas Manns Einfluß auf Nächtigungsziffer und Kurtaxe – eine Art der Literaturbetrachtung, die mir aus der Feder eines Mittelschulprofessors eigentlich nicht recht gefallen will. Sollte mir irrtümlich jene Dissertation in die Hände gefallen sein, die ein Doktorand der Wiener Hochschule für Welthandel vor einigen Jahren über das Thema »Touristisches Marketing mit besonderer Berücksichtigung von Davos« geschrieben hat? Eine höchst verdienstliche Arbeit übrigens, minuziös die Wandlungen des ursprünglichen Bergbauerndorfes zum Weltkurort und des Weltkurortes zum Wintersportparadies nachzeichnend. Aber die Ankündigung eines Literaturseminars aus dem Blickwinkel touristischer Marketingstrategie?
Dr. B. legt, als ihm mein Besuch gemeldet wird, die Geige aus der Hand; ich bin beruhigt: Hier wird Thomas Mann be-

Nach dem Essen eine »Zauberberg«-Promenade

stimmt nicht nach seinem touristischen Nutzeffekt taxiert. Ihn, B., interessierten am »Zauberberg« in erster Linie die Streitgespräche zwischen dem Freimaurer und dem Jesuiten, er selber sei ja Philosoph, die »Örtlichkeit« des Ganzen sei für ihn etwas von durchaus untergeordneter Bedeutung, eigentlich nur ein »zufälliger Anhang«. Der Dichter, der eben ein Stück Wirklichkeit benützt hat – so sehe er das. Es gebe daher für ihn auch keine Veranlassung, in seinen Vorträgen das Davoserische am »Zauberberg« besonders herauszustreichen, und eine einschlägige Exkursion wäre wohl das letzte, was ihm dazu einfiele. Doch Dr. B. ist kein Unmensch: Er selber macht den Vorschlag, mich nach Tisch zu einer Zauberberg-Promenade zu treffen und dabei als der Ortskundige die Führung zu übernehmen.
Bei unserer vorläufigen Verabschiedung scheinen ihm noch letzte Bedenken durch den Kopf zu gehen: Wie ist das, verliere ich nicht mein Gesicht, wenn ich mich auf derlei Äußerlichkeiten einlasse? Doch am Nachmittag, als wir uns zur vereinbarten Stunde auf der Hohen Promenade, dem klassischen Auslauf der »Berghof«-Insassen, treffen, gibt Dr. B. auch den letzten Rest an Widerstand auf. Die Lust des Einheimischen, vor dem Fremden seine Schätze auszubreiten, siegt über alle literaturtheoretischen Bedenken, mein Begleiter kommt in Fahrt, kein Schnee ist ihm zu tief, kein Kletterpfad zu unwegsam, wo es darum geht, einen der markanten »Zauberberg«-Schauplätze zu lokalisieren, und die Mühen, die er etwa auf sich nimmt, Hans Castorps Lieblingsort am Gießbach anzupeilen, lassen fast den Schluß zu, längst sei dies auch sein eigener Lieblingsort geworden. Er schildert, wie sehr sich dies alles seit Thomas Manns Tagen verändert habe, sei es durch Besiedlung, sei es durch Lawinenabgänge; auch mit der Akelei, deren Anblick von seiner Sitzbank aus Hans Castorp so viel bedeutet habe, stehe es daher nicht mehr zum besten. Wir kommen an der Stelle vorüber, wo einst die Bobschlitten von der Schatzalp zu Tal sausten, im Winter – falls Thomas Mann zu glauben ist – mitunter Leichen mit sich führend: heute eine Skiabfahrt, grellrot markiert, eine von siebzig. Hangaufwärts liegt der Friedhof, doch aus dem hohen Schneepolster, das dessen »Denksteine und Kreuze« zudeckt, ragt an diesem Apriltag nur eine einzige jener Grabplatten hervor, deren Daten von so »zartem Gepräge« waren und deren Namen »aus allen Winden und Welten« stammten: Bloß Vornamen und Todesjahr gelingt es mir zu entziffern – Nannie, 1906. Aber der wichtigere der beiden Ortsfriedhöfe, der mit den vielen Tuberkulose-Toten, sei ohnedies der am Waldrand in Richtung Clavadel gelegene, dort sei die Prominenz versammelt.
Dr. B. kann sich nun sogar auf jenes heikle Thema einlassen, das schon so manchen Zauberberg-Scout in Verwirrung gestürzt habe: die Sache mit dem mystifizierenden Anfang. Während nämlich der Dichter, wo es ihm um die Beschreibung des »Berghofs« zu tun sei, die gesamte übrige Romanhandlung hindurch stets das Waldsanatorium zum Modell nehme, untrüglich und noch bei äußerster Verfremdung eindeutig, führe er den Leser ganz zu Beginn irre. Wären die Vettern wirklich den bei Castorps Ankunft beschriebenen Weg gegangen, hätten sie also »die unregelmäßig bebaute, der Eisenbahn gleichlaufende Straße ein Stück in der Richtung der Talachse verfolgt, dann nach links hin das schmale Geleise gekreuzt, einen Wasserlauf überquert und nun auf sanft ansteigendem Fahrweg bewaldeten Höhen entgegentrottet«, so wären sie niemals beim Hofrat Behrens alias Geheimrat Jessen gelandet, sondern bei der Konkurrenz, niemals im *Waldsanatorium*, sondern im *Sanatorium Valbella*, drüben auf der andern Talseite, auf das denn auch vorzüglich die Beschreibung passe, die Thomas Mann von dessen Äußerem gibt: »Ein langgestrecktes Gebäude mit Kuppelturm, das vor lauter Balkonlogen von weitem löcherig und porös wirkte wie ein Schwamm.«
Dem Thomas-Mann-Kenner ist klar, wieso der Verfasser des »Zauberbergs« in diesem einen Detail dem Waldsanatorium »untreu« geworden ist: So ergiebig dessen Interieur war, seiner Fassade fehlte es an Opulenz.
Zur Abendstunde, sowie er mit seinen Visiten fertig ist, bin ich beim Chefarzt der *Hochgebirgsklinik Davos-Wolfgang* an-

gemeldet. Dr. Christian Virchow, Sproß der berühmten deutschen Gelehrtenfamilie, hat sich viel mit dem »Zauberberg« befaßt. Das wäre an und für sich noch nichts Besonderes, das haben gerade hier in Davos so ziemlich alle seines Standes getan – schon damals, Mitte der zwanziger Jahre, als das Buch herauskam. Damals freilich vorwiegend eifernd. »Ein trübes Destillat einer trüben Zeit«, ließ sich der Geheime Sanitätsrat Dr. Karl Turban vernehmen, eine der medizinischen Koryphäen seiner Zeit, Herr über Tausende und aber Tausende geschädigter Lungen. Er hielt sich vor allem an die medizinischen Details des Romans, ruhte nicht eher, als bis er Thomas Mann etlicher »Unrichtigkeiten« überführt hatte, bemühte sich, den Kollegen Jessen, dem in seinen Augen durch die Figur des »Hofrats Behrens«, dieses rhadamanthischen »Totenrichters und Teufelsknechts«, schweres

Einstein und Heidegger gegen den »großen Stumpfsinn«

Unrecht zugefügt worden war, zum Prozessieren zu bewegen, und sagte im übrigen dem »Zauberberg« baldiges Verschwinden in der Versenkung voraus. In den Sanatorien wurde alles getan, den Patienten dem »zersetzenden« Einfluß des Buches fernzuhalten, die Ärztewelt warf ihm vor, es sei dazu angetan, die Eltern junger Tuberkulöser davon abzuhalten, ihre Kinder nach Davos zu schicken, und als im Jahr 1927 Behrens-Jessen die Leitung des Waldsanatoriums niederlegte und nach Deutschland zurückging, hieß es sogleich, er habe dies nur aus Verärgerung über den »Zauberberg« getan. Dabei hatte er – zumindest in späteren Jahren – Humor genug, das Buch wiederholt selber zu verschenken – freilich mit der einschränkenden Widmung: »Von der besseren, im ›Zauberberg‹ nicht erwähnten Hälfte des Hofrats Behrens.«
Doch es gab auch andere Stimmen. In der »Deutschen Medizinischen Wochenschrift« meldete sich eine Margarete Levy zu Wort, die – aus eigener Erfahrung als Kurgast und Ärztin in Davos – aus Thomas Manns Roman die Ermahnung an die Medizin herauslas, gegen die »entnervende und geistig verflachende Wirkung eines Lebens, das sich zusammensetzt aus Liegekur, Spazierengehen, Essen, Temperaturmessen und Schlafen«, eine »vernünftige Psychotherapie« zu entwickeln; ein ehemaliger Assistenzarzt vom Waldsanatorium schlug als Nutzanwendung aus dem »Zauberberg« Geschlechtertrennung in den Heilstätten vor, »wodurch die Kranken vor mancher Anfechtung und die Ärzte vor der ihrem eigentlichen Beruf fernliegenden Funktion von Moralwächtern bewahrt« blieben; und auch Davos selber, von dem großen Psychologen Willy Hellpach zur Versöhnlichkeit aufgerufen, unternahm mancherlei Anstrengungen, der »Zauberberg-Krankheit«, diesem nichtsnutzig-luxuriösen Leerlauf der »Schatten«, für die sich Thomas Mann in dem Kapitel »Der große Stumpfsinn« die albernsten Zerstreuungen einfallen ließ, zu steuern: Die Davoser Hochschulkurse wurden ins Leben gerufen, Männer wie Martin Heidegger, Ferdinand Sauerbruch und Albert Einstein kamen zu »denen da oben«, ihre Lehren vor ihnen auszubreiten, und sogar der Plan, in Davos eine Universität zu errichten, nahm vorübergehend Gestalt an.

Dies alles erfahre ich von dem Klinikchef Dr. Christian Virchow, einem Mann von imponierender Strenge, dem ich in seiner Kanzlei gegenübersitze: ein »Verwandter höherer Gewalten« wohl auch er, doch kein Behrens-Typ, der Literatur zugetan so wie jener der Malerei – kein Wunder, daß es ihn, den Thomas-Mann-Verehrer, nicht eher ruhen ließ, als bis auch er seinen Beitrag zum sich noch immer dahinschleppenden Versöhnungswerk geleistet hatte. Und so sann dieser Christian Virchow auf eine spektakuläre Tat, auf irgend etwas Großes, Nobles, »Buchenswertes«, das geeignet wäre, die letzten bösen Geister zu bannen – und was konnte ihm da Besseres einfallen als ein »Besuch der alten Dame«?
Katia Mann, 84jährig damals und Witwe seit 13 Jahren, Bürgerin von Kilchberg, nahm die Einladung des Landammanns von Davos an, 56 Jahre nach jenem Sanatoriumsaufenthalt, der eines der illustersten Werke der deutschen Literatur angeregt hat, für die Dauer eines Tages auf den »Zauberberg« zurückzukehren. Ihr Zimmer, »heiter und friedlich«, ihr Platz im Speisesaal, der »gute« und der »schlechte« Russentisch, Concierge und Korridor, Gesellschaftsraum und Promenade – sie alle spielten noch einmal, wohl das letztemal, für ein paar Stunden ihre frühere Rolle. Und die alte Dame – seinerzeit, mit ihrer verschleppten Lungenaffektion, eigentlich nur jenen »Leichtkranken« zuzuzählen, die über die Achsel angesehen wurden, von denen die »Höher- und Hochgradigen« nur mit Geringschätzung sprachen – steuerte bereitwillig jenes Quantum fernsehgerechter Erinnerung bei, das man sich von ihr erhoffte: Erinnerung an den alten Behrens und die junge Chauchat, an die Damen Iltis und Stöhr, die in Wirklichkeit Maus und Plühr geheißen hätten, an Madame Tous-les-deux und den »Verein halbe Lunge«, ans Schweinchenzeichnen mit geschlossenen Augen und ans Türenknallen, an Balkonerotik und Walpurgisnacht, kurz: an den »Zauberberg«.
Dr. Virchow drückt mir bei der Verabschiedung eine schmale Broschüre in die Hand und trägt mir auf, sie auf der Heimfahrt zu lesen. Es ist sein Bericht über jenen »eindrucksvollen, versöhnlichen Tag«, dessen heimlicher Regisseur er gewesen war – ein Ereignis so recht im Stile Thomas Manns, man brauche doch nur an »Lotte in Weimar« zu denken, dieses raffinierte Satyrspiel von der »großen Wirklichkeit« des »Werthers« und der »kleinen Wirklichkeit« des Lebens.
»Es ist mehr als kurios, die Realität, nachdem man sie lange vergeistigt, wieder vor sich zu haben«, schrieb der Dichter an Ernst Bertram, als er im Winter 1921, nunmehr zu einer Lesung vor Kurgästen, kurz noch ein zweites Mal nach Davos gekommen war. Und sein Hochgefühl beim Schreiben des Lotte-Romans schilderte er 18 Jahre später mit den Worten: »Ich genieße die Intimität, um nicht zu sagen: die unio mystica, unbeschreiblich.«
In der Tat: Ich kann mir gut denken, wie ein wenig von dieser gleichen Kuriosität, dieser gleichen Intimität an jenem 8. März 1968 spürbar wurde, da sich aufs neue das »buchenswerte Ereignis« begab, daß eine Frau, der ein Künstler den Anstoß zu einem seiner bedeutendsten Werke zu verdanken hat, in Sachen eben dieses Dichters auf Besuch kommt: Wirklichkeit, die längst Dichtung geworden ist und für die Dauer eines Augenblicks noch einmal Wirklichkeit wird. Lotte in Weimar. Katia in Davos. □

Sammy Minkoff

Carl Schmidt-Polex

HEISSE KUFEN

Schneller als die Autos auf den Schweizer Autobahnen rasen die »Ritter der Röhre« mit ihren kleinen Schlitten durch den blauen Eiskanal von St. Moritz. Seit über 100 Jahren ist die Cresta mehr als ein Sport. Sie ist ein Mysterium

Cresta-Ritter in voller Rüstung: Der Schweizer Jürg Islicker am Start mit Sturzhelm, Gesichtsschutz und Stahlplatten über den Handrücken

Helmut Eberhöfer

Tempo 135 im Eiskanal: Nur der Oberkörper liegt auf dem winzigen Schlitten, mit den spikesbewehrten Stiefeln wird gebremst. Seit ein Zürcher Kunsthändler im Taucheranzug Rekorde sammelte, fahren die Besten nur noch windschlüpfig (großes Foto). Siegerehrung 1982 beim alljährlichen Gunter Sachs Challenge Cup. In der Mitte der hinteren Reihe Gunter Sachs mit Frau Mirja (oben). Siegerehrung 1906 in den Clubräumen des Kulm-Hotels

Galli-Plattner

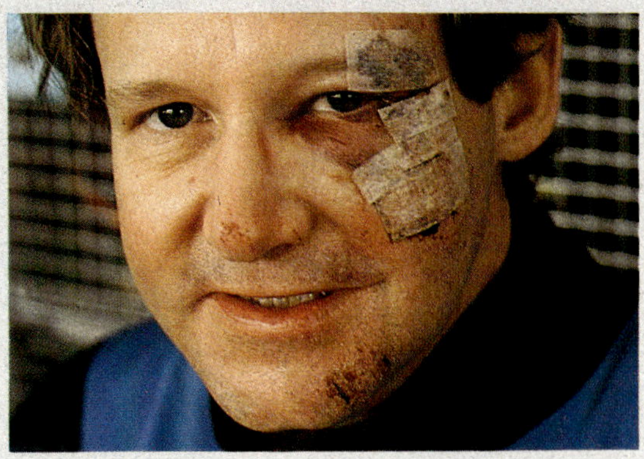

Der Engländer James Sunley fliegt bei Shuttlecock, einer nicht überhöhten Linkskurve, aus der Bahn (großes Foto). Früher wurden Gesichtsverletzungen stolz zur Schau getragen, heute sind sie dank ausgeklügelter Rüstungen selten geworden

Cresta ist wie eine Liebesbeziehung. Man weiß nur, wie es losgeht, und dann kommt eine Überraschung nach der anderen

Lord Brabazon of Tara and Sandwich erfüllte sich einen besonderen Geburtstagswunsch. Noch einmal legte er sich auf einen niedrigen Eisenschlitten, schob die Schutzbrille über den Sturzhelm und ließ sich im Eiskanal von St. Moritz abwärts treiben. Am Rand der Bahn, die man Cresta Course nennt, hielten die Zuschauer den Atem an. In einer Kurve hatten sich ein Arzt mit herzstärkender Spritze sowie ein Krankenwagen mit laufendem Motor postiert. Selbst der Mann am Mikrophon, der sonst die Talfahrt jedes Cresta Riders mit Kommentaren zu begleiten pflegt, verstummte.
Aber Lord Brabazon feierte den Tag seines 80. Geburtstages mit einer vorbildlichen Fahrt. Elegant meisterte er die Kurven, nicht ganz so schnell wie bei seiner allerersten Fahrt als 23jähriger im Jahre 1907. Im Ziel wurde er von seinen Freunden mit Champagner empfangen. »In diesen Augenblikken«, so urteilte einer, der an jenem 8. Februar 1964 dabei war, »fühlten wir alle den Hauch des Außergewöhnlichen.« In diesen Augenblicken schämten sich viele ausgewachsene Männer ihrer Tränen nicht.
Cresta – das sind Legenden, die keinen Anfang haben und nicht enden wollen. Das ist ein Sport, der seit nunmehr über hundert Jahren Männer aus allen Erdteilen zur Winterzeit nach St. Moritz treibt. Eine Betätigung, verkannt von vielen, die nur vom Hinschauen urteilen und darin eine Beschäftigung gelangweilter Millionärssöhne vermuten. Cresta ist ein Gemütszustand und ein außergewöhnlicher Sport obendrein.
Soviel zunächst zur sportlichen Essenz: 1948 gehörte Cresta bei den Winterspielen von St. Moritz zu den olympischen Disziplinen. Und die schnellsten Rider heutzutage erreichen auf ihren Eisenschlitten Spitzengeschwindigkeiten bis zu 135 Stundenkilometer, schneller als jeder Bob auf irgendeiner Bahn. Schneller als Abfahrtsläufer, die die Streif oder die Planai hinunterdonnern.
Was die Cresta (der Name bedeutet »Hügel« in der rätoromanischen Sprache) zu einer einmaligen Erfahrung werden läßt, das versuchen die Akteure immer wieder selbst zu ergründen und zu formulieren. Lord Brabazon of Tara, Minister für Flugzeugindustrie unter Winston Churchill, Vorstandsvorsitzender großer britischer Industrieunternehmen und crestasüchtig sein erwachsenes Leben hindurch, sagte es einmal so: »Die Cresta ist wie eine Frau, freilich mit einem recht zynischen Unterschied: Sie einmal zu bezwingen bedeutet, sie immer zu lieben.« Sein Landsmann »Tyke« Richardson steuerte eine andere Erklärung bei: »Jedes Jahr versuchen Männer, das Geheimnis der Cresta zu ergründen; und jedes Jahr reisen sie wieder ab, ohne hinter das Geheimnis gekommen zu sein.« Kein Wunder also, daß Männer seit Generationen hinter diesem Geheimnis herjagen; daß viele von ihnen Kopf und Kragen riskieren, um den Schleier ein bißchen zu lupfen, der sich über das Mysterium breitet.
Wenden wir uns ab von der Mystik, und lassen wir Prinz Philip, den Herzog von Edinburgh, zu Wort kommen. Der entdeckte in dem Phänomen Cresta zunächst eine Nationaleigenschaft seiner Landsleute: »Es scheint charakteristisch für die Briten zu sein, ein ganz normales, ja kindliches Amüsement in einen organisierten Wettkampfsport umzuwandeln.« In der Tat, die Briten haben Cresta erfunden. Fünf von ihnen gründeten den St. Moritz Tobogganing Club und beschlossen im Herbst 1884, im bevorstehenden Winter eine Schlittenbahn von St. Moritz nach Celerina bauen zu lassen. Am 18. Februar 1885 fand auf diesem Kurs das erste Rennen statt, das, damals noch etwas großspurig, Grand National genannt und von einem Australier gewonnen wurde.
Damals saßen die Teilnehmer im Wettbewerb aufrecht auf ihren Schlitten, ganz gewöhnlichen Schlitten, wie sie die Dorfjugend zur Fahrt in die Schule benutzte. Schon ein Jahr später legte sich ein gewisser Mr. Cornish bäuchlings und Kopf voraus auf seine Unterlage, wieder ein Jahr später wurde die Bahn erstmals vereist. In den USA hatte L. P. Childs in der Zwischenzeit einen neuen Schlitten gebaut: ein niedriges Eisengestell mit einem Liegekissen. Es sah aus wie ein Skelett, es wurde Skeleton genannt. Jetzt hatte das Ganze nichts mehr mit Rodeln oder »Schlitteln« zu tun; jetzt wurde es ernst. Ein neuer Sport war erfunden.
Fünf Jahre nach der Gründung des Clubs wurden die Cresta-Fahrer von St. Moritz als die rasantesten Sportler unseres Planeten gefeiert. Kein Auto war damals schneller als die Männer auf ihren rasenden Eisenschlitten, keine der ersten Flugmaschinen erreichte eine Geschwindigkeit von 106 Kilometern in der Stunde, mit denen im Jahr 1897 der britische Navy-Captain B. Dwyer das Grand National gewann.
Spätestens 1907 erwies sich, daß die vereiste Röhre ihre Tücken hatte. Captain Henry Pennell flog mit seinem Schlitten aus einer Kurve und erlitt einen Nierenriß, an dem er verblutete. An seinem Sarg, der in den Union Jack gehüllt in der Dorfkirche von St. Moritz aufgebahrt lag, sprach ein Freund: »Er überlebte den Burenkrieg und scheiterte an der Cresta.«
Im selben Jahr kam es auf der Bahn zu einem makabren Unfall: Der holländische Graf Jules de Bylandt prallte mit hoher Geschwindigkeit gegen einen Balken, der durch ein tragisches Versehen über die Bahn gelegt worden war – der Graf wurde skalpiert.
Einen »ärgerlichen Zwischenfall« notiert die Club-Chronik aus dem Jahr 1919. Der honorable John Bingham, später Lord Lucan, zog im Ziel den Handschuh von seiner schmerzenden rechten

Hand, die auf dem »Run« unter die Schlittenkufen geraten war. Aus dem Handschuh fiel ein Finger in den Schnee. Der Engländer ließ sich samt Finger in das nächste Hospital kutschieren, wo Ärzte das fehlende Stück wieder annähten. Im Jahr darauf war er wieder in der Bahn. Bis in die zwanziger Jahre waren auch die Ladies gerngesehene Bewerber um die Sieger-Cups, die immer größer wurden. Nach einer heftigen Diskussion, an die sich heute keiner der »Oldtimer« mehr gerne erinnern läßt, wurden die Damen als aktive Sportler von der Cresta verbannt. Abenteuerliche Versionen für den Ausschluß wurden nur geflüstert. So zum Beispiel diese: Die Fahrt auf der ruppigen Eispiste sei als eine Möglichkeit der Abtreibung benutzt worden. Auch dies habe ich gehört: Das Liegen auf dem Lederkissen des Schlittens fördere Brustkrebs. Was ich nie gehört habe, aber mir als ganz persönliche Vermutung nicht ausreden lasse: Einige der britischen Ladies meisterten den Kurs überaus gekonnt, gelegentlich gekonnter als ihre männlichen Mitbewerber. Aber – honi soit...

Seit 1928 jedenfalls ist die Cresta-Bahn exklusiv in männlicher Hand – »No Ladies admitted« steht auf dem Türschild, das zu den Umkleideräumen führt.

Die Mitgliederliste des Clubs liest sich wie ein Sonderdruck aus dem Gotha, dem internationalen Manager-Almanach und einem Jet-Set-»Who is who« in einem. Nur auf dieser Bahn konnte es zu folgender denkwürdiger Situation kommen: Hintereinander gingen der Sohn Winston Churchills und Adolf von Ribbentrop, Sohn des Hitler-Außenministers, in ein Rennen.

Um das Geheimnis dieser Eisröhre und ihrer Ritter wenigstens ein bißchen besser kennenzulernen, habe auch ich mich eines Tages unter die aktiven »Riders« gemischt. Wenn Sie erlauben, werde ich Sie mitnehmen auf eine Fahrt, in *slow motion,* die Könner mögen's mir verzeihen.

Am Beginn steht stets der Umkleideraum, wo man sich in einer Zeremonie wie ein Stierkämpfer verkleidet. Stiefel mit massiven Eisenspikes an der Spitze, *rakes* genannt; Knieschützer aus Leder, dick wattierte Schützer um die Ellbogen, Sturzhelm mit Kinnschutz; über die Handrücken zwei Schalen aus Eisen. Derart verkleidet steigt zunächst das Gefühl des Selbstwerts, denn jetzt ist man einer von »ihnen«. Äußerlich wenigstens. Die Welten zwischen einem Könner und einem Greenhorn tun sich erst später auf.

Ein erfahrenes Mitglied legt mich im Schnee neben dem Startplatz auf einen Schlitten, probehalber; zeigt mir, wo man die Hände plaziert, was man mit den Stiefelspitzen macht, nämlich bremsen. »Brake from the beginning to the end«, sagt mein Mentor. »Und wenn du aus einer Kurve fliegst, stoß dich vom Schlitten ab; der schlägt dir sonst ins Kreuz.«

Es gehört zur Folklore der Cresta-Fahrer, dem Neuling neben allen nur möglichen Sicherheitsmaßnahmen auch jede Menge Schauergeschichten mit auf den ersten Weg zu geben. Die makaberste stammt von Ian Fleming, dem Erfinder von 007 James Bond. Der schildert (zum Nachlesen: »On Her Majesty's Secret Service«) genüßlich, wie der Schurke Blofield einen Gegner ohne Schlitten in die Cresta-Bahn schubsen ließ. Das menschliche Geschoß kam nie lebend im Ziel an, es kam überhaupt nichts mehr von ihm an. – Das Eis hatte den Körper zu einem Skelett mit Armbanduhr zusammengerubbelt. Natürlich erzählt man mir auch die Geschichte von Ranulf Rayner, einem der legendären Rayner-Brothers aus London, der in einer der unteren Kurven vom Schlitten kippte und mit schweren Verbrennungen auf seinem Bauch durchs Ziel schoß. Also: Brake like a devil. Neben mir sehe ich Roman Polanski; auch er wird heute seine erste Fahrt hinter sich bringen; Makabres ist ihm sicher nicht fremd, aber an diesem Morgen sieht er noch blasser aus als sonst. Er zieht ständig seine Handschuhe aus und an. Als ich an ihm vorbeischlendere, knurrt er: »Du siehst grün aus im Gesicht.« – Jetzt schon?

Wir Neulinge werden als sogenannte SL-Riders (SL = Supplementary List) geführt. Wir stehen rund um den Startplatz und warten, daß der Mann im Tower unseren Namen aufruft. Im Tower führt der Club-Sekretär absolute Regie. Club-Sekretär ist seit einigen Jahren der Brite Digby Willoughby, ein Oberstleutnant, der ein Gurkha-Regiment befehligte. Man hört das manchmal noch heute. Neben ihm sitzt als sein Assistent Lester Brewster, ein leibhaftiger Reverend der anglikanischen Kirche. Ist er für letzte tröstende Worte zuständig? Das Management des Clubs ist seit Anbeginn in britischer Hand. Vorgänger des jetzt amtierenden Präsidenten Roger Gibbs war ein Vize-Marschall der Royal Air Force, R. A. Ramsey Rae; ein Mann, der vier Jahre japanische Kriegsgefangenschaft überlebte.

Polanski hat seine Fahrt begonnen, ich werde als nächster aufgerufen. Der polnische Regisseur hat offenbar das Wichtigste vergessen, was ihm sein Mentor eingetrichtert hatte: das Bremsen. »Brake, brake, idiot«, schreien die Umstehenden ihm hinterher. Dann ist es still. Ich steige in den Eiskanal, versuche auf der spiegelglatten Fläche Halt zu finden und schaue die blaue Eisrinne entlang, die nach etwa 150 Metern in einer Rechtskurve meinen Blicken entschwindet.

Ein Glockenzeichen, Ansage des Sekretärs durch den Lautsprecher: *Polanski out at Shuttlecock.*

Die Shuttlecock-Kurve ist die große Herausforderung der Bahn. Eine langgezogene Linkskrümmung, hinter der Stroh, frischer Schnee und gepolsterte Baumstämme den Unglücksfahrer dämpfend auffangen sollen. Die Kurve ist nicht überhöht wie auf einer Bobbahn; im Gegenteil – Shuttlecock ist ein Hindernis, das so flach gebaut wurde, daß es gemeistert werden muß. Bevor der erste Fahrer des Winters auf die Bahn gelassen wird, legt man einen Curlingstein in die Rinne. Spätestens in der Shuttlecock-Kurve fliegt er aus der Bahn, die Fliehkraft treibt ihn raus.

Wer im Shuttlecock (englisch:

Alljährlich wird ein Rennen in historischen Kostümen mit alten Schlitten gefahren. Unser Foto zeigt den Schotten Malcolm Innes

Federball) gescheitert ist, wird Mitglied im Shuttlecock-Club. Dessen Members tragen mit Stolz eine eigene Krawatte, eine Anstecknadel und meist ein paar Schrammen, Cresta-Kiss genannt, im Gesicht oder sonstwo. Präsidenten dieses Clubs der Gefallenen waren so unterschiedliche Persönlichkeiten wie Gianni Agnelli, Paul Gallico und Gunter Sachs. Einmal im Jahr versammeln sich die Gestürzten zum Shuttlecock-Dinner im Hotel *Steffani,* wo sich dann meist die lustigste und lauteste Party der Saison entwickelt. In den Shuttlecock-Club kann keiner eintreten, in diesen Club fliegt man. Polanski also war ein Opfer seiner Fliehkraft geworden und Club-Member; als Trost bekam er aus dem Tower ein Ständchen hinterhergeschickt. Herb Alpert: »Rise.« Spätestens jetzt war mir klar, daß ich mich auf eine *mission impossible* eingelassen hatte. Und ich konnte nicht einmal mehr zurück. Art Buchwald fiel mir ein, der nach einer Fahrt geschrieben hat: »Die Cresta ist Russisches Roulett auf Schweizer Art.« Errol Flynn – er soll während seiner ersten Fahrt auf halbem Weg eine Pause eingelegt haben, um ein Glas Champagner zu trinken. Alles Quatsch. Diese Rinnen kann man nicht ausprobieren oder stückweise abfahren, so wie Skirennläufer ihren Kurs studieren. Hier wird man oben reingesteckt und kommt unten raus, als was auch immer.

Am liebsten wäre ich aus der Startbox gesprungen. Aber da hörte ich schon wieder den Mann im Tower: Polanski und sein Schlitten seien weggeräumt, der nächste Fahrer möge sich bereit machen. Als grüner SL legte ich mich auf den Schlitten, den der Startmann mit seinem linken Fuß am Losgleiten hindert.

Verdammt nahe am Eis, mein Kinn: gerade zehn Zentimeter über dem Boden. Der bewegliche Sitz zum Start nach vorne geschoben. Mein Oberkörper hängt weit vor dem Schlitten, ein scheußliches Gefühl. Das Gesicht als Knautschzone. Der Fuß verschwindet vor meinen Augen, die Rinne hat mich. Ich bohre die Fußspitzen mit den Eisenspikes hinter mir ins Eis, der Schlitten schlingert; mit dem Ellenbogen knalle ich an die linke Eiswand. Plötzlich durchfährt mich ein Gefühl, das langsam, erschrekkend langsam, zum Erkennen wird: Die Fahrt wird immer schneller, sosehr ich auch bremse. In Filmen habe ich die Szene tausendmal gesehen und nichts dabei empfunden: Du trittst auf die Bremse, und da ist nur noch Watte.

Die erste Kurve, »Rise«, noch mal gutgegangen. Es folgt eine Gerade, und dann werden die Eiswände höher: eine Brücke und dann Battledoor. Lenke ich den Schlitten noch, oder schleudert mich das Ding talwärts? Jetzt kommt der Augenblick der Bewährung, Shuttlecock. Du rollst auf sie zu, du siehst die kleinen Markierungen am Rand, die den Könnern den richtigen Einstieg in das Ding signalisieren. Du klammerst dich an das Stück Eisen unter dir, froh, einen Halt zu haben und einen Begleiter zugleich. Du hast zu bremsen vergessen, der bewegliche Sitz ist verrutscht, du ahnst den flachen Kurvenrand, der an dir vorbeizieht wie die Bilder eines Computerspiels.

»Brabbelbrabbel«, aus dem Lautsprecher dringt etwas an dein Ohr; plötzlich bist du in die Stream Corner gerutscht wie ein Ball, der auf den Wellen tanzt. Die lange Gerade, Stream, nimmt dich auf; weit vor dir ein dunkles Loch, winzig wie ein Mausloch, die Straßenüberführung. Da kommst du nie durch, denkst du und merkst, daß du schon wieder nicht bremst. Die rechte Hand hat es bei einer Kollision mit dem Rand nach hinten gerissen, der nächste Schlag schmeißt dich fast vom Kissen; unter der Straße durch, nach der Überführung, die Eisenbahn.

Längst hat der Schlitten die Regie übernommen; er rast schlingernd auf die Scylla-Kurve zu, wirft mich wie ein Bündel in die Charybdis und entkommt mir um ein Haar auf dem letzten Steilstück, das sich unter mir auftut wie der Absturz auf dem Roller-Caster. Mein Schlitten und ich fliegen durch die Zielschranke, wir wollen die Anhöhe hinauf; ich bin atemlos, als wäre ich die Strecke zu Fuß gespurtet: Ich habe zu atmen vergessen.

Die Krämpfe im linken Bein lösen sich langsam, meine beiden Handrücken schmerzen, als wäre ein Elefant darauf rumgetrampelt. »A very particular ride«, meinte der Mann über Lautsprecher. »Your time: 75,03 seconds«, das sind 59 Stundenkilometer.

Lassen Sie mich an dieser Stelle gestehen, daß dies eine saumäßige Zeit ist. Ein geübter Amateur benötigt von Junction, meinem Startplatz, so um die 45 Sekunden. Die Bestzeit, aufgestellt im vergangenen Februar von dem Architekten Franco Gansser, beträgt 41,99 Sekunden (105 km/h).

Jeder Fahrer hat dieses erste Mal auf seine Weise erlebt. Selten heroisch, denn es ist eine Fahrt ins Ungewisse. »Es ist wie die erste Liebesbeziehung«, erzählt mir ein amerikanischer Jung-Banker. »Du weißt nur, wie es losgeht, und dann kommt eine Überraschung nach der anderen.«

Die Geschichte der Cresta ist stets die Geschichte der Männer gewesen, die sie betreiben. Als einer der größten Fahrer aller Zeiten wird noch heute dem Amerikaner Billy Fiske das Andenken bewahrt. Er kam aus einer New Yorker Bankerfamilie, nahm 1928 und 1932 als Bobfahrer an Olympischen Spielen teil und gewann zwischen 1936 und 1938 auf dem Cresta-Run in Rekordzeiten Pokale, Pokale, Pokale. Eines Morgens kam er direkt von einer Party zum Rennen – er bestritt es im Smoking. Bei Kriegsausbruch meldete er sich freiwillig als Kampfpilot zur Royal Air Force. Im August 1940 wurde er über dem Kanal abgeschossen und nie gefunden.

Der Australier Freddy McEvoy, Suicide Freddy genannt, verdiente sich seinen Spitznamen hundertfach bei waghalsigen Cresta-Fahrten und in den Schlafzimmern berühmter Damen. Er versank mit seiner fünften Ehefrau auf einer Yacht vor der Küste Afrikas.

Rikki von Opel, ein Cousin von Gunter Sachs, ließ sich in einen Sarg stecken, auf einen Schlitten gurten und losschubsen. Er kam damit bis zum Shuttlecock, wo es beinahe zu seiner Beerdigung gekommen wäre.

Nur ganz außergewöhnliche Ereignisse konnten

die Cresta-Fahrer von ihren Passionen abhalten: Rennen nach strengen Regeln zu fahren und Feste nach lockeren Regeln zu feiern. Am 26. Januar 1936 wurde ein Rennen für zwei Stunden unterbrochen, um den britischen Sportlern die Teilnahme an einem Gedenkgottesdienst für den verstorbenen König Georg V. in der Dorfkirche von St. Moritz zu ermöglichen. Queen Mary schickte am Tag darauf ein Dankestelegramm.

Graf Henri de la Falaise, der eine seiner vielen Ehen mit Gloria Swanson eingegangen war, gehörte noch als Achtzigjähriger zu den Cresta-Gästen. Im Sommer darauf erlitt er eine Herzattacke, nachdem ihn ein wild gewordener Bulle über eine Weide gejagt hatte. So sehr drängte es Lord Brabazon of Tara 1945 zu seinem Lieblingssport, daß er mit Außenminister Ernest Bevin einen ausgedehnten Briefwechsel zwecks Bewilligung von Devisen anzettelte. – Natürlich war er im ersten Nachkriegswinter wieder zur Stelle.

Nach dem Zweiten Weltkrieg veränderte sich das äußere Erscheinungsbild des Clubs: Die Kontinentaleuropäer prägten immer mehr Stil und Wettbewerbe. Wohl sind die Rennen um die »Prince Philip Trophy« noch heute eine urbritische Angelegenheit, wenn Fahrer von Army, Navy und Royal Air Force um die Bestzeiten kämpfen. Der große Gewinner der Nachkriegsjahre aber war ein Italiener, der auch soziologisch die neue Zeit einläutete: Er heißt Nino Bibbia und ist Gemüsehändler in St. Moritz. Er gewann 229 Cups, die die Namen von Lords, Millionären und Playboys tragen. So überlegen war er zeitweise, daß er seinen Gemüseladen an der Hauptstraße nur dann verließ, wenn auf der Bahn ein Konkurrent einen neuen Streckenrekord aufgestellt hatte. Hatte Bibbia ihn zurückgeholt, verkaufte er wieder Bananen.

Bibbia ist heute über sechzig Jahre alt, fährt noch immer wie der Teufel, und als man ihn einmal fragte, ob er nie Angst gehabt habe, antwortete er: »Doch, einmal, als ich im Kino einen Film über Cresta sah.« Zum Thema Angst beschied auch einmal Lord Alexander von Tunis einen Frager: »Ich sehe, daß Sie keine Ahnung haben. Wenn ich beim Curling ausrutsche, falle ich aus einer Höhe von einem Meter achtzig. Beim Cresta sind es nur zwölf Zentimeter.«

Folgenschwere Spuren hat der Zürcher Kunsthändler Bruno Bischofberger hinterlassen. Er untersuchte als erster die aerodynamischen Geheimnisse der Cresta-Fahrer. Zunächst zwängte er sich – vielbelächelt – in einen schwarzen Taucheranzug; als er alle Rekorde an seine Fahne geheftet hatte, machten es ihm die andern nach: Heute fahren die Besten nur noch windschlüpfig. Bischofberger legte auch als erster die Hände wie zum Militärgruß nach hinten, was als Kamikaze-Stil in die Clubgeschichte einging.

Im Februar des Winters 1985 haben sie alle den 100. Geburtstag ihrer Geliebten in St. Moritz gefeiert. Sie haben sich von der Cresta küssen lassen, haben ihrer Toten gedacht und weitere Legenden gesponnen. Sie alle haben ein Wort im Herzen getragen, das der Brite E. F. Benson schon 1913 niederschrieb. »Es gibt ein Mekka, einen Petersdom und nur eine Cresta.« □

St. Moritz im Winter: seit über 100 Jahren Schauplatz des kuriosesten Eissports der Welt (oben). 1985, zum 100. Geburtstag der Cresta, reiste die Cresta-Society in Oldtimern an (Mitte). Cresta-Tradition, Cresta-Sprache und Cresta-Besessenheit waren von Anbeginn eine urbritische Angelegenheit (unten)

Die Häuser der Rätoromanen sind beredt. Die Sgraffito-Dekorationen ihrer Fassaden erzählen Geschichten. Auf diesem Haus in Ardez, das sich ein Dumeng Clalgüna 1667 erbaute, begehen Adam und Eva den Sündenfall, spielen Soldaten Krieg, rankt sich Blattwerk voller Vögel bis unters Dach

Walter Mayr

Sieben Sprachen gibt es in Graubünden: deutsch, italienisch und fünf rätoromanische Idiome. Und die werden von den Rätern meistens dann gesprochen, wenn sie nicht verstanden werden wollen

Warum die Bündner so schweigsam sind

Von Sebastian C. Brant

Er stand am Straßenrand in Silvaplana, hob die Hand und wollte nach Chur. Da ich Lust auf ein Gespräch hatte, hielt ich an und nahm ihn mit. Er war, das ergab die Begrüßung, ein junger Rätoromane aus dem Oberengadin, ich ein alter Deutschschweizer aus Zürich. Das ist nicht ganz das gleiche.

Deutscher Sprache sind gut vier Millionen Schweizer. Stammt einer dann auch noch aus Zürich, so ist das, wie wenn ein Yankee aus Pittsburgh stammt oder ein Deutscher aus Dortmund. Jeder Anspruch, als etwas Besonderes auf die Welt gekommen zu sein, fällt da von vornherein in sich zusammen.

Anders der junge Rätoromane neben mir. Zu seiner Sprache bekennen sich nur noch 51000 Schweizer, 0,8 Prozent. Innerhalb dieser winzigen Minderheit aber sind die Oberengadiner noch einmal etwas höchst Besonderes und Seltenes.

In den unzähligen Tälern Graubündens werden fünf verschiedene Formen von Rätoromanisch gesprochen und geschrieben. Wohl unternimmt es zur Zeit der Zürcher Romanist Heinrich Schmid, ein gemeinsames Schrift-Romanisch zu schaffen, genannt Rumantsch Grischun. Einstweilen aber druckt der Kanton Graubünden seine Schulbücher weiter in sieben Sprachen: auf italienisch für die lombardischen Täler, auf deutsch für die sprachliche Mehrheit im Norden, um Chur, auf rätoromanisch in fünf verschiedenen Idiomen: Sursilvan, Sutsilvan, Surmiran, Vallader und Puter. Die sind voneinander nicht so verschieden wie etwa Plattdeutsch und Schweizerdeutsch, aber doch etwa so wie Kölsch und Schwäbisch.

Puter, die Sprache des jungen Oberengadiners neben mir, ist von diesen fünf Idiomen das weitaus kostbarste und feinste. Einmal deshalb, weil das Rumantsch der Oberengadiner nur noch ganz selten zu hören ist. In St. Moritz ist es völlig, in Samedan und Pontresina weitgehend vom Deutschen verdrängt. Insgesamt gibt es, zwischen Zuoz und Sils-Maria, noch etwa 3600 Menschen, die Puter können. Und doch ist dies die Sprache der großen alten Engadiner Hotel-Dynastien, etwa der Badrutt in St. Moritz. Vor allen Dingen aber wird für Puter der Mund viel feiner gespitzt als für die andern Dialekte. Wenn unter Rätoromanen aus verschiedenen Tälern einer etwas auf Puter sagt, dann klingt das den andern so nobel in den Ohren, wie wenn unter Deutschschweizern einer plötzlich den Schnabel aufmacht in reinstem Baseldiitsch.

Ein Paradiesvogel er, ein *Homo helveticus communis* ich – so saßen wir nun nebeneinander im Auto. Wir schwiegen beide. Hätte ein Deutscher mit uns im Wagen gesessen, er hätte bestimmt vermutet, wir beide wüßten nicht recht, welche Sprache wir miteinander sprechen sollten, 73 Kilometer weit bis nach Chur. Doch wir hatten, unter Schweizern, ein ganz anderes Problem. Stumm langten wir auf dem Julier an.

Stumm grüßten uns auf der Paßhöhe, links und rechts, die beiden römischen Säulen, die an den Siegeszug der Legionen unter Drusus und Tiberius anno 15 v. Chr. gemahnen. 1985 sind es genau zweitausend Jahre her, seit sie das Volk der Räter mit blutiger Gewalt den Gesetzen und der Sprache Roms unterwarfen.

Was zuvor die Sprache der Räter war, weiß niemand sicher. Starke wissenschaftliche Argumente sprechen dafür, daß es eine semitische, also dem Arabischen und Hebräischen verwandte Sprache war. Andererseits gleicht vieles im Rätoromanischen eher dem französischen als dem italienischen Entwicklungsmuster, zum Beispiel der Plural auf -s. Das läßt auf eine keltische Sprachunterlage schließen.

Verstohlen musterte ich meinen rätoromanischen Mitfahrer von der Seite. Aber ich sagte nichts. Der dumme, blinde Zufall der Geburt hat mich zum Germanen geschlagen. Ich kann nicht, auf der Fahrt vom Inn zum Rhein, einen ahnungslosen Zeitgenossen fragen, ob er sich eher zu den Kelten zähle oder zu den Semiten. So fuhren wir durchs Oberhalbstein stumm hinab nach Savognin.

Wer eine Sprachenkarte von Graubünden anschaut, dem kommt der Kanton vor wie ein alter Backenzahn, über den sich das rätoromanische Sprachgebiet quer hinzieht wie eine kompliziert zerbröckelte Füllung. Genau in der Mitte liegt Savognin. Hier hat am 11. August 1985 Bundespräsident Kurt Furgler seine große Festrede zum Thema »2000 onns Retoromania« gehalten. Vor 10000 Rätoromanen. Das ganze Land sah, stumm vor Staunen, ins Fernsehen. Nie zuvor hatte es so etwas gegeben: 10000 Räto-

Je ferner die Minderheit, um so größer die Sympathie für sie

romanen, das ist wie 20 Millionen Deutschsprachige auf einem Haufen. Und obwohl der Bundespräsident aus Versehen ein Jahr zu früh sprach, wurde seine rätoromanische Rede allerseits als »staatsmännisch« bewertet.

Seit einem guten Vierteljahrhundert ist das so bei uns in der Schweiz: Wo immer im Lande etwas nicht stimmt, taucht Kurt Furgler auf und hält eine Rede, die allerseits als »staatsmännisch« bewertet wird. Man braucht nicht zu wissen, wer Kurt Furgler ist, um zu merken, daß in Savognin etwas nicht stimmt. Das fällt wie ein Balken ins Auge.

Denn es gibt Häßlichkeit und Häßlichkeit. Auch St. Moritz ist häßlich. Aber es ist jene schöne Häßlichkeit geschminkter alter Damen, der man gelegentlich noch in Berlin begegnet – letzte Erinnerung an weltläufige Bürgerlichkeit.

Dagegen Savognin. So weit das Auge schweift, ein Alptraum von rustikalen Zweitwohnungen aus den siebziger Jahren. Das Ganze zwischen Berg und Tal so merkwürdig schief wie die »Titanic« kurz vor dem Untergang. In allem Ernst: Die Unesco sollte Savognin, ähnlich wie das Taj Mahal und den Machu Picchu, zum Monument erklären. Zum Denkmal für die Banalität und die Phantasielosigkeit Mitteleuropas in unserer Zeit.

Dennoch braucht dieses rätoromanische Dorf vor der Welt nicht zu erröten. Ganz bewußt haben hier, um 1950, die Gemeindeväter den Schritt in die modernistische Häßlichkeit getan. Zuvor drohte das Dorf, wie so viele rätoromanische Flecken im Oberhalbstein, auszusterben. Jetzt ist die Zahl der Einwohner wieder von 566 auf fast 900 gestiegen. Und mit der Jugend blieb die Sprache im Dorf: Zwei Drittel der Einwohner von Savognin sind Rätoromanen.

Aber was heißt »zwei Drittel«? Vor dreißig Jahren habe ich es noch erlebt, daß mich ein alter Mann in Savognin fragte, ob ich »mit dem Fuß« von der Alp Flix heruntergekommen sei. Heute sagen alle in Savognin »zu Fuß«. Darin sind sich alle Beobachter einig: In ganz Graubünden gibt es 1986 keinen einzigen Rätoromanen mehr, der nicht mindestens ebensogut Schweizerdeutsch kann wie Rätoromanisch. Was das bedeutet, hat eine angelsächsische Gruppe von Sprachsoziologen auf einen einzigen Satz gebracht: »Wenn alle Sprecher zweisprachig geworden sind, steht das Ende der Kleinsprache bevor.«

Wer nur ein paar Tage Skiurlaub in Savognin macht, gewinnt leicht den Eindruck, diese Zweisprachigkeit sei klar strukturiert: Deutsch als Sprache nach außen, im Beruf und im touristischen Verkehr – Rätoromanisch als Sprache nach innen, zur Wahrung der familiären Intimität. Dieser Eindruck trügt. In Wirklichkeit dringt das Deutsche gerade im intimsten Bereich am überraschendsten vor.

Schon fast jeder zweite Rätoromane ist mit einer Deutschschweizerin verheiratet. Die Intimsprache eines solchen Paares ist in der Regel Deutsch. Am Stammtisch, an der Straßenecke und im Laden, spricht der junge Mann weiter demonstrativ Romanisch. Sogar eine Nuance lauter als vorher. Um zu zeigen, daß er immer noch einer von denen ist, die »eigentlich dazugehören«.

Dort aber, wo einst Alm-Öhis Herd stand, im innersten Heiligtum der Bündner Familie, steht jetzt der Fernsehapparat. Davor sitzt das rätoromanische Kind und sieht das gleiche Fernsehprogramm wie ein Kind in Zürich. Die Folgen sind am aufschlußreichsten gerade in jenen sprachbewußten Familien, in denen streng darauf geachtet wird, daß das Kind nur rätoromanisch spricht.

Das tut es auch brav. Ist es dann aber nur wenige Tage außer Haus, zum Beispiel in einem auf schweizerdeutsch geführten Skikurs, schwatzt das Kind schon in kürzester Zeit wie ein »Züri-Schwab«. Passiv perfekt hat es nämlich, noch vor der Muttersprache Rätoromanisch, die Fernsehsprache Schweizerdeutsch gelernt.

Nüchtern betrachtet erfüllt das Rätoromanisch heute in Graubünden eine ähnliche Funktion wie die sterbenden deutschen Dialekte in der Bundesrepublik. In Köln zum Beispiel wird nicht nur im Beruf, sondern auch in der familiären Intimität fast nur noch

Affekte werden in der Schweiz nicht ausgelebt, nicht einmal ausgedrückt

Hochdeutsch gesprochen. Trotzdem hält sich das Kölsche hartnäckig. Als Demonstrationssprache verschworener Clan-Zugehörigkeit am Tresen. Als Protestsprache der Teenager und der Liedermacher. Als Geheimsprache der Unterwelt.

Anders als in Köln gibt es in Graubünden keine Unterwelt. Aber daß das Romanische eine ähnliche Funktion als Geheimsprache hat, kann der Fremde noch im feinsten Juweliergeschäft in St. Moritz erleben. Was der Kunde nicht verstehen soll, sagt das Personal untereinander in Puter.

Es gibt viele Witzeleien über die Gewohnheit der Oberengadiner, untereinander deutsch zu sprechen, dann aber, wenn ein Deutschschweizer hinzutritt, ins Rätoromanische zu wechseln, um über ihn mit Heuchlermiene die liederlichsten Bemerkungen zu machen – bis die beiden mit peinlichem Entsetzen merken, daß der Hinzugetretene eben auch einer von jenen Rätoromanen ist, die nur noch romanisch sprechen, wenn sie nicht verstanden werden wollen. Was ist dran an solchen Witzen? Gerne hätte ich das den jungen Rätoromanen neben mir gefragt. Aber er wirkte grüblerisch und in sich gekehrt. So fuhren wir schweigend durchs rätoromanische Oberhalbstein hinab ins deutschbündnerische Thusis.

Thusis! Der Name allein genügt noch heute, um mir einen heiligen Schauer über den katholischen Rücken zu jagen. Hier hat im Dreißigjährigen Krieg das protestantische Schreckensgericht gewütet.

Das waren die sprichwörtlichen »Bündner Wirren«. Alle andern Eidgenossen hatten sich aus dem deutschen Glaubenskrieg klug herausgehalten. Nur die Bündner mußten unbedingt mitmachen. Schlimmer noch als die Deutschen haben sie sich gegenseitig totgeschlagen. Um des Glaubens willen. Um der Partei willen.

Aber niemals um der Sprache willen. Graubünden, eines der sprachlich kompliziertesten, auch labilsten Gebilde der Welt, hat in den gut fünf Jahrhunderten seiner politischen Geschichte nicht einen einzigen ernsthaften Sprachenstreit gekannt.

Asterix und Obelix auf Rätoromanisch

Übersetzung der Sprechblasen von links nach rechts:
»Diese beiden Männer werden von den Römern verfolgt. Die suchen schon die ganze Stadt nach ihnen ab. Wir müssen ihnen helfen.« – »Das ist doch klar! Wir helfen gern. Wir haben die Römer schon oft geschlagen, und Julius Cäsar fürchtet uns als Gegner! Aber wohin stecken wir Euch?« – »Ich hab' an Deine Tresorkammer gedacht . . .« – »Da müßt Ihr aber ein Konto eröffnen!« – »Um uns dort zu verstecken?« – »Was Ihr da reingebt, geht mich nichts an. Das ist Bankgeheimnis. Für mich seid Ihr nur zwei anonyme Nummern. Wollt Ihr jeder einen Safe, oder wollt Ihr ein gemeinsames Konto?«

Deutsche Reisende, im Urteil über die Schweizer zu einem Wohlwollen neigend, das ihnen selten erwidert wird, pflegen den engelhaften Sprachenfrieden damit zu erklären, daß Schweizer, in diesen Dingen jedenfalls, bessere Menschen seien.

Leider stimmt das nicht. Die Affekte zwischen den verschiedenen Sprachgruppen sind bei uns eher tiefer und böser als anderswo. Ich habe ein Jahr in Genf gelebt und ein Jahr in Lüttich und glaube, daß ein Flame in Lüttich mit mehr Sympathie rechnen kann als ein Deutschschweizer in Genf.

Noch schlimmer ist die Banalität der Vorurteile zwischen Deutschsprachigen und Rätoromanen. Es gibt ja auf der Welt etwa 2500 bedrohte Kleinsprachen vom Typ des Rätoromanischen. Und überall, 2500mal, folgen die Affekte dem gleichen ehernen Gesetz. Es lautet: Je weiter weg von der bedrohten Minderheit, desto größer die Sympathie für sie – je näher an ihr dran, desto größer die Antipathie.

In Genf und in Basel, vielleicht auch noch in Zürich, herrscht reine Sympathie für die Rätoromanen. Da kochen Tausende von deutschschweizerischen Hausfrauen begeistert nach dem »Rätoromanischen Kochbuch«. Da ruft die »Schweizer Illustrierte« auf zu Spenden für die Rätoromanen, in der gleichen Tonlage wie der »Stern« zur Hungerhilfe für Äthiopien. Dort jedoch, wo die Deutschschweizer wirklich zusammenleben müssen mit den Rätoromanen, in Graubünden, sind die Sympathien ungleich herber. Zum Teil sind sie grimmig.

Der Ausländer merkt nichts davon. Ob er mit Deutschbündnern redet, ob er sich vertieft in die »Bündner Zeitung«, ins »Bündner Tagblatt«, nichts wird er hören oder lesen als tief bekümmertes Wohlwollen für die schwindende Minderheit. Selbst ein Schweizer muß lange mit Deutschbündnern befreundet sein, bevor er etwas erfährt. Dann freilich kann man bei Leuten, denen man's nie im Leben zugetraut hätte, wahre Ausbrüche erleben: über »das cheibe (verreckte) Geisse-Spanisch«.

Die Affekte schlummern in der Schweiz genauso wie in Belgien. Aber sie werden bei uns nicht ausgelebt, ja nicht einmal ausgedrückt, auf jeden Fall nicht öffentlich. Es gilt bereits als schwerer Fehltritt, wenn sich in der satirischen Zeitschrift »Nebelspalter« ein »Hansli aus Chur« lustig macht über die Mode der rätoromanischen Kochrezepte. Dabei hat Hansli recht: Eine genuin rätoromanische Küche gibt es genausowenig wie eine genuin rätoromanische Volksmusik. Doch dies ist etwas, was Hansli nur im stillen denken darf. Offen sagen darf er es nicht. Pfui Hansli!

Unvergleichbar friedlicher als einst die Sprache Roms dringt heute die deutsche Sprache in Graubünden vor. Nicht mit militärischer Gewalt unterjochen wir die Rätoromanen, sondern mit biedermeierischer Fürsorglichkeit.

Staunenswerter noch sind die Mechanismen der Selbstdämpfung bei der Minderheit. Anfang der

Der Brand von Chur entschied das Schicksal des Rätoromanischen

achtziger Jahre schien es, als werde in der schweizerischen Presse der »Tod des Rätoromanischen« zum nationalen Fin-de-siècle-Thema, ähnlich wie das »Waldsterben« in Deutschland. Die Diskussion weckte für die Rätoromanen eine Menge Sympathien in der Ferne. Aus Bern bekamen sie zum Beispiel mehr Kulturkredite und mehr Sendezeiten im Radio. In der Nähe jedoch wurde die Stimmung saurer und saurer. Die Deutschbündner wurden »das ewige Theater mit den Romanen« leid. Aber sie sagten es nicht.

In diesem Augenblick zog das rätoromanische Establishment selbst die Bremse. Rätoromanische Politiker blockierten die Kredite zugunsten ihrer eigenen Sprache. Und sie schubladisierten selbst das Sprachengesetz, das der Minderheit Vorteile von einem Ausmaß versprach, wie sie die deutschsprachige Mehrheit in der Volksabstimmung sicher nicht akzeptiert hätte. Beides geschah mit unsäglichen Verfahrenstricks – auf den Lippen nichts als melodramatische Bekenntnisse zur *chara lingua da la mamma*.

Feigheit? Heuchelei? In seiner ausgezeichneten »Geschichte der Schweiz in ihren Klassenkämpfen« schreibt Robert Grimm gerade das, was manche Ausländer als »typisch schweizerische Heuchelei« empfinden, sei das eigentliche politische Genie unseres Volkes und der Schlüssel zum Verständnis seiner so glücklichen politischen Geschichte.

Sprachenstreit ist etwas für Idealisten, für Ästheten und für Eiferer. Die Schweiz ist der Staat, in dem Idealisten, Ästheten und Eiferer unglücklich sind. Wohl fühlt sich dagegen in diesem Land der ganz gewöhnliche Mensch.

Im Leben des ganz gewöhnlichen Menschen sind der Beruf und das private Glück wichtiger als die Sprache. Graubünden, dieser unmögliche Vielsprachenstaat, wird seit fünf Jahrhunderten zusammengehalten durch den stillschweigenden Konsens zwischen allen Sprachgruppen, daß die Dinge der Sprache zweitrangig bleiben müssen.

Von Thusis nach Chur ist nur noch Autobahn. Ich hatte jetzt selber keine Lust mehr auf ein Gespräch. Gleich neben dieser Autobahn liegen ja die Übungsplätze der Kaserne Chur. Hier habe ich, an Handgranate und Maschinenpistole, die scheußlichsten Tage meiner schweizerischen Jugend verbracht. Wie gut kann ich jenen rätoromanischen Gebirgsfüsilier verstehen, der kürzlich an den Rand eines rätoromanischen Umfrageformulars der eidgenössischen Armee in deutscher Sprache schrieb: »Durch die romanische Sprache wird das Militär auch nicht besser.«

In diesem Augenblick wurden vor uns die steinalten Türme der Bischofsstadt Chur sichtbar. Hundertmal habe ich sie so vor mir auftauchen sehen und immer nur an den einen Satz von Blaise Pascal gedacht: Daß nämlich die Weltgeschichte gänzlich anders verlaufen wäre, wenn Kleopatra eine andere Nase gehabt hätte.

Der blinde, stumme Zufall, der die Geschichte regiert, hat hier am 27. April 1464 das Schicksal der Rätoromanen entschieden. An diesem Tag brannte Chur nieder. Wiederaufgebaut wurde die Stadt durch alemannische Handwerker. Mit ihnen kam und blieb die deutsche Sprache.

Gerade als der Buchdruck aufkam und mit ihm die Hoch- und Schriftsprachen, verloren die Rätoromanen ihr städtisches Zentrum. Mit Sicherheit wäre sonst das Churer Stadt-Romanisch zur verbindenden Schriftsprache geworden. Wie im kulturellen Exil sitzen heute alle Institutionen der Rätoromanen im deutschsprachigen Chur.

Gerade wollte ich den jungen Oberengadiner neben mir fragen, wo ich ihn absetzen solle. Vor der Lia Rumantscha, der mächtigen Dachorganisation aller Rätoromanen? Oder vor dem ehrwürdig verstaubten Institut Dicziunari Rumantsch Grischun? Oder vor dem Studio regiunal rumantsch von Radio e televisiun DRS? Oder vor der romanischen Abteilung des Lehrerseminars? Oder vor der romanischen Sektion der Kantonschule (Oberschule)? Just in diesem Augenblick räusperte er sich: »Was ich die ganze Zeit schon sagen wollte . . .«

Er zögerte. Er schwieg. Ich nickte stumm, aber aufmunternd.

Eigentlich, so fing er wieder an, habe er es mir gleich nach dem Einsteigen in Silvaplana sagen wollen. Aber dann habe er sich geniert. Es sei nämlich so: Er mache jede Woche Autostopp zwischen Silvaplana und Chur hin und her. Meistens werde er auch sehr schnell mitgenommen. Aber gerade das sei sein Problem: »Ich finde es nämlich wahnsinnig freundlich, wenn mich einer mitnimmt. Da müßte ich doch eigentlich auch freundlich sein und den Fahrer unterhalten, oder finden Sie nicht?«

Ja sicher, eigentlich schon.

Übers Wetter zu reden, so fuhr er fort, das finde er aber unsäglich banal. Worüber sonst aber könne man mit einem fremden Menschen reden? »So sitze ich in dem Auto da und suche und suche nach einem Thema. Und bis ich eins gefunden habe, sind wir immer schon in Chur.«

C. G. Jung wird die Behauptung zugeschrieben, daß man einen Schweizer zehn Jahre lang auf der Couch liegen haben könne, ohne irgend etwas aus ihm herauszukriegen. In der Tat ist die Kunst, nichts zu sagen, mehr als nur das Erfolgsgeheimnis schweizerischer Bankgeschäfte. Wie jeder solide Staat, so wird auch die Eidgenossenschaft zusammengehalten durch eine einzige, allen gemeinsame Sprache. Unsere schweizerische Nationalsprache ist das Schweigen. Hilfsweise werden bei uns noch vier andere Sprachen gesprochen. Von diesen ist das Rätoromanische die schweizerischste. Im besten wie im traurigsten Wortsinn kommt es dem Schweigen am nächsten. □

In der kargen Bergwelt des Bergells sind Mensch und Tier aufeinander angewiesen: statt anonymer Milchfabriken Familienanschluß auch fürs Vieh

Walter Mayr

Wir haben einen direkten Draht ins All.

Daß das europäische Weltraumlaboratorium Space Lab seine elektronischen Meßergebnisse zur Erde übermitteln kann, daran ist auch die Chemie mit Hoechst in besonderem Maße beteiligt. Denn die Meßwerte werden über einen „High Rate Multiplexer" übertragen. Und die Verdrahtung dieses Multiplexers sowie die Verbindung zwischen Computer und Experimentierstation erfolgte mit ®Hostaflon TF-isolierten Spezialkabeln.

Einmal, weil die hohen Übertragungsraten höchste Anforderungen an die dielektrischen Eigenschaften des Isolierwerkstoffes stellen.

Zum anderen, weil das Material raumtauglich sein und seine Flexibilität auch bei extrem tiefen Temperaturen behalten muß.

Und zwar mit Sicherheit.

Die außergewöhnlichen Eigenschaften des Fluorkunststoffes Hostaflon – insbesondere die hohe Beständigkeit gegen Chemikalien, Temperatur- und Witterungseinflüsse, die schwere Entflammbarkeit und das gute elektrische Isolierverhalten – machen neuartige Problemlösungen in den unterschiedlichsten Bereichen möglich.

Ob als hitze- und ölbeständige Kabel für Dieselmotoren, Turbinen und Kessel. Oder als

heizbare Schläuche für Ölbrenner. Ob als Kabelisolierungen in Flutlichtstrahler-Gehäusen. Oder als extrem dünne Schläuche für besondere Problemlösungen in der Analysentechnik und Medizin.

Die Möglichkeiten, die der Werkstoff Hostaflon eröffnet, sind schier endlos.

Vor 50 Jahren stellte Hoechst den ersten Fluorkunststoff der Welt her. Mit Hostaflon haben diese Kunststoffe inzwischen hohe technologische Eigenschaften erlangt, die auf den Märkten der Zukunft von großer Bedeutung sein werden.

Hostaflon gehört zu einem breiten Programm von Werkstoffen und hochveredelten Produkten, für das der Begriff „Hoechst High Chem“ steht.

Damit wenden wir uns mehr und mehr auch solchen Arbeitsgebieten zu, die über die klassischen Chemiebereiche hinausgehen.

Wer in Zukunft erfolgreich sein will, muß neue Wege gehen – auch wenn nicht alle so hoch hinausführen wie zum Space Lab.

®Hoechst High Chem

Hoechst AG, VFW
6230 Frankfurt/M. 80

Hoechst

Jedes Jahr sterben in Graubünden mehr als 30 Menschen den Lawinentod, nicht selten haben sie ihn aus Leichtsinn oder Unkenntnis selbst verschuldet. Seit 50 Jahren kämpfen Wissenschaftler und Lebensretter gegen die tödliche Gefahr. Die wirkungsvollste Waffe aber lieferte die Artillerie

Hermann Sülberg

KANONEN GEGEN DEN WEISSEN TOD

Kanoniere des Pro Parsenn-Rettungsdienstes am Weißfluhjoch feuern auf ein Schneebrett. Ein Schuß mit der 1200 Meter weit reichenden Hohlpanzerrakete kostet 300 Franken. Er hat die größte Wirkung, wenn die Detonation zwei Meter über der Schneedecke erfolgt

Am Rande des schneebedeckten Abhanges stehen fünf kleine Jungs und schauen aufgeregt über den Grat in die Tiefe. Sie wagen sich vor auf die überhängende Schneewächte, fassen sich an den Händen, gehen drei Schritte rückwärts zum Anlauf, einer gibt das Kommando: eins, zwei, drei – los! Mit gespreizten Beinen voraus springen sie in das Jenseits, landen alle gleichzeitig mit dem Hosenboden auf der Schneedecke, ein kurzes und kräftiges Wumm schallt durchs Tal, der ganze Hang gerät in Bewegung, Staub wirbelt auf, fünf kleine Teufel reiten auf dem weißen Drachen in die Tiefe, quietschend vor Vergnügen.

Einst glaubten die Graubündner, alte Hexen hoch oben auf den gezackten Gipfeln lösten die gewaltigen, alles zermalmenden Schneebälle aus, darin eingebacken Bäume und Häuser, Menschen und Tiere. Und die Bauersleute gruben zur Osterzeit gesegnete Eier in die Hänge über ihren Höfen in der Hoffnung: Böse Hexen mögen bunte Eier lieber unzermatscht.

Ammenmärchen. Christian Kasper wußte schon als Kind, daß Schneebälle nur als Wurfgeschosse und für Schneemänner taugen, und alte Hexen, wenn sie's denn je gab, eher kleine Jungs bevorzugen: »Einmal bin ich, als ich selber das Kommando gab, zu früh gesprungen, mußte meine beiden Brüder loslassen, sprang alleine vor. Aber mit meinem kleinen Po konnte ich nicht die Schneedecke durchschlagen, rutschte ein paar Meter nach vorn, hinter mir brach es dann, drückte mir den Kopf zwischen die Knie. Ich bekam keine Luft mehr, wurde dann zugedeckt und bin fast erstickt. Aber meine Brüder waren sehr rasch, haben mich gleich ausgebuddelt. Ich hatte zwar einen leichten Schock, aber das machte keinen großen Eindruck, nächste Woche ritten wir schon wieder auf einer Lawine. Man wächst einfach damit auf, man ist so damit vertraut, daß man keine Angst hat. Ich liebe den Schnee, er ist mein Element.«

Heute ist Christian Kasper 55 Jahre alt, aber das Kommando zum Auslösen von Lawinen gibt er immer noch. Statt mit dem Hosenboden macht er es heute mit Minenwerfer und Kanonenrohr, und nicht zu seinem Vergnügen, sondern für die Sicherheit anderer. Er ist Chef von Pro Parsenn, des Pistensicherungs- und Rettungsdienstes rund um Davos, zuständig für ein 200 Quadratkilometer großes Gebiet zwischen den Gipfeln Weißfluhjoch und Gotschnagrat, Strelapaß und Pischahorn. Ein wunderschönes Skigebiet mit Abfahrten aller Schwierigkeitsgrade. Und an Dutzenden von Hängen stürzt die unberührte Unschuld der weißen Pracht plötzlich rapide bergab, reißt alles mit, was sie kriegen kann, Skifahrer gibt's genug. Millionen davon tummeln sich jeden Winter in Reichweite der Lawinen und in Christian Kaspers »Verantwortungsbereich«.

Der Rettungsdienst Pro Parsenn wird gerne legendär genannt. Vermutlich, weil er schon ein halbes Jahrhundert sagenhaft gut funktioniert und früh zum nachahmenswerten Beispiel für die Rettungsdienste der gesamten Alpenregion wurde. Angefangen hat es 1936, als sich eine Handvoll schneeliebender Männer unter großen, schwarzen Grenzwächterhüten zum Schwur versammelte, um »für die Sicherheit der Skifahrer zu sorgen, Verunfallten und in Not Geratenen die notwendige Hilfe zu leisten, sie sicher und rasch ins Tal zu transportieren und um Unfällen, besonders Lawinenunfällen, vorzubeugen«.

Einer norwegischen Amme namens Agnes haben die Davoser das alles zu verdanken. Vor hundert Jahren schenkte sie ihrem Zögling Wilhelm Paulcke ein Paar Telemark-Skier, mit denen er zur allgemeinen Erheiterung über die Berghänge rutschte. Ernster genommen wurde diese seltsame Art der Fortbewegung erst, als 1888 Fridtjof Nansen auf Schnee-

Fortsetzung auf Seite 74

Moderne Diagnosetechnik ist notwendig: Sie gibt dem Arzt schnell das zuverlässige Bild von der Krankheit und vom erkrankten Organismus. Eine rasche und sichere Diagnose erspart Leiden. Das ist es, was den Aufwand lohnt.

Doch eine Krankheit kann nicht isoliert gesehen werden. Der Arzt weiß das. Anstatt sich nur auf Meßdaten zu verlassen, verbindet er die technische Analyse mit seiner medizinischen Erfahrung und folgert daraus die richtige Therapie. Die Daten, die ihm die Technik zur Verfügung stellt, sind nur eine Grundlage für seine Entscheidung. Und kein Ersatz für die Verantwortung. Der Arzt. Berufung Mensch und Medizin.

NORDMARK

WIR HELFEN ÄRZTEN HELFEN.

Nordmark arbeitet auf den Gebieten: Peripheres und zentrales Nervensystem, Gastroenterologie, Elektrolyt-Haushalt, Blutgerinnung.

Wir starten jede Stund

Wir von der Bahn versuchen, unseren Fahrplan nach Möglichkeit Ihren Terminen anzupassen.
Deshalb bieten wir allen Geschäftsreisenden täglich über 200 Intercity-Züge, die stündlich verkehren. Und mit jetzt sechs statt vier Linien steuern wir noch mehr Städte an. Egal, wan Sie starten wollen, wir haben einen passenden Zug für Sie. Au der Reise selbst können Sie sich bei einem Kaffee auf Ihre Geschäftstermin vorbereiten. Oder noch ein bißchen schlafe

e.

schuhen Grönland durchquert hatte. Fünf Jahre später wagten die Davoser Brüder Branger die erste Ski-Tour über die hochalpine Maienfelder Furka und luden bald darauf einen prominenten, an Horror-Trips gewöhnten Gast ein, sie zu begleiten. Der Kriminalschriftsteller Arthur Conan Doyle, Erfinder des Sherlock Holmes, schildert im »Alpine Journal« diese mörderische Tour, bei der ihm schien, »als ob ein Fallschirm das einzige Instrument gewesen wäre, für das wir Verwendung gehabt hätten«. Das tapfere Trio band seine Skier mit dem Riemen zusammen, fuhr sitzend den Hang hinab, eine deutliche Spur hinterlassend: »Mein Schneider hatte mir gesagt, daß Harris-Tuch nicht durchgescheuert werden könne. Das ist bloße Theorie, er kann Muster seiner Ware längs des ganzen Weges vom Furkapaß bis Arosa ausgestellt finden.«
Es war, als ob Sir Arthur zur Schnitzeljagd geblasen hätte. Ganze Expeditionskorps britischer Gentlemen rutschten fortan über den Schnee und gründeten selbstverständlich sofort einen ›Davos English Ski Club‹.
Bereits 1895 warb der Verkehrsverein Davos auf einem Plakat mit einem Skifahrer, noch von einem einzigen Stock gestützt, und nannte den Kurort einen »Touristen- & Sport-Platz 1. Ranges«. Und die Davoser erkannten schon damals, daß es sinnvoll sei, der High Society mehr zu bieten als die reine Luft, die gut ist gegen Tuberkulose. Die schwindsüchtige Szene wich bald der gesunden Leibesübung, die Sanatorien wurden in Sporthotels umgewandelt, und die medizinische Versorgung konzentrierte sich auf Knochenbrüche.
Den entscheidenden Durchbruch zum damals umsatzstärksten Wintersportgebiet schuf der Bau der Davos-Parsennbahn zu Beginn der dreißiger Jahre. Nun mußten sich die Leute nicht mehr mühsam den Dorfberg hinauf ins Skifahrer-Paradies quälen. Sie mußten auch nicht mehr besonders sicher auf den Brettern stehen, um ins Parsenngebiet hochzukommen, sie brauchten nur noch eine Fahrkarte zu lösen. Wenn sie dann oben waren, riskierten sie Hals- und Beinbruch, und so mancher Bauer entdeckte da auf seiner Alp hilflose Pistenjünger und in den Abgründen seiner Seele eine gewisse Strandräubermentalität – nur für viele harte Fränkli wurden die Verletzten dann auf dem Heuschlitten unsanft ins Tal geschlittert.

Der Rettungsdienst Pro Parsenn, 1936 gegründet, war der erste in der gesamten Alpenregion und gilt noch immer als Vorbild. Christian Kasper ist Parsenn-Chef seit 1982, zuständig für ein 200 km² großes Gebiet

Brieftauben alarmierten die Rettungszentrale

Das konnte der ehrbare Christian Jost, damals Vorstandsmitglied des Skiclub Davos, nicht mehr länger mit ansehen. Der Dorfschullehrer wurde zum Initiator des Parsenn-Rettungsdienstes, nahm die Betreiber der Bergbahnen und Skilifte erst in die moralische und dann in die finanzielle Pflicht mit dem Argument: Ihr könnt nicht die Leute dort hochtransportieren und sie dann ihrem Schicksal überlassen.
Im Parsenngebiet hatte das Schicksal schon früh seine Opfer gefordert. Wenige Tage nach der feierlichen Eröffnung war die erste Hütte von einer Lawine weggerissen worden, der Hüttenwart wäre vermutlich zu retten gewesen, hätte seine Bergung nicht eine Ewigkeit gedauert. Selbst ein gewöhnlicher Beinbruch kann lebensgefährlich sein, wenn man stundenlang auf Hilfe warten muß.
Und es knackte und knirschte immer öfter auf den Pisten, denn manchen Skifahrer packte der Schnee-, Höhen- und Geschwindigkeitsrausch. Ein gewisser Matthias Zdarsky, damals anerkannt bester Läufer seiner Zeit, der bereits 1896 auf einer 22 Grad geneigten und 200 Meter langen Strecke stolze 100 Stundenkilometer erreicht hatte, schrieb: »Die höchste Leistung eines Skifahrers besteht endlich darin, daß er das Hochgebirge aufsucht. Die Abfahrt vollzieht sich so, daß sich der Skifahrer oben auf dem Hang zusammenkauert, sich fest auf den Stock zurücklehnt und die Augen schließt. Dann saust er pfeilgeschwind hinab, solange bis ihm der Atem vergeht. Jetzt muß er sich seitwärts in den Schnee werfen, warten, bis er wieder zu Atem kommt, und dann wiederholt er wieder das Sausen, dann bleibt er wieder liegen, holt Atem, saust wieder und so fort, bis er unten ankommt.« Oder auch nicht. Oder liegenbleibt und wartet, bis der Retter kommt.
Anfangs zog der erste und einzige Patrouilleur noch mit einem Käfig auf dem Rücken ins Gelände. Darin saß eine Brieftaube. Mit ihrer Hilfe konnte der Rettungszentrale flugs der nötige Abtransport eines Verletzten gemeldet werden. Oder auch eine Streiterei mit den Bergbauern. Noch jahrelang durften die Retter ihre Verletzten nicht bis ins Tal bringen, sondern mußten sie an den Almgrenzen abgeben. Die Bauern transportierten dann, über Gebühr kostenpflichtig, weiter; heute sind die Pistenfledderer etwas harmlosere Skilehrer geworden. Jeder der 14 Patrouilleure und sieben Pistenwächter hat selbstverständlich ein Funkgerät, und so mancher Verletzte will sich von seinem Retter gar nicht mehr trennen. Liebe auf den ersten Bruch.
Zwar haben die meisten Verletzten panische Angst, wenn sie auf den knallroten, dünnen Holzschlitten gepackt werden. Mit dem Kopf voran geht es über steilstes Gelände mit fast hundert Stundenkilometern hinab ins Tal. Dort wartet bereits ein per Funk verständigter Ambulanzwagen. Samt Schlitten wird der Verletzte reingeschoben, der Patrouilleur bleibt dabei, bis der Gips dran ist und hält notfalls auch mal beruhigend Händchen.
Für Christian Kasper, den Pro-Parsenn-Chef, sind die Skifahrer heute sich selbst gegenüber einfach nicht mehr so ver-

antwortungsbewußt. »Da kauft sich einer ein Abonnement und dann fängt er an zu rechnen, wie er damit möglichst viele Abfahrten an einem Tag herausholt. Dieses immer Rauf- und-Runter und Möglichst-viel-Fahren, das macht müde. Davon kommen die Unfälle.«

Die ganz Unvernünftigen bleiben oben, bis es dunkel wird. Ab fünf Uhr nachmittags beobachten die Patroulleure und Pistenwärter, wer sich da noch tummelt, wer wohl ein offensichtlich schlechter Skifahrer und kaum mehr allein heil ins Tal kommt. »Den schnappen wir uns dann, versuchen ihn zu überreden, die Bahn zu nehmen. Wenn er trotzdem macht, was er will, haben wir dann wenig später das Vergnügen, ihn bei der Abendkontrolle auf der Piste aufzugabeln.«

Da gerät Christian Kasper schon mal ins Grübeln, wie das wohl weitergehen soll. »Wir präparieren die Pisten, wir räumen alle Hindernisse weg, wir glätten jeden Buckel, wir setzen Warntafeln, wir machen Absperrungen, wir tun alles, um die Unfallzahlen zu senken. Mit dem Resultat, daß viele Leute sich einfach oben hinstellen und losfahren, wie auf der Autobahn – wenn da eine Kurve kommt, geht man ja auch nicht von Hundertfünfzig runter.«

Kein Wunder, daß immer mehr Skifahrer von diesen überfüllten, perfekten und langweiligen Autobahnen die Nase voll haben, auf Seitenwege ausweichen, Varianten suchen, unberührte Natur um sich herum und unberührten Schnee unter den Brettern haben wollen. Diese Skifahrer leben gefährlich. Vier Jahrzehnte lang kamen pro Saison durchschnittlich 26 Menschen in Lawinen ums Leben. In den vergangenen beiden Jahren hat sich diese Zahl fast verdoppelt. Neunzig Prozent aller getöteten Skifahrer lösten ihre Lawine selbst aus. Und die Leute vom Parsenndienst registrieren grantig, wenn der Verkehrsverein Graubünden mit einem faszinierend-verführerischen Foto von Varianten-Skifahrern in stiebendem Pulverschnee um weitere Gäste wirbt. Und diese vermaledeite Reklame wird dann auch noch von der Internationalen Tourismus-Börse in Berlin (ITB) mit der »Goldenen Reisekutsche« ausgezeichnet. Ein »Schwarzer Leichenwagen« als Preis wäre passender gewesen, denn parallel zur Breitenentwicklung des Variantenfahrens steigt die Zahl der Lawinenopfer.

Schneeflocken werden durchs Mikroskop beäugt

Der Ausbau der Pisten kennt keine Grenzen. Heute gibt es im und ums Parsenngebiet 24 Bergbahnen und Lifte, die zusammen 19885 Personen pro Stunde transportieren können, und die im vergangenen Winter etwa zehn Millionen Mal zur Fahrt von unten nach oben benutzt wurden. Und von den zehn Millionen, die dann wieder von oben nach unten fahren, sucht mancher aus platten Landen den Weg querfeldein durchs hochalpine Gelände, als wär's die Lüneburger Heide. Würden sie doch wenigstens die über 400 Jahre alte Warnung des Josias Simler beherzigen: »Die größte aller Gefahren ist das Abgleiten des angehäuften Schnees, das die unsrigen Löuwinen, die Räter Labinae nennen, Bezeichnungen, die zweifellos von *labare* (gleiten) herrühren; auch der deutsche Ausdruck Lawine ist eine Entstellung von Labinae. Es genügt eine geringfügige Ursache, um die Schneemassen in Bewegung zu setzen; so wenn sie an einem steilen und baumlosen Hang durch einen vorbeifliegenden Vogel, durch heftigen Wind oder durch Geschrei vorübergehender Menschen erschüttert werden...«

Lawinen sind Naturereignisse wie Blitz und Donner, Wirbelsturm und Springflut – sie sind nichts anderes als ein Haufen Schnee, der nicht liegenbleibt, wo er hingefallen ist. Wenn nichts im Wege steht, ist es ein Naturschauspiel, ansonsten eine Katastrophe. Welche physikalischen Gesetze die Lawinen abwärts zwingen, außer der Erdanziehungskraft, dies versuchen Wissenschaftler des Eidgenössischen Instituts für Schnee- und Lawinenforschung Weißfluhjoch/Davos nun bereits seit einem halben Jahrhundert rauszukriegen. Tür an Tür mit dem Parsenn-Rettungsdienst haben sie ein Institut gebaut. Schon von weitem erkennbar ist ein bizarres Stahlgerüst. Auf diese große Rutsche namens »Schneegleitbahn« schaufeln die Wissenschaftler unermüdlich Schnee, lassen ihn runterrutschen, beobachten und messen, um die Eigenschaften der weißen Pracht herauszufinden. Das Forschungsprogramm ist vielseitig, unter den Mikroskopen werden einzelne Flocken untersucht, oder es werden ganze Berghänge voller Schnee gut kontrolliert zu Tale geschickt.

Jeder vierte Tag ist ein Lawinentag

Professor Dr. Claude Jaccard, der Direktor des Instituts und ein begeisterter Skifahrer, fühlt sich wohl an seinem 2663 Meter hohen Arbeitsplatz, obwohl er mehr in Bücher und Tabellen, durch Akten und Mikroskope schaut, als zum Fenster raus. Der Physiker beschäftigt sich schon seit seiner Doktorarbeit mit den physikalischen Eigenschaften von Schnee und Eis.

Da gibt es viel zu erzählen, aber noch mehr zu fragen: »Man weiß schon einiges, aber man ist erst am Anfang. Es ist sehr kompliziert, es gibt so viele Formen. Wenn man Schnee sagt, das ist, wie wenn man Wein sagt, da gibt es auch sehr große Unterschiede.« Er und seine 33 Mitarbeiter sind schon einigen Rätseln dicht auf den Fersen. So gelang es seinem Team erstmals, mit Hilfe eines Radargerätes, die Geschwindigkeit einer natürlichen Lawine zu messen. Davor hatte man zwar schon Schneeabgänge gefilmt, konnte daraus ersehen, wie schnell sich der Kopf des »weißen Drachens« bewegt, aber leider sagt das dem Forscher wenig, viel wichtiger ist das schnellere Hinterteil.

Schnee lebt, sozusagen. Zwar sind alle Schneekristalle – unterkühlter Wasserdampf verfestigt sich schlagartig an feinsten Partikeln –, die vom Himmel fallen, sechsstrahlig, aber dennoch sehr verschieden: Sternchen oder Prismen, Plättchen oder Nadeln, mehrere tausend Formen sind bekannt. Durch ihre zerbrechliche Struktur, die dauernden Schwankungen zwischen den Aggregatzuständen »fest«, »flüssig« und »gasförmig«, die Änderung von Temperatur und Druck, Luftfeuchtigkeit und Sonneneinstrahlung, ändern sich laufend Dichte und Festigkeit des Schnees. Wenn dann Neuschnee fällt, mehrere Schichten unterschiedlicher Eigenschaften übereinanderliegen, wird der weiße Stoff für die Wissenschaftler interessant, und für die Skifahrer unberechenbar. Ob es gefährlich werden kann, wird auch noch durch Bodenbeschaffenheit, Vegetation und Neigung des Hanges beeinflußt. Zwischen 28 und 45 Grad ist es am gefährlichsten – und am attraktivsten für den Skifahrer.

Seit es Schnee und hohe Berge gibt, gibt es auch Lawinen. Die Urbewohner, im Davoser Gebiet waren es die Walser, die im 13. Jahrhundert die höheren Täler besiedelten, mußten damit rechnen und taten es auch. »Hier ist im Durchschnitt jeder vierte Tag ein Lawinentag, an dem es mindestens eine nachgewiesene Lawine gibt. Man sagt, die Walser hatten einen siebten Sinn dafür«, was aber der Naturwissen-

America. Catch the Spirit.™

Kurzer oder langer Besuch,
immer etwas Interessantes zu tun.

Für Ihre kostenlose Fremdenverkehrs-Broschüre
von Los Angeles, bitte schreiben Sie:
U.S. Travel & Tourism Administration
Bethmannstrasse 56, 6000 Frankfurt/Main

LA's the Place®

schaftler Jaccard nicht glauben will. »Sie haben einfach aus Erfahrung gesehen, wo es sicher ist und wo nicht. Wo zu oft eine Scheune weggeputzt wurde, da wurde sie nicht mehr gebaut. Und im Winter passierte recht wenig, die Leute blieben meist in den Häusern. Mit dem Tourismus sind viele Menschen gekommen, die keine Ahnung haben von der Gefahr. So glauben zum Beispiel die meisten Flachländler, wenig Schnee bedeute geringe Gefahr. Auch das Gegenteil kann richtig sein. Wenn es wenig schneit, ist der Aufbau der Schneedecke schlecht und die Lawinengefahr besonders groß. Ein Aufgabengebiet des Schneeforschungsinstituts ist es, Ideen zum Schutz vor Lawinen zu entwickeln. So wollen die Forscher vor allem herausfinden, wie ein Schutzwald beschaffen sein muß, damit Forstleute erfahren, in welcher klimatischen Zone bei welcher Hangneigung sie welche Hölzer wie dicht beieinander anpflanzen sollen. Um junge Bäume zu schützen, wurde ein Schneestützwerk aus imprägniertem Fichtenholz entwickelt, das 40 bis 50 Jahre halten soll, so lange, bis die immergrünen Bäume selbst den Schutz übernehmen.

Da mächtige Lawinen innerhalb von Sekunden auch ganze Wälder wegreißen können, werden oberhalb der Baumgrenze »permanente Stützverbauungen« aus Stahl installiert – häßlich, aber nützlich –, die für ein paar hundert Jahre die kalte Rodung verhindern sollen. Vor vier Jahren wurde noch geschätzt, daß 2,3 Milliarden Schweizer Franken erforderlich wären, um die Straßen, die Eisenbahnlinien, die Kraftwerke, die Ortschaften und Skipisten vollständig zu schützen. »Jetzt kommt das Waldsterben und macht uns einen dicken Strich durch die Rechnung. Wobei die Lawinen nicht einmal das Hauptproblem sind, sondern die Bodenrutschungen, die Störungen des hydrologischen Systems und die damit verbundenen Überschwemmungen. Gegen Erosion helfen auch keine Lawinenverbauungen, im Gegenteil, die kommen mit dem

Mit Sondierstangen sucht eine Rettungsmannschaft nach Lawinenopfern. Aber die Chancen, nicht nur zu finden, sondern auch zu retten, sind schlecht. Die Helfer kommen meist zu spät

Boden nach unten«, weiß Claude Jaccard und vermutet, »daß das insgesamt eine gewaltige Aufgabe werden wird, mit Kosten von der Größenordnung wie für das Schulwesen oder das Militär etwa«.

Es gibt zwei Möglichkeiten, dem weißen Tod ein Schnippchen zu schlagen. Man stehe den Lawinen, wenn sie runterkommen, nicht im Wege – oder man hole sie herunter, wenn ihnen nichts im Wege steht. Für beides zu sorgen, ist, neben Pistenbeschilderung und Unfalltransport, der Job von Christian Kasper. Jahrzehntelang ist er schon in diesem Geschäft aktiv, davon 15 Jahre als nebenberuflicher Pro Parsenn-Sektionschef des Gotschnagrat-Gebietes, das genau über seiner Heimatgemeinde Klosters liegt, der er auch noch als Bürgermeister vorsteht.

Vor allem muß er früh aufstehen. Wenn es über Nacht geschneit und gestürmt hat, geht er schon um halb fünf vor die Tür, da bleibt selbst sein wetterfester Schäferhund Senta manchmal lieber drinnen. Kasper läuft ein Stück in den Sturm hinaus, will spüren, woher der Wind weht, wie die Temperatur ist. Er hebt eine Handvoll Schnee hoch, prüft, ob sich ein Schneeball daraus formen läßt, oder ob ihm alles zwischen den Fingern zerrieselt. Dann weiß er schon, das ist gefährlich heute, diese und jene Hänge ganz besonders, da und dort haben sich gewaltige Wächten gebildet, die müssen schnell in kleinen Portionen weggesprengt werden, solange der Schnee noch leicht und porös ist und man nicht selbst eine Großlawine auslöst.

An einigen besonders exponierten und regelmäßig kritischen Punkten wurden bereits Abschußvorrichtungen fest installiert. Am Gotschnagrat stehen vier Auslegerarme, an denen sich Sprengladungen 15 Meter über den Grat hinaus nach unten absenken lassen. Die Schneeforscher haben in Versuchsreihen festgestellt, daß der wirkungsvollste Detonationsschock in zwei Metern Höhe über der Schneedecke ausgelöst wird. Und über das Anrißgebiet der berüchtigten Dorfbachlawine, die 1968 die 40 Tonnen schwere Brücke der Parsennbahn wie eine Streichholzschachtel durch die Luft gewirbelt, unten in Davos noch 29 Wohnhäuser zerstört und 13 Menschen getötet hatte, wurde eine Sprengseilbahn gebaut. Mit ihr läßt sich der Sprengstoff genau an die Spannungslinie fahren, wo die Schwachstelle der obersten Schneeschicht vermutet wird. Und bereits an sieben verschiedenen Punkten gegenüber gefährlichen Hängen sind Lafettenständer für 8,3-Zentimeter-Raketenrohre einbetoniert, die bei schönem Wetter einjustiert werden. Dann läßt sich, selbst bei heftigem Sturm, dichtem Schneetreiben und in tiefschwarzer Nacht, von dort aus zielsicher ein Berghang entschärfen.

Auf die Idee, mit Granaten Lawinen herunterzuholen, kamen zuerst, wer sonst, die Militärs. Im Ersten Weltkrieg, als italienische und österreichische Truppen um die Vorherrschaft in den Dolomiten kämpften, lösten beide Seiten durch gezieltes Feuer auf die verschneiten Hänge über den Köpfen der Gegner große Lawinen aus. Was mehr Erfolge brachte, also Menschen tötete, als wenn die Geschosse direkt auf die Soldaten abgefeuert worden wären. Bedingt durch »günstige« Schneeverhältnisse »fielen« einmal innerhalb von zwei Tagen 18000 Soldaten. Diese mörderische Idee wird heute zum Schutz des menschlichen Lebens eingesetzt.

Kasper kann entscheiden, welche der 56 Pisten in einer Gesamtlänge von 80 Kilometern er freigeben kann, welche der Bahnen grünes Licht bekommen. »Abseits der Pisten habe ich nichts zu tun, ich kann nicht die ganzen 200 Quadratkilometer sichern, da hätte ich jeden Tag zwei- bis dreihundert Hänge zu sprengen. Es gibt keine absolute Sicherheit, aber wenn ich eine Piste freigebe, muß ich zu einem hohen Prozentsatz sicher sein, daß nach menschlichem Ermessen nichts

Fortsetzung auf Seite 82

Bei seinen Kochkünsten verließ er sich
ein bißchen auf sein Glück. Beim Aperitif auf diesen Gentleman.

Sandeman. Der Gentleman unter den Sherrys.

DON 3/84 a

Die Europäer sind sic

Wir reden nicht über Politik. Wir meinen den Alltag in Europa, und da stellt sich heraus:

Die Europäer mögen Nudeln aus Italien, Champagner aus Frankreich, Schinken aus den belgischen Ardennen, Tweed aus Schottland, das englische Prinzenpaar, Lachs aus Norwegen und die iberische Sonne.

Und geht es um Autos, mögen sie einen besonders gern: den Golf.

Er ist nicht nur das meistgekaufte Auto in Deutschland.

Sondern auch das meistgekaufte Auto in Europa. Gründe dafür gibt es mehr als genug

Hier eine kleine Auswahl:

Er sieht attraktiv aus, und er ist praktisch

Er ist sportlich, und er ist sparsam.

Er hat viel Platz, und er ist kompakt.

Er ist ein Vorbild modernster Technik, und

iniger, als man denkt.

hält, was man sich von einem zuverlässi-
n Auto verspricht.
Wer so viel zu bieten hat, der wird auch
n vielen gefahren.
Nicht nur in Europa.
Sondern in aller Herren Länder.

Der Golf. Er hat all die Qualitäten, die Volkswagen berühmt gemacht haben.
Die Langlebigkeit, die Zuverlässigkeit, die Wirtschaftlichkeit.
Er hat ein Gewährleistungspaket, das wohl kaum zu überbieten ist.

Er hat den einzigartigen Service des dichtesten Händlernetzes in Europa.
Und er hat ein umfassendes Programm zum Umweltschutz.

Volkswagen – da weiß man, was man hat.

passiert.« In den 50 Jahren seit Bestehen des Pro Parsenn kam noch nie ein Skifahrer auf einer freigegebenen Piste ums Leben. »Da ist auch unheimlich viel Glück dabei.«

Zur Weihnachtszeit, wenn viel los ist in Davos, kommen kurz nach Einbruch der Dunkelheit die Vermißtenmeldungen in der Zentrale des Pro Parsenn auf dem Weißfluhjoch an. Dann ist Christian Kasper Detektiv und Psychologe, Beichtvater und Organisator in einer Person: »Wir haben da unser Frageschema: Ist da ein Freund oder eine Freundin, geht der Vermißte vielleicht noch einkaufen, in ein Restaurant oder gerne tanzen – da versuchen wir im Gespräch immer abzutasten, muß ich jetzt schon die Organisation spielen lassen oder nicht, das kostet schließlich zwischen 1400 und 5000 Franken die Stunde. Viele Leute verhalten sich unvernünftig, kommen mit dem Reisebus an, verlaufen sich oben, verspäten sich unten, fahren dann einfach auf eigene Faust nach Hause, denken nicht dran, daß die Leute im Bus warten und dann uns alarmieren.« Ein Anrufer aus Zürich suchte mal seinen Bruder, der sei noch nicht da, der müsse irgendwo liegen. Kasper telefonierte sich zweieinhalb Stunden die Ohren wund, stellte fest, in welchem Restaurant der Vermißte gespeist, an welchem Schalter er eine Eisenbahnfahrkarte gelöst hatte, konnte dem Bruder dann mitteilen, mit welchem Zug der »garantiert Verschüttete« nach Hause kommen würde.

Es gibt zwei Möglichkeiten, dem weißen Tod ein Schnippchen zu schlagen: Man stehe den Lawinen, wenn sie herunterkommen, nicht im Wege – oder man hole sie herunter, wenn nichts im Wege steht. Nach gezieltem Schuß donnert eine Schneebrettlawine zu Tal

Aber wenn der Chef des Parsenndienstes dann tatsächlich das Gefühl hat, da ist etwas passiert, dann geht es schlagartig los: Über Lautsprecher in den Bergstationen werden Unfallärzte, Skilehrer, Bergführer und Freiwillige aufgerufen, sämtliche Skischulen und Polizeistationen verständigt, Krankenhäuser und Hubschrauberpiloten alarmiert, die Führer der 15 Lawinenhunde und die Fahrer der Pistenmaschinen über Funk in Alarmbereitschaft versetzt, innerhalb von Minuten sind Hunderte von Leuten mobilisiert.

Die Chancen stehen trotzdem schlecht, 20 Prozent der Lawinenopfer sind sofort tot, sterben am Schock oder »ertrinken«, wenn ihnen Schneestaub bis in die Lungen geblasen wird. Nach einer Stunde unter den Schneemassen bei einer durchschnittlichen Verschüttungstiefe von einem Meter sind bereits 60 Prozent, nach zwei Stunden achtzig Prozent gestorben. Trotz Hubschraubereinsatz und der immer noch unschlagbar schnellen Lawinenhunde, die innerhalb von Minuten selbst in großen Lawinenkegeln die Opfer aufspüren können, ist die Chance der Retter, tatsächlich zu retten und nicht nur zu finden, recht gering.

Die Lawinengefahr ist, von Kindesbeinen an, fester Bestandteil im Leben des Christian Kasper: »Man wächst damit auf, man ist so damit vertraut, ich habe nie eine direkte Angst, ich könnte in eine Lawine kommen. Ich denke immer nur: Wie verhalte ich mich richtig, daß ich die größte Chance habe zu überleben. Ich muß dann möglichst ruhig bleiben, muß schauen, daß ich die Skier nicht mehr dran habe, die Stöcke los bin, daß ich Schwimmbewegungen mache, daß ich obenauf bleibe, den Mund schließe, mich vielleicht an einem Baum oder Stein festhalte. Und dann, am Schluß kommt ja der Stau, wenn unten Ruhe ist und von hinten die Schneemassen nachkommen, dann muß ich gut aufpassen. Bewegt es sich noch, dann muß ich mich auch zünftig bewegen, damit ich nicht eingepreßt werde wie in einen Schraubstock, Hände vors Gesicht und Ellbogen nach vorne für die Atemhöhle, all das will ich mir genau merken. Aber wie ich dann reagieren würde – na ja, das weiß man eben nicht, ob man dann doch irgendwie einen Schock erwischt.«

Tote zu bergen gehört seit Jahrzehnten zum Leben des Christian Kasper: »Das ist unser Beruf, wir regen uns nicht groß auf.« Da war nur mal die Geschichte mit diesem Jugendlichen, der trotz aller Warnungen noch im Dunkeln zu seiner Freundin ins Tal fahren wollte. Kasper und seine Helfer fanden zwar rasch die relativ kleine Lawine, aber darüber hing noch ein großes, gefährliches Schneebrett, die Helfer drohten selbst verschüttet zu werden. Kasper entschied, erst im Morgengrauen weiterzusuchen. In der Nacht war dann der ganze Hang heruntergekommen. Trotzdem fand der Suchhund das Opfer sehr schnell. Über sich hatte der junge Mann ein Loch freigekratzt, den Himmel hatte er schon sehen können. Der Schnee war rot vom Blut seiner Hände, um den Körper hatte sich ein Eispanzer gebildet, die Skier hatten ihn wie Anker gehalten.

In der ersten Nacht danach träumte Christian Kasper, wie der Jugendliche mit einem heißen Bügeleisen den Schnee wegdrückte, bis alles geschmolzen war, und er auf einer grünen Wiese lag. In der zweiten Nacht benutzte der junge Mann einen Tauchsieder, in der dritten eine Wärmflasche. Jedesmal, wenn die grüne Wiese unter dem Schnee zum Vorschein kam, schreckte Christian Kasper aus dem Schlaf. □

Gerda-Marie Schönfeld

DER SANFTE RECKE VON REICHENAU

Zu Besuch bei Gian Battista von Tscharner, der mit dem Erbe seiner Väter freudig zusammenlebt

Ortsfremde halten ihn meist für den Stallknecht. Das macht ihm nichts aus. Daran ist er gewöhnt. Wenn sich allerdings so ein paar hergelaufene Sommerfrischler dreist in seinem Garten lümmeln und ihr Butterbrotpapier in die Beete werfen, dann kann er ganz schön böse werden. Das sieht man ihm auch an. Wenn dann auch noch die freche Frage kommt: »Wer sind Sie denn eigentlich?«, dann sieht er vollends aus wie Bud Spencer, kurz bevor er zuschlägt. Denn Johann Baptista von Tscharner, Schloßherr von Reichenau, haßt nichts mehr als naßforsche Touristen, die ihre Bierdosen achtlos auf seinem Rasen verstreuen und ansonsten keinen Blick haben für die Schönheit seines Besitzes.

Dabei ist der Schloßherr ausgesprochen fremdenfreundlich. Und neugierig. Einem abgerissenen weißhaarigen Vagabunden mit Plastiktüte in der Hand und Geigenkasten unterm Arm, der – am Pfingstsonntag! – Sturm klingelte und »Wo ist hier die Schloßkapelle?« schrie, hat er sofort das Tor geöffnet. Er hat sich damals gedacht, das ist ein Verrückter, den muß ich kennenlernen. Der »Verrückte« war ein deutscher »Geigenbauerberater a. D.«, als solcher tätig zwischen den Kriegen. Und der hat dann in der Schloßkapelle von Reichenau zwei Stunden lang »so jammervoll schön gefiedelt«, daß es dem Herrn von Tscharner noch heute in der Seele weh getan hätte, wäre an jenem Pfingstsonntag das Portal für den Fremden verschlossen geblieben.

Denn der Gian, wie ihn seine Freunde nennen, hat was übrig für Originalität. Und für Tradition. Man könnte fast sagen, daß der Tscharner von Reichenau, obwohl erst 37 Jahre alt, selbst so etwas wie ein Original ist, ein Original mit Tradition. Nun ist normalerweise ein Mann von 37 Jahren nicht unbedingt qualifiziert für ein Dasein als respektable Schloßherren-Eminenz. Dazu braucht es gemeinhin ein paar Jahrzehnte mehr. Doch seit der Gian Battista den Entschluß gefaßt hat, den Besitz seiner Väter und Vorväter zu pflegen und zu erhalten – das ist nun gut zehn Jahre her –, ist er beständig in sein Amt hineingewachsen. Inzwischen spielt er eine gewichtige Rolle im Bündner Land. Wieviel das in Kilo macht, mag er allerdings nicht sagen.

Der Tscharner ist ein genießerischer Trinker und stolz auf die Erträge seiner Weinberge: »Rebbauer ist eine wunderschöne Beschäftigung mit einem angenehmen Produkt«

Ein prachtvolles Feriendomizil – im Winter wie im Sommer

Für Schweizer Grandhotel-Ferien in majestätischer Bergwelt: das Steigenberger Hotel Belvédère, Davos

Davos liegt in einer der schönsten alpinen Landschaften der Schweiz.

Sein Ruf als Wintersportparadies kommt nicht von ungefähr. 40 Bergbahnen und Skilifte bringen Skibegeisterte in Höhen von 2800 m und mehr. Markierte Pisten aller Schwierigkeitsgrade erschließen 320 km traumhaft schöner Abfahrten. Außerdem gibt es 70 km präparierte Langlaufloipen und fast ebenso lange gepfadete Winterwanderwege, Schlittenbahn, die größte Skischule der Schweiz, die größte Natureisbahn Europas und eine neue Eishalle für Eiskünstler.

So berühmt wie Davos als Wintersportort ist, so reizvoll ist er im Sommer. Golf- und Tennisspielen, Reiten, Angeln, Wandern, Segeln, Surfen, ja sogar Drachenfliegen kann man hier. Die Eishalle bleibt geöffnet,und Bergbahnen erschließen die schönsten Ausflugsgebiete.

Das fröhliche Grandhotel in 1560 m Höhe

In Davos erwarten Sie viel Sonne, viel Spaß und das Steigenberger Hotel Belvédère.

Unverändert wie die herrliche Südhanglage oberhalb der Promenade von Davos-Platz ist auch der Charme des traditionsreichen „Belvédère". Ganz klassisch-schönes Grandhotel, bietet es nach sorgfältiger Renovierung modernsten Komfort. Von den elegant-luxuriös oder rustikal-behaglich eingerichteten Zimmern hat man Ausblick auf eine grandiose Berglandschaft.

Im stilvollen Hotelrestaurant und dem rustikalen Ferme-Grill werden Feinschmecker den großen Ruf der Schweizer Küche eindrucksvoll bestätigt finden. Gern treffen sich Gäste im Hallen-Café oder in der behaglichen Kaminecke der Cocktail-Bar.

Steigenberger Hotels gibt es in:
Aachen · Augsburg · Baden-Baden · Bad Kissingen · Bad Kreuznach · Bad Neuenahr · Bad Orb · Bad Reichenhall · Berlin · Bonn · Davos · Düsseldorf · Duisburg · Frankfurt/Main · Freudenstadt · Grafenau/Bayer. Wald · Griesbach/Rottal · Gstaad-Saanen · Konstanz · Lam/Bayer. Wald · Mannheim · Scheveningen · St. Lucia/W.I. · Stuttgart

Am Abend herrscht fröhliche Ferienstimmung im Ferme-Dancing. Im modernen Hallenbad, durch Sauna und Massage kann man sich gepflegt fithalten. Durch das Ferienprogramm des Hotels können Sie mehr sehen, mehr erleben.

Steigenberger Ferien müssen nicht teuer sein

Die Preise sind so günstig in der Saison '86, wie man sie sich nur wünschen kann. Z.B.: Drei Jahreszeiten im Belvédère. 7 Übernachtungen im Doppelzimmer mit Bad/Balkon inkl. Halbpension und Ferienprogramm pro Person gibt's bereits ab SFr 777,–. Kinder-Minipreise! Spezialarrangements für Reiter, Segler, Surfer, Wanderer, Golf- und Tennisspieler.

Das Steigenberger Hotel Saanen-Gstaad

Steigenberger Ferien in der Schweiz können Sie auch in Saanen-Gstaad verleben. Dort erwartet Sie das Steigenberger Hotel Saanen-Gstaad, das im Stil der Schweizer Chalets erbaut wurde. 7 Übernachtungen inkl. Halbpension bereits ab SFr 770,–.

Weitere Auskünfte und Reservierungen: Steigenberger Hotel Belvédère, Promenade 89, CH-7270 Davos-Platz, Telefon von Deutschland (00 41 83) 2 12 81. Steigenberger Hotel Saanen-Gstaad, Auf der Halten, CH-3792 Saanen, Tel. von Deutschland (00 41 30) 8 33 88.

Steigenberger Touristik Service, Postfach 16 06 63, 6000 Frankfurt 16, Telefon (0 69) 21 57 11.

STEIGENBERGER HOTEL BELVEDERE

Aber so hundertdreißig Kilo Schloßherr werden es wohl sein.

Das Schloß Reichenau, in der Gemeinde Tamins bei Chur gelegen, befindet sich an jenem strategisch wichtigen Punkt, wo Vorderrhein und Hinterrhein zusammenfließen. Was dabei herauskommt, ist der Vollrhein. In den vergangenen Jahrhunderten haben sich wechselweise Österreicher, Franzosen, Italiener und Bündner blutige Köpfe geschlagen, um sich die kommerziell so einträglichen Paßübergänge an der Nord-Süd-Achse zu sichern. Das hat dazu geführt, daß das Schloß, ursprünglich erbaut im 14. Jahrhundert, im Lauf der Zeit in viele Hände geriet, geplündert und gebrandschatzt wurde. Ähnlich wechselvoll verlief das Geschick der Familie von Tscharner. Die Tscharners wurden massakriert, geköpft oder verfielen dem Suff. Oder sie brachten es vaterschaftsmäßig nur zu zahlreichen Töchtern – was genauso schlimm war. Das änderte sich, als die Tscharners 1792 Reichenau erwarben. Von diesem Zeitpunkt an wird die Familienchronik salonfähig. So hat der heutige Schloßherr unter seinen Vorfahren Juristen, ehrbare Kaufleute, Gelehrte, Minister und sogar einen liberalen Patrioten, der sich, wie die Chronik vermerkt, »als Vorkämpfer der Vereinigung Bündens mit der Schweiz ums gemeinsame Vaterland verdient gemacht hat«.

Darauf einen Jeninser. Das ist der Hauswein des Hausherrn, ein Weißer, eigenhändig angebaut. Das ist außerdem sein zweiter Stolz, denn er ist Winzer. Seine Weinberge messen dreieinhalb Hektar, die Jahresproduktion liegt zwischen 10000 und 20000 Litern, ein Betrieb mittlerer Größe also. Neun Rebsorten baut er an, rote und weiße, und die meisten seiner Produkte sind gut genug für das schweizerische Weinsiegel.

Wir sitzen in der guten Stube im ersten Stock, der Hausherr schenkt nach und spricht genüßlich: »Rebbauer, das ist eine wunderschöne Beschäftigung mit einem sehr angenehmen Produkt.« Das sieht man ihm an. Der Tscharner ist ein genießerischer Trinker, was sich auch mächtig niederschlägt, »aber das«, sagt er, und streicht über seinen eindrucksvollen Bauch, »liegt an meinem starken Knochenbau«.

Vom Rebstock bis zur Flasche geht alles durch seine Hand. Sein Weinkeller, Mitte der siebziger Jahre ausgebaut und völlig renoviert, ebenso wie das ganze Schloß, ist noch das historische Gewölbe aus dem 17. Jahrhundert. Der Tscharner betreibt keinen rein biologischen Weinbau, aber statt achtmal werden die Trauben nur viermal gespritzt.

Der 83er war ein Superjahrgang. Das ist das Jahr, in dem seine erste Tochter geboren wurde, und so hat ihr der Vater ein paar Superflaschen abgezogen, die kredenzt werden sollen zu besonderen Anlässen, zur Konfirmation und zum 20. Geburtstag. Denn der Gian Battista ist ein Mensch, dem besondere Anlässe noch was gelten. – »Gehn wir«, spricht er, »auf einen Apéritif.« Was sich so zierlich anhört, findet statt an einem riesigen hölzernen Tisch, im Demo-Keller. Das ist sein Demonstrationsraum für Gäste, Führungen, Gruppen, für alle Leute, die mal reinschneien ins Schloß. Im Gästebuch liest sich das so: »Noch nie so exzellent gesoffen/und keinen solchen Keller getroffen/hoch lebe Tscharners Schnaps und Wein/Reichenau, wie kannst du herrlich sein.« – So schön markig reimten Pfadfinder.

Es gibt fast nichts, was Gian Battista nicht sammelt. Jeder Raum im Schloß ist vollgestopft. Favorit jedoch ist die Sammlung an Weintrauben – aus edlen Materialien aus aller Welt zusammengetragen

NABA
HELVETIA
EUROPA

Die zierliche Anni hat als Frau von Tscharner Monate gebraucht, um sich im Schloß zurechtzufinden

Der Hausherr liebt seinen Keller. Als Gian Battista – er muß einer der begehrtesten Junggesellen des Landes gewesen sein, man stelle sich vor, ein junger Mann aus bester Familie mit einem richtigen Schloß – die Anni vom Zürichsee kennenlernte, hat er sie, als besonderen Beweis seiner Zuneigung, zuerst in den Keller geführt. Aber die Anni sagte nur: »Hier stinkt's.« Das hat ihn geschmerzt. Denn was gibt es Schöneres für einen Winzer als den herben Duft der Gerbsäure?

Die zierliche Anni, eher bescheiden aufgewachsen am »armen Ufer« des Zürcher Sees, hat als amtierende Frau von Tscharner Monate gebraucht, um sich in den zahllosen Zimmerfluchten zurechtzufinden. Bei einer Vernissage im Schloß, ausgerichtet von der kunstliebenden Mutter des Hausherrn, wurde sie einmal von einem Besucher gefragt: »Haben Aristokraten immer so viele Leute zu Besuch?« Das hat den Tscharner sehr geärgert. Am liebsten hätte er dem gesagt: »Wir lassen auch den Pöbel rein. Sonst wären Sie nicht hier.«

Das jüngste Tscharner-Kind, neun Monate alt und mit Namen Francesca, quengelt in seinem Laufställchen und will auf den Arm. Der Vater schichtet das Kind sorgsam von einem Knie aufs andere und hält die winzigen Händchen zärtlich in seinen mächtigen Pranken. Auf seinem Schreibtisch liegt ein schmaler Band: »Der Vater und sein erstes Kind«. Er ist, so scheint es, als Vater ebenso bei der Sache wie als Schloßherr, Winzer, Jäger, Fischer – nämlich mit Hingabe.

Das ist er auch als Sammler. Es gibt beinahe nichts, wofür er in seinem Schloß nicht ein Eckchen eingerichtet hätte, seien es seltene Gewehre, Weintrauben aus edlen Steinen, alte Fotos oder Dienstvorschriften aus der Bündner Pest-Zeit. Gut 12000 Bände hat die Schloßbibliothek, darunter kostbar gebundene Klassiker und seltene theologische und juristische Abhandlungen. Wann immer der Tscharner eine der zahlreichen Türen öffnet, hinter denen sich stets ein vollgepfropfter Raum befindet, spricht er den Satz: »Das muß ich alles noch sortieren.« Oder archivieren. Oder katalogisieren. Wieviele Zimmer es im Schloß gibt, hat er nie gezählt. Aber er weiß: Es gibt genügend Räume für jedes nur erdenkliche Hobby. Es gibt auch einen Prunksaal und sogar ein Königszimmer. Zu diesem Zimmer kam das Schloß auf wunderliche Weise: Ein Tscharner-Vorfahr war nicht nur ein angesehener Patriot und Politiker, sondern auch ein Neuerer seiner Zeit, mit philosophischen und erzieherischen Idealvorstellungen, die man noch heute fortschrittlich nennen würde. So schrieb er zum Beispiel einen Aufsatz »Sind Todesstrafen in einer Staatsverfassung notwendig oder nicht?« und kam zu dem Schluß, sie seien es nicht.

Dieser Herr von Tscharner hat 1793 in Reichenau eine Schule eröffnet und einen Monsieur Chabos angeheuert, zuständig für Geometrie, Geografie und Arithmetik. Unter diesem Namen verbarg sich, das wußten nur wenige Eingeweihte, Louis Philippe, der spätere Bürgerkönig von Frankreich (1830–48). Im Königszimmer hängen zwei Bilder: Louis Philippe als junger Lehrer in Reichenau,

Lenzerheide-Valbella

Louis Philippe als regierender Monarch – eine Gabe des späteren Regenten an seinen früheren Gönner. Dies, obwohl die Chronik vermerkt, er habe sich nicht recht wohl gefühlt auf Reichenau. Das lag vor allem an den rüden Tischsitten der bürgerlichen Kollegen. Insgesamt macht der königliche Trakt einen moderaten Eindruck. Einzimmerapartment mit Schlafnische, würde man heute inserieren. Dahinter eine winzige Abstellkammer mit einem hölzernen Plumpsklo.

Und dann ist da der Laborraum, erbaut und eingerichtet im Jahre 1852, das erste Chemielabor der Schweiz. Der Schloßherr wünschte, er hätte mehr Ahnung von Chemie, speziell von Bunsenchemie. Dann würde er das Labor wieder in den Originalzustand versetzen. Dann, sagt er, »könnte man was Schönes zum Zeigen haben«.

Irgendwann, wenn er alles hergerichtet hat und katalogisiert und archiviert und schön gemacht hat zum Zeigen – das Labor, das Königszimmer, die Bibliothek, die Souvenirs der weitgereisten Tscharners und Plantas, den Schädel des vorletzten Graubündner Bären, die Hochzeitsschuhe seiner Großmutter, die über hundert Jahre alten filigranen Haremssandalen aus einem türkischen Basar – irgendwann wird er dann Eintritt nehmen müssen.

Doch das hat Zeit, und zwar lebenslänglich. Denn der Gian Battista von Tscharner ist, und damit kommen wir wieder zur Tradition, fest entschlossen, mit dem Erbe der Väter pfleglich und freudig zusammenzuleben, auch mit der Kastanienpfanne in der Gesindeküche.

Nix mit *no future*. Auf Reichenau wird gelebt, und dies in vollem Einklang mit sich und der Welt und möglichst in allen Sälen. Es ist ihm lieber, ein Stück kostbares Meißner geht bei einer Familienfeier kaputt, »als daß das Zeug tot rumsteht in der Vitrine«. Der Gian Battista von Tscharner ist ein Mensch mit vorsätzlich positiver Grundhaltung, einer jener Leute, die morgens aufwachen, sofort senkrecht im Bett sitzen und sich tatkräftig dem Tag stellen. Ein Alptraum für jeden Morgenmuffel.

Und an diesem Tag ein Alptraum für die Militärischen. Die schleichen nämlich unbefugt, unangemeldet übungsmäßig durchs Gelände, und zwar durch seins. Das gehört sich nicht, und sofort stürmt Tscharner durchs Portal und stellt die Militärischen zur Rede. Der Oberst – er wird den Schloßherrn in seiner bäuerlichen Kluft wohl wieder mal für den Stallknecht gehalten haben – spricht dann den verhängnisvollen Satz: »Mit Ihrer Haltung werden Sie noch Schwierigkeiten bekommen!« Und schon sieht der Tscharner wieder aus wie Bud Spencer vor seiner schönsten geraden Linken. Der Rest klärt sich per Telefon. Die vorgesetzte Dienststelle bestätigt dem aufgebrachten Hausherrn, daß eine Genehmigung für die Militärischen hier und heute nicht vorliegt, der Herr von Tscharner somit im Recht sei.

»Sehen Sie«, sagt er und ist ganz mit sich zufrieden, »die Anstandsregeln sollten auch beim Militär bekannt sein.« Dann nimmt er einen nachdenklichen Schluck Jeninser und sinniert: »Wissen Sie, eigentlich bin ich furchtbar schüchtern.« □

Lieber geht ein Stück Meißner bei einer Familienfeier kaputt, als daß das Zeug tot rumsteht

Ein Vierteljahrhundert, von 1900 bis 1925, blieben die Grenzen Graubündens für Automobile geschlossen. Die Kantonsregierung hatte 1900 ein allgemeines Autoverbot erlassen. Alle Versuche, das Verbot rückgängig zu machen, wurden durch Volksabstimmungen verhindert. Die Bündner widersetzten sich dem »Fortschritt«, Regierung und Industrie bangten um die Zukunft des Kantons

VOLK OHNE AUTO

Von Ueli Balsiger

Harry Haller, der Steppenwolf, besucht am Schluß von Hermann Hesses Roman das Magische Theater. Eine Tür trägt die Aufschrift:
»Auf zum fröhlichen Jagen! Hochjagd auf Automobile.«
Harry erlebt in einer Vision den Krieg zwischen Mensch und Maschine! Autos überfahren Fußgänger, Jäger schießen auf Autofahrer.
Plakate hängen an den Wänden. Die einen, »prachtvoll und aufreizend«, rufen zum Kampf gegen die Maschine auf. Es gelte, »endlich die fetten, schöngekleideten, duftenden Reichen, die mit Hilfe der Maschinen das Fett aus den andern pressen, samt ihren großen, hustenden, böse knurrenden, teuflisch schnurrenden Automobilen totzuschlagen, endlich die Fabriken anzuzünden und die geschändete Erde ein wenig auszuräumen und zu entvölkern, damit wieder Gras wachsen, wieder aus der verstaubten Zementwelt etwas wie Wald, Wiese, Heide, Bach und Moor werden kann.« Andere Plakate, in »zarteren, weniger kindlichen Farben« gemalt, sind »außerordentlich klug und geistvoll abgefaßt«, und sie warnen »im Gegenteil alle Besitzenden und Besonnenen beweglich vor dem drohenden Chaos der Anarchie«, schildern »wahrhaft ergreifend den Segen der Ordnung, der Arbeit, des Besitzes, der Kultur, des Rechtes« und preisen »die Maschinen als höchste und letzte Erfindung des Menschen, mit deren Hilfe sie zu Göttern werden würden«.

Luther korrigieren

Harry wird von diesem Krieg, der ihm »höchst sympathisch ist«, mitgerissen, und er fährt mit einem alten Schulfreund, einem Theologen, in die Berge, um Autos zu jagen. Obwohl es eigentlich egal und bloß »Geschmackssache« ist, auf welcher Seite man steht, erklärt der Theologe, warum er gegen die Maschinen kämpft: »... mein Vorfahr Luther hat seinerzeit den Fürsten und Reichen gegen die Bauern geholfen, und das wollen wir jetzt ein bißchen korrigieren.«
Im selben Jahr, als Hesses »Steppenwolf« erschien, war im Kanton Graubünden ein Kampf zu Ende gegangen, der manche Parallele zu der dichterischen Vision aufweist. Einen Krieg hatte es in Graubünden nicht gegeben, das Drama spielte sich im Rahmen der rechtsstaatlich-demokratischen Ordnung ab. Die allerdings wurde bis zum äußersten strapaziert. Gekämpft wurde mit Rede, Schrift und Stimmzettel.

Die Modespielzeuge verbieten

»Seit einigen Tagen kursiert auf unseren Landstraßen ein Ungetüm von einem Automobil, dessen Zulässigkeit in Anbetracht des regen Verkehrs auf unseren Straßen und der Schnelligkeit desselben uns nicht einleuchten will. Wir hatten Gelegenheit, zu beobachten, wie Pferde beim Anblick dieses Ungetümes geradezu rasend wurden, und wenn dies nicht auf ebener Straße passiert wäre, so wäre ein Unglück unvermeidlich gewesen.«
Mehrere Reklamationen dieser Art erreichten im Jahr 1900 die Bündner Regierung. Graubündens Straßen waren vorwiegend steil und eng, die Autos breit und ungelenk. Mancher Kutscher erlebte bange Augenblicke, wenn er einem solchen Ungetüm begegnete. Die Regierung beschloß, den tollkühnen Sport einiger verrückter Auswärtiger abzustellen. Die Bündner nahmen das Verbot schweigend zur Kenntnis.
Im Kanton Zürich hingegen warf eine Zeitung die kritische Frage auf, ob die Bündner Regierung an ihrem Entscheid auch dann festhalten werde, wenn es den eidgenössischen Postbetrieben einmal einfallen sollte, auf Postautos umzustellen. »Hoffentlich«, antwortete das »Bündner Tagblatt« flammend, »denn schließlich wohnen in Bünden noch Bauern, Hirten, Viehbesitzer und Händler, die sich von den Stinkkarren kaum über das Straßenbord hinausdrücken lassen. Oder sollen sie zur Selbsthilfe greifen?« Unverblümt gab die Zeitung auch gleich die Antwort: »Wir würden ihnen dies sofort anraten, und wenn es mit Gewalt sein müßte.«
Schon bald allerdings war die Regierung nicht mehr ganz so überzeugt von ihrer Entscheidung. Sie hatte ein überflüssiges Sportgerät verbieten wollen; jetzt aber zeichnete sich ab, daß das Auto ein zukunftsträchtiges Verkehrsmittel war, das sich überall in der Welt seinen Platz eroberte. Als die Bündner Regierung 1909 ihr Verbot rückblickend begründete, klang die Erklärung schon eher wie eine Entschuldigung: »Seine Entstehung verdankt das Verbot von 1900 wirklicher Gefährdung und arger Belästigung des Straßenverkehrs im Engadin durch fremde Autobesitzer. Die Automobile waren damals noch neu, in den Anfängen ihrer Konstruktion, im Höhepunkt aber der Rücksichtslosigkeit, mit der die Automobilisten sich ihrer Modespielzeuge bedienten.«
Wer »vernünftig« dachte, mußte zugeben: Das Auto hatte seine Flegeljahre hinter sich und war im Begriff, dank technischer Entwicklung und menschlicher Vernunft, ein zivilisiertes Fahrzeug zu werden. Vielen Bündnern aber wollte das nicht einleuchten. Sie blieben dabei: Die Autos seien »Stinkkarren« und »Protzfahrzeuge«, mit denen reiche Auswärtige die Gegend unsicher machten.

Bauernrecht und Herrenlust

Gegen die Autos kämpften natürlich vor allem jene, die ihre eigenen wirtschaftlichen Interessen vertraten: allen voran die Kutscher, die im Jahr 1911 mit der »Zizerser Initiative« den größten Erfolg der Autogegner errangen. Mit 11977 gegen 2662

Stimmen fegten die Bündner Stimmbürger damals eine Großratsverordnung vom Tisch, die den Autoverkehr beschränkt zulassen wollte. Aber es waren vor allem die Bauern (und in geringerem Maße die Angestellten der Rhätischen Bahn), die den überwältigenden Erfolg sicherten.

Mit welchem Geist der Kampf geführt wurde, zeigt der Ausschnitt aus einem Gedicht, das vor der Abstimmung im »Bündner Tagblatt« erschien:

Das alte stolze Bündnerrecht
Des freien Wegs
auch für den Knecht
Will Herrenlust euch rauben.

Ob Herrenlust,
ob Bauernrecht,
Soll gelten für ein ganz
Geschlecht
Gilt's morgen zu entscheiden.

Die Straße als Sinnbild der Demokratie mag etwas idealistisch anmuten. Schließlich war nicht nur das Auto, sondern auch die Kutsche ein Statussymbol gegenüber dem Knechtlein, der seines Weges ging.

Aber diese Verse treffen doch etwas Wesentliches: Der Straßenbau war im 19. Jahrhundert in bürgerlich-demokratischem Geist vorangetrieben worden. Wegezölle waren abgeschafft, die Straße eröffnete jedermann den Weg zum freien Markt. Herr und Knecht hatten gleiches Recht auf »freien Weg«. Nun kamen auf einmal die Städter, vorzugsweise am Wochenende, und beanspruchten die Straße, um einem zweifelhaften Vergnügen zu frönen! Mit ihren künstlichen PS schafften sie eine neue Hierarchie. Sie führten sich auf wie die alten Burgherren, wenn diese auf ihren Lustfahrten ihre Untertanen zwangen, zur Seite zu springen.

Der Schuß im Hochland

Nach der Abstimmung von 1911 wurden die Bündner als wohl etwas verschrobene, im Grunde aber doch vorbildliche Demokraten und Söhne Tells charakterisiert. Der Kommentator der »Davoser Zeitung« zitierte gar einen revolutionären Dichter des »Jungen Deutschland«, um die Bedeutung der Abstimmung ins rechte Licht zu rükken: »Wer weiß, ob es nicht auch in dieser Frage noch heißen wird: ›Im Hochland fiel der erste Schuß‹.« Die Zeile stammt aus einer Hymne, mit der Ferdinand Freiligrath den Sonderbundskrieg als Auslöser der europäischen Revolutionen von 1848 verherrlichte. Bei Freiligrath hatte der Schuß, der allerdings »wider die Pfaffen« abgegeben wurde, eine gewaltige Wirkung: »Da kam, die fallen wird und muß, / Ja, die Lawine kam in Schuß...«

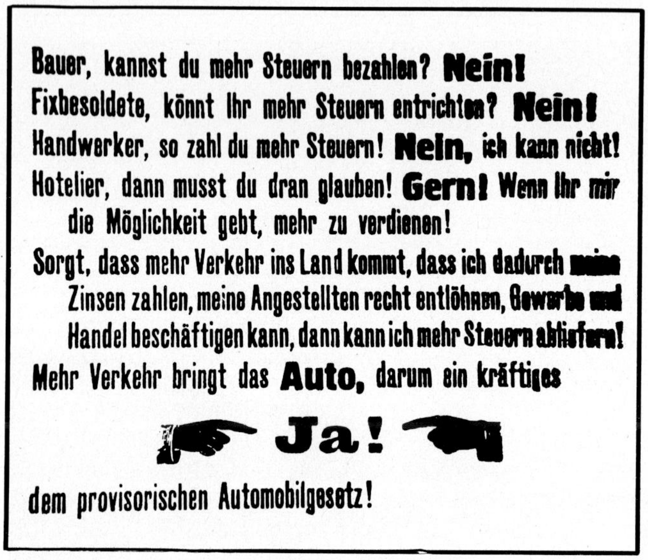

Für das Auto waren vor allem die Hoteliers, die auf zahlungskräftige Autotouristen hofften

Der Davoser Kommentator war bescheidener. Er hoffte lediglich, daß nun die übrigen Kantone »die Autofrage mit anderen Augen anzusehen lernen« würden. Wenig versprach er sich von der Wirkung im Ausland: »Die Abstimmung hat auch eine ethische Bedeutung. Sie ist ein Wink an die internationale Plutokratie, den zwar gerade diese nicht verstehen wird. Sie mag auch weiterhin über die ›Rückständigkeit‹ des Bündnervolkes lamentieren.«

Der Warnschuß aus dem Bündnerland verhallte ohne Echo. Das Wallis und andere Bergkantone, die sich anfänglich gegen das Auto gewehrt hatten, gaben den Widerstand im selben Jahr auf. Die Bündner waren allein mit ihrem Autoverbot.

Vom Ersten Weltkrieg zum Abstimmungskrieg

Während des Krieges verkehrten Militärlastwagen auf den Bündner Straßen. Und kaum war der Krieg vorbei, wurden auch schon die ersten Postautos eingesetzt. Höchste Zeit, meinte die Regierung, die Bündner Straßen auch dem privaten Reiseverkehr zu öffnen. Im März 1920 wurde abgestimmt: Das Volk sagte nein zum Auto. Weitere Abstimmungen folgten. Aber die Bündner wollten weder für das »Nutzauto« noch für das »Arztauto« eine Ausnahme machen. Sie wollten ganz einfach kein Auto in ihrem Land. Die Regierung wurde nervös. Industrie und Hotellerie sahen besorgt in die Welt hinaus, wo die Entwicklung davoneilte. »Der Fortschritt läßt sich keine Schranken setzen. Er schafft sich überall Bahn. Er kommt zur Türe und zum Fenster herein«, mahnte ein Bündner Parlamentarier.

Unter dem Druck der Eidgenossenschaft mußte die Durchgangsstraße von Ragaz über Chur bis Lenzerheide (wenigstens versuchsweise) für den Autoverkehr geöffnet werden. Die »chinesische Mauer«, wie die Autofreunde Bündens Grenze nannten, hatte nun ein Loch. An einigen Orten begann man ganz intensiv mit dem Automobil zu flirten. Vor allem Gegenden, die von der Bahn nicht erschlossen waren, riefen nach dem Auto. Im Calancatal soll eine Landgemeinde erzürnter Bürger einmal gedroht haben, den alten Postkarren in den Fluß zu werfen, wenn dem Tal nicht ein Postautomobil beschert würde.

Aufgewühlte Straßen

Für ein Volksfest in Truns wurde in einer Volksabstimmung eine vierzehntägige Ausnahmebewilligung erteilt. Denn die motorisierten Gäste von jenseits der »Mauer« brachten Geld, und Geld konnte man brauchen für ein »großes, würdiges, vaterländisches Fest«, wie man es in Truns feiern wollte. Eine Frau schrieb später in einem Leserbrief über die Folgen der Trunser Festtage: »Von ihnen erzählten die aufgewühlten Straßen und die mit Kot besenwurfartig bespritzten Kleider und Schuhe. Das haben die Männer natürlich schon vergessen; das Putzen und Bürsten von Schuhen und Kleidern gehört ja zum Departement des Innern.« Und sie bedauerte, daß Frauen an den Autoabstimmungen nicht teilnehmen durften. »Sonst würde unser Kanton auch in Zukunft als autofreies Land eine Ehrenstelle unter den Ländlein und Ländern der Welt einnehmen und dürfte füglich nicht schwarz, sondern leuchtend weiß mit goldenen Grenzlinien auf den Karten gezeichnet werden.«

Das letzte Gefecht

Doch die Tage des Bündner Autoverbots waren gezählt. Die Frage war nur, wie lange die Autogegner noch in der Mehrheit sein würden. Wie lange noch konnten sie mit gutem demokratischen Recht eine Entwicklung aufhalten, die sich nicht nach demokratischen Spielregeln

Meersalz, Myrrhe und aktive Kohlensäure.
Für die Gesundheit Ihrer Zähne.
MERFLUAN®
Meersalz zum Zähneputzen
Meersalz, Myrrhe und aktive Kohlensäure. Zur täglichen Zahnpflege.
Merfluan® auf die angefeuchtete Zahnbürste streuen. Nach Gebrauch schließen. Kein Wasser in die Flasche füllen. Vor Feuchtigkeit schützen.
Menadier GmbH Hamburg
Nur bei Merfluan entwickelt sich in Verbindung mit Wasser aktive Kohlensäure. Es entsteht ein feiner Schaum mit natürlichen Wirkstoffen. Dieser Aktiv-Schaum reinigt Zahn für Zahn und hilft die Zahnsubstanz zu festigen. Myrrhe fördert die Durchblutung des Zahnfleisches. Merfluan schützt empfindliche Zahnhälse und wirkt vorbeugend gegen Zahnfleischbluten, Zahnstein, Karies und Parodontose. Verwenden Sie Merfluan täglich.
Merfluan zum Zähneputzen: gründlich und gesund.
In Ihrer Apotheke

Bündner Volk, wach auf!

Vor neun Jahren hast du dich mit gewaltiger Wucht geweigert, dein freies Alpenland zum Tummelplatz des Autos erniedrigen zu lassen, und jetzt sollst du erklären, dass du damals geirrt habest. Im nächsten Sommer soll das **Auto** auf deinen Strassen fahren. Willst du das? Wir hoffen:

Nein!

Das Arztauto, das Krankenauto, das Feuerwehrauto, das Postauto mag kommen, wir begrüssen es.

Das Lastauto soll Gegenden, deren Straßen dafür geeignet sind, gestattet werden; aber es **darf keine Konkurrenz für die notleidende Rhätische Bahn** werden. Der Transport der Waren mit dem Auto statt mit der Bahn vermindert die Einnahmen der Bahn; um dies zu erkennen, braucht es kein Gutachten. Soll dann das Volk für die verminderten Einnahmen der Bahn auf dem Steuerwege aufkommen?

Nein!

Viele unserer Strassen sind für einen Autoverkehr von irgendwelcher Bedeutung zu schmal und vor allem zu leicht gebaut, so dass der Strassenkörper im Frühling und bei Regenwetter rasch aufgerissen und beschädigt wird. Das erhöht die Unterhaltungskosten. Unsere Gemeinden aber haben jetzt schon genug Lasten zu tragen: darum sollen die Lastautos auf den Strassen, die für sie zu schwach gebaut sind, nicht verkehren dürfen, und die unnützen Luxusautos sollen unserm Lande fernbleiben. Oder willst du, Bündnervolk, auf deinen Strassen Frondienste leisten für die, die dann mit hochmütiger Verachtung in ihren Kraftwagen an dir vorübersausen? Wir denken:

Nein!

Die Hotelerie nennt das Reiseauto oder richtiger gesagt das Luxusauto ihre Rettung. Auch wir bedauern, hier Stellung gegen die vermeintlichen Interessen der Hotelerie nehmen zu müssen. Aber das Unterland sagt uns, dass alle Liegenschaften und Gebäulichkeiten an den Autostrassen stark entwertet werden. Sollen alle die vielen kleinen Anwohner an unsern Strassen dieses Opfer bringen zugunsten der Hotelerie? Soll der Kleine leiden, damit der Grosse **vielleicht** wieder zu seiner Sache kommt? Willst du das, Bündnervolk? Wir hoffen:

Nein!

Ein kleiner Riss soll heute entstehen in dem Damm, der uns schützt. Aber das soll nur der Anfang sein. Heute sollen es ein paar Strassen sein, morgen sollen es alle sein. Man will uns teilen, um uns um so leichter zu besiegen. **Drum Bündnervolk, wach auf; keiner bleibe daheim; jeder stimme wuchtig**

Nein!

Das Komitee der Kreisversammlung V Dörfer.

Gegen das Auto waren die Bauern, die in den Tälern lebten. Sie fürchteten, daß der Autoverkehr ihre Gehöfte entwerten, ihr Vieh gefährden, ihr Leben verändern würde

richtete, sondern ihren eigenen rücksichtslosen Regeln folgte?

Das Auto bringt Geld

Im Januar 1925 entbrannte noch einmal ein Autoabstimmungskampf. Bald würde ein neues eidgenössisches Straßengesetz kommen, mit dem den Bündnern das Auto aufgezwungen werden könnte. Die Regierung bot dem Volk die letzte Gelegenheit, selber zum Auto ja zu sagen. Die Presse, die Parteien, die Berufsverbände, alle waren sie für das Auto. Sie hatten die »vernünftigen« Argumente auf ihrer Seite. Der »Kaufmännische Verein« schrieb: »Die gegen die Zulassung des Autos vorgebrachten Gründe sind zwar zu verstehen; sie stellen aber zu sehr auf Gefühlsmomente ab und berücksichtigen unsere heutigen wirtschaftlichen Interessen nicht.« Das »Bündner Tagblatt«, das einst zur Selbsthilfe gegen das Auto aufgerufen hatte, nahm sich nun in väterlichem Ton des störrischen Volkes an: »Das Bild vom dicken Automobilprotzen im grellrot gestrichenen Wagenungetüm, wo das Benzin und der Hochmut gleichen Gestank ausströmen, und davor der stolze, brave Bauer, der mit erhobener Faust und zugeklemmter Nase seine Straße sperrt – das Bild war einmal wahr, ist es aber heute nicht mehr. Heute ist das Bild ein anderes: schweißtriefende Pferde, die mühsam und langsam den schweren Fourgon bergauf schleppen, und links vorfahrend ein leichter, gefälliger Automobilwagen, der die doppelte Last mit dreifacher Geschwindigkeit spielend bergauf bringt.«
Die Bauern fragten: Wer bezahlt den Schaden, der durch den Staub entsteht? Wer bezahlt die Werteinbuße von Häusern, die an der Straße stehen? Wer wird alle die Straßenbauten bezahlen?
Das Auto, antworteten die Autofreunde, das Auto bringt Geld ins Land!
Die Bauern wollten es nicht glauben: »Bauer, man will dich sanieren und verkaufen. Deshalb: Bachab mit dem Auto!«
Das Auto ging am 18. Januar 1925 noch einmal bachab, mit 12700 Neinstimmen gegen 11143 Jastimmen. Ein Hotelier sprach von »Diktatur« und stellte verbittert fest: »Der Bund muß uns der Weltmode anpassen.« Der Automobilkommissionsreferent, Advokat Otto Mohr aus Schuls, sprach verzweifelt vor dem Großen Rat: »Der Kanton Graubünden ist das einzige Land auf der ganzen Welt, das sich dem Auto verschließt. Andere Länder und Völker wissen doch auch, was ihnen frommt und nützt...«

Kapitulation

Schnell rafften sich die Geschlagenen auf. Die Autobefürworter brachten in kürzester Zeit eine Volksinitiative zustande. Die Hoteliers wollten unbedingt die Saison retten. Diesmal wurde im Abstimmungskampf nicht mehr polemisiert. Nur noch »sachliche« Argumente zählten. Das Hauptargument war, daß Bevormundung durch die Eidgenossenschaft drohte.
Als das Dorf Süs kurz vor dem Abstimmungstermin von einer Brandkatastrophe heimgesucht wurde, führte die »Automobilrevue« bei den Autoverbänden der ganzen Schweiz eine Sammlung zugunsten der Geschädigten durch: Das Auto als Freund und Helfer.
Die Abstimmung fand im Juni statt. Ein günstiges Datum: Da waren viele Bauern auf den Maiensässen droben und mochten nicht für eine Abstimmung ins Tal steigen. Diesmal klappte es: 11318 Stimmen dafür, 10221 dagegen. Knapp, aber endgültig. Ganz erloschen aber war der Widerstand auch nach dieser Abstimmung nicht. Die Autofahrer, die sich als erste nach Graubünden wagten, begaben sich auf feindliches Gebiet. Autogegner streuten

Nägel auf die Straßen. Dorfbuben bewarfen die Wagen mit Steinen, zwischen Flims und Ilanz lagen eines Tages vier Tannen auf der Straße. Zu Graubündens autofeindlichem Ruf trug schließlich auch die Polizei bei: Unerbittlich wurden Geschwindigkeitsübertretungen (12 Stundenkilometer pro Stunde innerorts, 40 Stundenkilometer pro Stunde außerorts) geahndet, und es genügte hierzu bereits der »begründete Verdacht«.

Wer hatte recht?

Die Bündner Bauern waren vielleicht stur und konservativ. Aber wurden ihre Fragen jemals beantwortet, ihre Einwände je widerlegt? Wieviel Irrationalität und Verdrängung steckten in der »vernünftigen« Realpolitik, die dem Fortschritt gehorchte?
Die Rechnung für ein paar Jahrzehnte Wohlstand und Komfort wird uns in den düsteren Prognosen der Forstexperten präsentiert. Ein realistisches Szenario für eine nahe Zukunft: Die Bannwälder über den Bergdörfern sterben ab, Schnee- und Steinlawinen donnern ungehindert zu Tal. Ganze Ortschaften müssen evakuiert werden. Viele Berggebiete werden unbewohnbar. Die Elektrizitätsmasten verlieren durch die Erosion den Halt, und die Stromversorgung im Lande ist nicht gesichert.

Leise kommt die Katastrophe

Mehr als die Hälfte der Bündner Gemeinden sind in den kommenden Wintern wegen des Bannwaldsterbens »stark gefährdet«. »Wir werden kaum alle Dörfer retten können«, sagte ein Bündner Kantonsförster Ende 1984. Schnell und leise nähert sich die Katastrophe. Und mit derselben Entschlossenheit, mit der einst die Bündner Bauern gegen das Auto gekämpft haben, kämpft ein Volk von Motorisierten um jeden Stundenkilometer persönlicher Freiheit. □

Autoren · Fotografen

Franz Hohler

Gerda-Marie Schönfeld

Ueli Balsiger wurde 1953 in Bern geboren. Er studierte Germanistik und Philosophie. Er lebt und arbeitet als freier Journalist und Jazzmusiker in Bern.

Sebastian C. Brant, Jahrgang 1940, ist ein Nachkomme des Straßburger Romanisten Sebastian Brant (1458–1521). Er hat in Genf und Löwen Romanistik und kath. Theologie studiert und verfaßte zahlreiche Biographien aus dem französischen und italienischen Kulturbereich.

Dr. Werner Catrina, 1943 in Chur geboren, unterrichtete nach dem Lehrerstudium in Davos-Glaris und studierte dann in Zürich Geschichte, Germanistik und Zeitungswissenschaften, promovierte über ein Thema aus der Geschichte Graubündens. Seit 1979 arbeitet er als freier Journalist in Zürich. Veröffentlichungen u.a. »Die Rätoromanen zwischen Resignation und Aufbruch« (1983).

Dietmar Grieser, Jahrgang 1934, Journalist und Fernsehautor in Wien. Bücher: »Schauplätze österreichischer Dichtung« (1974), »Schauplätze der Weltliteratur« (1976), »Piroschka, Sorbas & Co.« (1978), »Die irdischen Götter« (1980), »Mit den Brüdern Grimm durch Hessen« (1985). Ausgezeichnet mit dem Theodor-Körner-Preis.

Georg Held, im Jahre 1938 in Malix (Graubünden) geboren und dort aufgewachsen, ist Redakteur der in Chur erscheinenden *Bündner Zeitung*. Bevor er sich endgültig wieder in seiner Heimat Graubünden niederließ, war er als Suchender unterwegs. Hauptquartiere seiner Wanderungen waren Zürich, Genf und Melbourne.

Franz Hohler, geboren 1943 in Biel (Schweiz), aufgewachsen in Olten, lebt als Kabarettist und Schriftsteller in Zürich. Er tritt mit Einmannprogrammen auf, arbeitet für Funk und Fernsehen und schreibt Bücher für Erwachsene und Kinder, z.B. »Idyllen« (1970), »Wegwerfgeschichten« (1974), »Ein eigenartiger Tag« (1979), »Der Granitblock im Kino« (1981), »Die Rückeroberung der Natur« (1982), »Tschipo und die Pinguine« (1985).

Niklaus Meienberg, 1940 in St. Gallen geboren, studierte Geschichte in Fribourg und Paris, lebt als freier Autor in Paris und Zürich. Veröffentlichungen: »Die Erweiterung der Pupillen im Hochgebirge« (1981), »Vorspiegelung wahrer Tatsachen« (1983), »Der wissenschaftliche Spazierstock« (1985).

Erhard Meier, wurde 1915 in Zizers (Graubünden) geboren und lebte viele Jahre in Maienfeld, heute in Chur. Sein besonderes Interesse gilt allen Erscheinungsformen der Kunst und ihrer gesellschaftlichen Hintergründe. Als Verkehrsdirektor von Chur verfaßte er einen Stadtführer, als leidenschaftlicher Wanderer durchstreifte er (fast) alle Täler Graubündens. Daraus gingen die »Kulturwege in Graubünden«, Heft 1–3, hervor.

Max Pfister, geboren 1917 in Zürich, Studium von Germanistik und Kunstgeschichte, Verlagslektor in Bern und Zürich, Redakteur in Bern, Zürich und Davos. Autor u.a. verschiedener landeskundlicher und touristischer Bücher über den Kanton Bern, Zürichsee, Tessin und Graubünden. Ausgezeichnet mit

Rudolf Schilling

Wieland Schmied

dem Großen Preis für touristische Bücher.

Rudolf Schilling, geboren 1940 in Zürich, war von 1971 bis 83 Redakteur am *Tages-Anzeiger-Magazin.* 1982 erschienen seine »Ideen für Zürich«, eine kommentierte Sammlung städtebaulicher Vorschläge und Konzepte, 1985 »Der Hang und Zwang zum Einfachen«, Ausblicke auf eine andere Wohnarchitektur. Er lebt als freier Autor in Basel.

Dr. Guido Schmezer, Jahrgang 1924, war Programmgestalter bei Radio Bern und Bildredakteur der Zeitschrift *Nebelspalter,* heute ist er Stadtarchivar und Beauftragter für Information der Stadt Bern. Er veröffentlichte u.a. »Bern für Anfänger« und »Lob der Langsamkeit« und Gedichte als »Ueli der Schreiber«.

Carl Schmidt-Polex, 1936 in München geboren, studierte Geschichte und arbeitete nach dem Volontariat bei der *Süddeutschen Zeitung,* für den *Stern, Abendzeitung, Welt am Sonntag* und *Bunte.* Am liebsten schreibt er Politikerporträts und Länderreportagen aus allen fünf Kontinenten. Zur Zeit ist er Autor bei *Bunte.*

Prof. Dr. Wieland Schmied, Jahrgang 1929, Kunsthistoriker, ist Direktor des Berliner DAAD-Büros und Leiter der Sommerakademie Salzburg. Zahlreiche Publikationen zur Kunst und Literatur; schreibt Gedichte.

Gerda-Marie Schönfeld, geboren 1946 in Glauchau/Sachsen, zwölf Jahre Redakteurin, jetzt freie Journalistin, u. a. für *Brigitte, Zeit-Magazin, Stern, Spiegel.*

Norbert Specker, Jahrgang 1959, studiert Kunstgeschichte und Literaturwissenschaft in Zürich.

Margrit Sprecher, in Chur geboren und aufgewachsen, ist heute in Zürich als Redakteurin der *Weltwoche* tätig. Verschiedene Buchveröffentlichungen (»Gerichtsreportagen aus der Schweiz«). Sie ist einer der fünf Preisträger am ersten internationalen Publizistik-Wettbewerb in Klagenfurt 1985.

Max Wermelinger, 1919 in Luzern geboren, lebt seit mehr als dreißig Jahren im Tessin, war über Jahrzehnte Redaktor der NZZ für die Svizzera italiana und gilt als Spezialist sowohl für die italienische und die rätoromanische Minderheit der Schweiz wie für kulturpolitische und sozioökonomische Belange im oberitalienischen Raum.

Fotograf

Walter Mayr, in Trofaiach (Steiermark) geboren, studierte Fotografie an der Folkwang-Schule in Essen und arbeitet seit 1973 als freier Fotograf. Sein besonderes Interesse gilt der Landschaftsfotografie.

Bildnachweis

Anordnung im Layout:
l = links, r = rechts, o = oben, u = unten, m = Mitte
Titel: Walter Mayr; alle weiteren Aufnahmen stammen ebenfalls von Walter Mayr bis auf: S. 3 Walter Imber; S. 5 l Galli-Plattner; S. 6–8 Herbert Maeder; S. 9–12 Imber; S. 16–17 Andreas Riedmiller; S. 24/25 Peter Hatt; S. 52/53 Sammy Minkoff; S. 54/55 Helmut Eberhöfer, S. 55 m r, m u Minkoff; S. 56–59 Galli-Plattner; S. 61 Roger Fritz; S. 70 Klaus Betz; S. 74 Hermann Sülberg; S. 78 Schweizerische Rettungsflugwacht; S. 99 r Franziska Schmied; S. 108 Gruppe Wind/H. P. Siffert; S. 126/127 Tomi Ungerer/Diogenes Verlag, Zürich, aus: »Heidi kann brauchen, was es gelernt hat«; S. 134/135 Galleria d'arte moderna; S. 136/137 Walker Art Gallery; S. 138–143 Eigentum der Gottfried Keller-Stiftung, Bern, deponiert im Segantini Museum St. Moritz, Foto Max Wagner, St. Moritz; S. 144–147 Archiv Segantini Museum, St. Moritz; S. 148 Hiroji Kubota/Magnum; S. 151 Annette Brodda; S. 154 Bündner Kunstmuseum; S. 156 Paolo Koch; S. 158 Gerhard H. Oberzill; S. 160 Ch. Perret; S. 161 Guido Mangold; S. 164 H. P. Merten; S. 165 o Dölf Reist, u Jürgen Braun; S. 166 u Oberzill; S. 170 Comet Photo; S. 171 Reist; S. 172 o Reist, u Oberzill.

Grafik

Hilda Körner und **Lothar Walter** zeichneten die Große MERIAN-Karte. **Georg Koch** zeichnete die Grafiken auf den Seiten 150 und 158, **Bernhard Ziegler** die auf Seite 157 und 159.

Bemerkungen

Die beiden Zeichnungen von Tomi Ungerer auf den Seiten 126/127 haben wir mit freundlicher Genehmigung des Diogenes Verlags, Zürich, den Büchern von Johanna Spyri »Heidi – Lehr- und Wanderjahre« und »Heidi kann brauchen, was es gelernt hat« entnommen. □

St. Moritz **Fitness**

IM ‹CHAMPAGNER-KLIMA› DES ENGADINS

- Attraktive Pauschal-Angebote im Sommer
- Tennis, Golf, Schlauchbootfahrten, Windsurfing, Segeln, Wandern, Sommer-Ski – alles im Umkreis von nur 20 Minuten
- Dazu: Europas vier berühmte Alpenfahrten:
  Glacier-Express: St. Moritz – Zermatt
  Bernina-Express: St. Moritz – Tirano (Italien)
  Engadin-Express: Wien – Salzburg – St. Moritz
  Palm-Express: St. Moritz – Ascona – Zermatt

Kur- und Verkehrsverein, CH-7500 St. Moritz, Tel. 082-3 31 47, Telex 74429

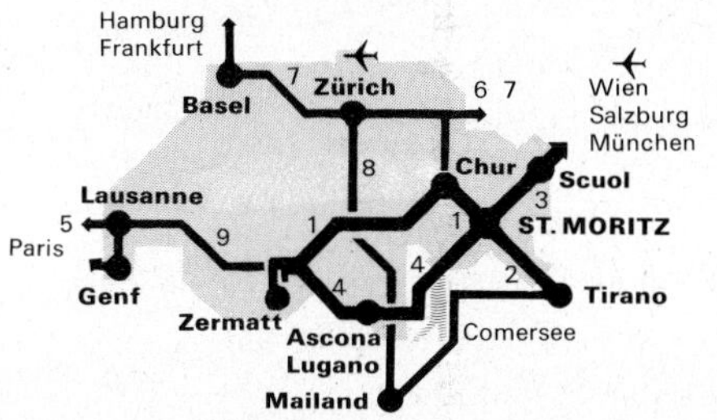

1 Glacier-Express
2 Bernina-Express
3 Engadin-Express
4 Palm-Express
5 TGV, Train à grande vitesse
6 IC, Inter-City
7 Orient-Express
8 TEE Trans-Europa-Express
9 Andere Verbindungen

hotel eden garni

Das ruhig gelegene Hotel mit dem persönlichen Charakter im Herzen von St. Moritz-Dorf.
Gemütlich und modern eingerichtete Zimmer mit Bad/Dusche, WC, Radiowecker, Selbstwahltelefon.
3 Gehminuten zu den Bergbahnen.
Das Hotel für erholsame Ferien.

Tel. 082 - 3 61 61, Telex 744 01
Familie M. Degiacomi

LA MARGNA ★★★★

Hotel La Margna
Fam. R. Schweizer-Pitsch
CH-7500 St. Moritz
Telefon 082 - 2 21 41
Telex 74 402

Sämtliche Zimmer mit Bad/Dusche, Telefon, Radio. TV-Apparate zur Verfügung.
Hotelrestaurant, Stüvetta, Hotelbar, Lesezimmer, gemütl. Aufenthaltshalle+Cheminée. Dampfbad, Sauna, Solarium, Whirlpool, Terrasse, Garage, Parkplätze.

HOTEL EUROPA

Tel. 082 - 2 11 75
Telex 74 458
CH-7512 Champfèr
Sommer+Winter

das ** Sporthotel des Oberengadins.** Restaurants, Grill-Room, Bar, Hallenbad, Sauna, Solarium, Fitnessraum, Kinderspielzimmer, Tennisplatz, Tischtennisraum, TV-Raum usw. Allegra-Zimmer: neu umgebaut, mit TV, Föhn im Badezimmer uvm. Sämtliche Zimmer mit Selbstwahltelefon, Radio, Mini-Bar. Pauschalwochen.

HOTEL
LANGUARD GARNI

Prop. Fam. G.Trivella
CH-7500 St. Moritz
Tel. 082 - 3 31 37
3 51 29

Das gepflegte, familiäre Kleinhotel. Im Zentrum – in schönster, ruhiger Lage. Heimelige Stilzimmer mit Tresor, Radio und Direktwahltelefon. Prächtige Aussicht auf See und Berge.

HOTEL
MONOPOL
★★★★

Stil- und rustikale Zimmer mit modernstem Komfort. Direktwahltelefon. Hallenbad + Sauna mit Dach-Sonnenterrasse.

Dir. H.+M. Strässle
Tel. 082 - 3 44 33, Telex 74 434

Grischuna
· Restaurant · Grill ·
· Bar · Dancing ·

Spezialitäten vom **Holzkohlengrill**. Auserlesenes Weinsortiment. Bekannte Orchester.

HOTEL GARNI
RESTAURANT
CORVATSCH

Restaurant,
Reservationen:
Tel. 082-3 34 39
Hotel: Tel. 082-3 74 75
Fam. G. Bonetti

Neues Hotel mit Arvenholz-Innenausstattung. **Bar.** Prima Küche und Weine. Grillspezialitäten, Spiess, Fondue. Menu à la carte, Kindermenue. Warme Küche von 11.00 – 23.00 Uhr.

laudinella

Ferien- und Kulturzentrum
7500 St. Moritz / Schweiz
Tel. 082 - 2 21 31, Telex 74 777

Ferien-Ambiance · kinder- und seniorenfreundlich · kulturelle Veranstaltungen und Gästeunterhaltung · Selbstbedienungs- und à la carte-Restaurants.

„Ich bin gegen automobile Uniformität.“

Helmut Guhl, Hannover.
Opernsänger und Renault 25-Fahrer.

Renault 25.
Fahren Sie, wie Sie leben.

Ich saß an einem kleinen Ecktisch und konnte von dort das Restaurant gut überblicken. So fiel mir auf, wie unterschiedlich wir Menschen doch sind. Große, lässige, interessante, vornehme, junge, strenge, lustige saßen an den weiß gedeckten Tischen.

Als ich später über den Parkplatz ging, stellte ich erstaunt fest, daß die unterschiedlichen Menschen aus dem Restaurant anscheinend alle die gleichen Autos fahren. Eine konventionelle Stufenheck-Limousine neben der anderen.

„Ich will nicht hinter einem uniformen Blechkleid verschwinden. Ich will mich ausdrücken und verwirklichen. Nicht nur auf der Bühne – in allem was ich tue. Auch in dem Auto, das ich fahre“, dachte ich und fuhr mit meinem Renault 25 an ihr vorbei – der Parade der automobilen Uniformität.

Renault 25 mit variablem Kofferraum. Frontantrieb. Motorisierung: von 46 kW (63 PS) bis 133 kW (181 PS). Vom ökonomischen Turbodiesel über den umweltfreundlichen Katalysator-Motor bis zum leistungsstarken V6 Turbo-Triebwerk mit elektronischer Benzineinspritzung und serienmäßig ABS. Ausstattung (je nach Version): vom höhenverstellbaren Lenkrad über Türzentralverriegelung bis zum sprechenden Kontrollsystem.

RENAULT
Autos zum Leben.

V6 Injection
Renault empfiehlt elf Motorenöle.
PUBLICIS INTERMARCO-FARNER

Der Gang ins Paradies

Wie ein Berliner zur Quelle des Hinterrheins wallfahrtet und ob seines Leichtsinns beinahe das Leben verliert. Aufgezeichnet 1829, mit drei Regeln, wie solches zu vermeiden ist, von Johann von Tscharner

»Ein Leben wie im Paradies gewährt uns Vater Rhein«, fängt eines der zahllosen Zechlieder an, bei deren nicht immer ganz harmonischem Absingen der lärmende Kreis oft Himmel und Erde und das Paradies dazu vergißt. Der Dichter jenes Gesanges wußte aber schwerlich, daß die Wiege seines Helden, jenes starrtote Fels- und Gletschertal, wo eine Quelle des segensreichen Stromes sich aus ewigem Eis hervorwindet, vom Landvolk wirklich das Paradies genannt und so dem neugierigen Pilger, der dahin wallfahrtet, buchstäblich Wort gehalten wird; freilich aber nicht in dem Sinne, wie der deutsche Zecher es meinte, im lustigen Gewühl fideler Genossen, sondern umgeben von den kalten Schrecknissen der einsamsten Alpennatur.

Sollte man den himmelschreienden Widerspruch zwischen Name und Wirklichkeit von heute in der Tat durch eine Metamorphose jenes Erdwinkels erklären dürfen? So ungeheuer sie gewesen sein müßte, so hat sich dennoch keine Spur einer Überlieferung davon erhalten. Eher wäre ich geneigt, die verkehrte Benennung der allen Bergvölkern eigenen Neigung zu ironischen Spottnamen zuzuschreiben. Mein Wirt, ein gebildeter junger Mann aus der angesehensten Familie des Tals, wußte mir darüber keine Auskunft zu geben, erzählte mir aber die Wallfahrtsgeschichte eines jungen Reisenden, für den jenes Tal zwar nicht zum irdischen, aber beinahe zum kürzesten Weg ins Paradies geworden wäre. Ein junger Musensohn von den Ufern der Spree und Mitkämpfer im vaterländischen Befreiungskrieg war eines Morgens, reich an Mut und beschränkt an Gut, wie es seinem Doppelstand geziemt, zu Fuß im Dörfchen Hinterrhein angekommen. Hier hielt er sich nur auf, um seinen Rucksack abzulegen und nebenbei die notwendigsten Erkundigungen über den Weg zur Rheinquelle einzuziehen, die er besuchen wollte. Abends wollte er zurückkehren und durch ein vereinigtes Mittag- und Abendessen das früher Versäumte nachholen.

Der Wirt äußerte dem Reisenden über dieses Vorhaben das doppelte Bedenken, daß ohne Führer er leicht einen ungangbaren und sogar gefährlichen Pfad einschlagen, daß überdies in der zehrenden Bergluft bei so langem Fasten ihm die Kraft zum Weiterkommen ausgehen möchte. Allein ein rüstiger Bursche, der als leichter Jäger alle Feldzüge von Danzig bis Paris glorreich bestanden habe, so meinte der junge Held, werde sich wohl auch auf einer Bergwanderung von ein paar Meilen ohne Begleitung durchzuhelfen wissen; und was die angeratene Verproviantierung betraf, so hatte er, wie es scheint, die Taktik des vorratslos vorwärts marschierenden französischen Heeres sehr wohl studiert und glaubte als kühner Nachahmer des großen Gegners alle solche Vorsichtsmaßregeln unter seiner Würde. »Mein Jott, Freundchen, was brocht's denn da eines Wechweisers. Man jeht dem Wasser entjegen, und da kömmt man denn doch so jewiß zur Quelle als en juter Berliner Bursche uff den Grund des Bierkrugs. Ob jerade uff die rechte Straße, das is janz egal; und für'n Hunger, da lassen Sie mir nur sorgen! Hab' ich ja uff unsere Märsche öfters mich selbst kochen und noch öfters janze Tage lang fasten müssen.«

Mit so keckem Selbstvertrauen im Herzen, ein halbverdautes Frühstück im Magen und als ganzen Vorrat ein Brötchen in der Tasche, setzte sich der Musensohn getrost in Marsch und schien die ihm vom sorglichen Wirte nachgerufenen Worte der Warnung mehr aus Gefälligkeit noch anzuhören, als um sich danach zu richten.

Die Sonne senkte sich jenseits des Gotthardberges, die Landleute kehrten heim von der Heuernte, die Nacht lagerte sich auf Täler und Höhen – und der Pilger war noch nicht zurück. Die Lichter erstarben nach und nach hinter den kleinen Scheiben; hier schlossen knarrend sich die niederen Stalltüren, dort streckte die Hausfrau den Kopf zum Kammerfenster heraus und mahnte zum zweiten Mal den Mann, der sich noch mit den Nachbarn verschwatzte. Auch im Gasthof waren die Reisenden im Bett; der Stallknecht hatte den Pferden noch ein Nachtfutter vorgeschoben, die Köchin die letzte Glut abgelöscht – kein Preuße erschien. »Je nun«, beschwichtigte der teilnehmende Wirt die leise Unruhe, die das Ausbleiben ihm verursachte, »er muß ja doch die italienischen Schafhirten gefunden haben. Was ihm auch zugestoßen sein mag, verlassen ist er drum nicht. Eine kalte Nacht auf schlichtem Moosbett, eine magere Mahlzeit mitten unter diesen rohen Nomaden, ihren nicht viel weniger zivilisierten Schützlingen und deren zottigen Hütern ist eben nur eine verdiente Züchtigung für den Vorwitz; desto weniger wird er morgen sich verschlafen.«

Längst aber hatte die Sonne ihr Tagewerk wieder begonnen mit dem Trocknen des neugemähten Grases; manch schöner Schober duftigen Bergheus war schon neu aufgeschichtet, und immer noch blickte der unruhige Wirt vergeblich dem Rheinstrom entgegen. Als endlich die Heuer sich zur ersten Ruhestunde hinstreckten, als die Töchter Nahrung und Erfrischung den Vätern und den älteren Brüdern hinaustrugen, da ließ das menschenfreundliche Herz des Besorgten ihm keine Ruhe mehr. Plötzlich entschlossen, bereuend schon, daß er es nicht früher getan, wirft er die Waidtasche um, die heute eine Flasche guten Veltliners, ein Brot und ein Stück Kuchen birgt, und wandert, mit immer eiligerem Schritt, dem Lauf des Bergstroms entgegen.

Ein dunkles Vorgefühl hieß ihn seinen Weg dem entgegengesetzten Ufer entlang nehmen, dem der Fremdling gefolgt war. Schon hatte er mehr als eine Meile zurückgelegt, mit dem Scharfblick des geübten Gamsjägers, immer zwischen Furcht und Hoffnung, auf beiden Ufern nach dem Gesuchten umherspähend. Jetzt versprach er sich beim Wenden um den nächsten Felsvorsprung, ihn ganz gemächlich auf sich zuschreiten zu sehen, und war dann beinahe ärgerlich über seine unzeitige Unruhe. Den Augenblick darauf konnte er sich des Gedankens nicht erwehren, als ungewisse Spur vielleicht nur seine Mütze, seinen Stock, wohl gar ihn, von einem herabgerollten Felsstück erschlagen, zu erblicken. Manche Gemse sah er heute, wo er den Menschen zu erspähen hoffte. Schienen die Tiere doch beinahe zu wissen, daß er unbewaffnet war. Aber läge ihm auch das gezogene Rohr über der Schulter, heute waren die flüchtigen Bewohner der Felshöhlen sicher vor seinem Geschoß. In friedsamem Gegensatz mit Tell in der hohlen Gasse konnte auch er sagen: »Ich laure auf ein edles Wild.«

Die Sonne stach ungewöhnlich warm; unaufhörlich donnerten im Hintergrund des Tales die losgerissenen Eismassen hinab in die Wellen des jungen Rheins. Mit Grauen machte der Suchende die Berechnung, ob, wann, wohin der Leichnam von den Fluten weggeschwemmt worden sei – wo er wohl gefunden werden möchte. Dann überlegte er, was er mit dem zurückgelassenen Rucksack machen sollte, und mit scheuer Neugier durchging er schon die verschiedenen Vermutungen über die Aufschlüsse, die der Nachlaß des Verunglückten enthalten werde. Jetzt nahte er sich der Stelle, wo der Bodensatz einer niedergestürzten Schneelawine den ganzen Talgrund und mit ihm das Flußbett bedeckte. Nie noch hatte er so ängstlich geforscht, selbst nicht wenn, im Flug geschossen, ein Weißhuhn im Fall zwischen Felsblöcken oder in Schneeklüften vor seinem Blick verschwunden war. Vergebens – nichts war zu finden.

Noch blieb seitwärts über dem Pfad eine kleine Höhle unter einem Vorsprung der Felsen zu untersuchen. Es war nicht wahrscheinlich, daß der Erfolg dort glücklicher sein werde, und doch, er war es. Dort lag der Vermißte; aber in welchem Zustand! Auf dem harten Kiesboden zusammengekauert, bewußtlos, mit Schlamm überzogen, geschunden an Kopf und Händen. Er mußte sich selbst hierher geschleppt haben, lag also wahrscheinlich nur in Ohnmacht. Ein Paar Tropfen Wein auf die trockenen Lippen rechtfertigten diese Hoffnung. Bald hatte der Neuerwachte wieder so viel Besinnung gewonnen, um ohne Hilfe die wohltätige Bestimmung der ihm dargebotenen Speise zu erfüllen. »Das schmeckt. – Ich war hin. – Das war mal 'ne verwünschte Partie« waren die einzigen Redefragmente, die den durch Kauen und Schlingen gänzlich gesperrten Sprachorganen entflohen. Erst als der Erfolg seines Ergründungssystems, der Flaschenboden, ganz vollständig war, schlug der Gestärkte, immer noch sitzend, seine Augen auf zu dem, der, mit verschränkten Armen vor ihm stehend mit dem Ausdruck innigen Wohlgefallens diesem Eß- und Trinkbravour-Solo zusah. »Jetzt sagen's mer enmal, mein Teuerster, wo bin ich denn eigentlich, und wie kommen Sie daher, mit Speise und Trank, recht wie der Rabe in der Wüste.«

Die Erklärungen folgten. Der Lebensretter vernahm nun, wie der sorglose Pilger, nach einer mehrstündigen Wanderung endlich gegen Abend auf der Heimkehr begriffen, seinen Weg über das Schneefeld genommen hatte, um von einem Stromufer ans andere zu gelangen. Plötzlich aber fühlte er, wie das sonst in alten, von spukenden Falschmünzern bewohnten Schlössern zu geschehen pflegte, den Boden unter seinen Füßen weichen. Grausliches Dunkel und eiskalte Fluten umfingen den Bewußtlosen. Doch die erste Betäubung wich; es gelang ihm, sich stromabwärts endlich aus dem Schneegewölbe hervor wieder ans Tageslicht und aufs Trockene zu retten. Hier dachte der gebadete Paradiesvogel, seine Fittiche zu trocknen; aber eine solche Wasserscheu hatte sich seiner bemächtigt, daß er, um sich ja vor dem feindseligen Element zu sichern, auf jener Anhöhe unter einem Felsdach seine Zuflucht suchte. Mangel an Nahrung verursachte ihm nun erst eine schmerzliche Leere, dann schwand seine Kraft, mit ihr sein Mut. Zu schwach, um sich weiterzuschleppen, hatte er auf Rettung verzichtet. In dumpfer Erschöpfung, manchmal nur durch den Schmerz der Kälte in den wunden Gliedern an sein Dasein erinnert, brachte er die Nacht hin, blickte er mit halbem Bewußtsein in den neuen Tag, der sein letzter gewesen wäre ohne den Engel der Rettung.

Während dieses von manchem Ausruf der Dankbarkeit unterbrochenen Berichtes hatte der Erzähler sich gewaschen und seine bereits getrockneten Kleider von Kies und Staub gereinigt. Der Rückweg ward angetreten. Längst schon hatte die anfänglich sentimentale Gemütsbestimmung in Retter und Geretteten einem fröhlichen Mutwillen Platz gemacht, als, eine Viertelstunde vor dem Dörfchen, sie etliche junge Leute erblickten, die, als sie den verloren Geglaubten erblickten, mit wildem Freudengeschrei auf ihn losstürzten. Es waren seine Reisegefährten. Vom Dorf Splügen aus hatten sie die Splügnerbergstraße besucht, während der einzelne sich mehr durch die Sehenswürdigkeit der Hinterrheinquelle angezogen fühlte, und waren jetzt in höchster Unruhe von Hinterrhein ausgezogen, um den Vermißten zu suchen.

Fragen, Erzählungen, Glückwünsche, Lobsprüche über den Erretter kreuzten sich auf dem Heimweg. Ein solches Rettungsfest konnte nun schlechterdings nicht würdiger als mit einer tüchtigen Mahlzeit gefeiert werden. Schweizer Luft, deutsche Zecher, welscher Wein! Immer lauter ward der Verein. Über Alpenweiden und dürren Kiesgrund wurden in altbekannten Weisen dem deutschen Strom alle die Segnungen zugesandt, von denen hundert Meilen weiter seine rebenbekränzten Gestade so oft widerhallen. Zu mancher feinen und gröbern Anspielung gab die Unglücksfahrt Stoff. Der eine tröstete den Unglücklichen mit Miltons verlorenem Paradies; ein anderer bezweifelte, ob in Berlin ein so echter Rheinwein zu bekommen sei, als er gestern echtes Rheinwasser getrunken; ein dritter dekla-

Fortsetzung Seite 125

Auf dem Bergrücken zwischen Graubünden und Tessin, zwischen Vorderrhein- und Bleniotal, liegt ein Gebirgsland ohne Bewohner, fast ohne Vegetation, 2200 bis 3150 Meter über dem Meer. Es heißt la Greina, und sein Maler und Poet ist Bryan Cyril Thurston. Er hat sie zum Zeichen des letzten Unberührbaren gemacht

Bryan Cyril Thurston: Hochebene Plaun la Greina mit Piz Coroi und Rein da Sumvitg. Kaltnadelradierung 33 × 33 cm, 1980

LA GREINA – DIE UNBERÜHRBARE

Von Rudolf Schilling

Ich hatte zwischen zwei Sünden zu wählen. Entweder: Ich übertrete die eherne Regel des Journalismus, daß nur beschrieben wird, was vor Ort besichtigt, erkundet, recherchiert ist. Oder: Ich betrete zwecks solcher Erkundung einen heiligen Raum, in den der Mensch nicht greifen, seinen groben Schuh nicht setzen darf. Ich habe mich entschieden, die journalistische Moral zu verletzen, um die höhere zu schützen. Ich ging nicht hin, ich werde nicht hingehen und erlaube mir, den MERIAN-Lesern zu empfehlen: Gehen auch Sie nicht hin!

Was die Empfehlung erleichtert: Betreten wäre mit Mühsal verbunden. Es regnet oder schneit, nebelt und stürmt dort oben, an der Wetterscheide zwischen Alpensüd- und Alpennordseite an 320 Tagen im Jahr. Das »Inventar der zu erhaltenden Landschaften und Naturdenkmäler« der Schweiz, das sogenannte KLN-Inventar, vermerkt unter Nummer 3.46: »Ausgedehntes, von der Zivilisation unberührtes, weites Hochtal, von allen Seiten nur über felsige Steilstufen oder über Gebirgszüge erreichbar.« Der Zugang kommt einer Expedition gleich. Mit Blitzschlag und Hagel ist jederzeit zu rechnen – und weit und breit keine Schutzhütte. Ja, das gibt es noch, sogar in diesem vollgestopften, durchgenutzten Land in Mitteleuropa: einen weißen Fleck auf der Landkarte von immerhin rund fünfzig Quadratkilometern Ausdehnung, eine Aussparung, wo nichts ist, wo jenseits von Kosten und Nutzen die Erde sich menschenfrei dem Kosmos entgegenreckt.

Darum: Finger davon und Füße davon! Der Livingstone der Hochebene kam wie viele große Entdecker aus England: Bryan Cyril Thurston, geboren 1933 in Leiston, Suffolk, Architekt und Kunstmaler, 1955 in die Schweiz eingewandert. Er lebt in Erlenbach am Zürichsee und huldigt seit 15 Jahren dem menschenfernen, gottnahen Gebirgsbecken, in Bildern, Stichen, Oden, Ausstellungen, Manifestationen, Reden, Büchern. Seine Anbetung jener kargen, windigen Welt hat ihm den Übernamen »Mister Greina« beschert. Für die Unversehrtheit des Regen- und Schneesturmlands ist er in einen heiligen Krieg gezogen.

Aber ein Vakuum zieht an. Wo kämen wir hin, wenn wir ein Nichts ein Nichts bleiben ließen?! Seit 1957 sind zwei Kraftwerksgesellschaften im Besitz einer Konzession zur »zweckmäßigen Nutzbarmachung der Wasserkräfte« der Greina. Die schon mehrmals verlängerte Bauoption läuft bis zum 30. September 1991. Wo sonst bietet sich die Errichtung eines Speichersees eher an, um das energiehungrige Tiefland mit Strom zu versorgen?! Kein Dorf, kein Acker, keine Weide würden unter Wasser gesetzt. Arbeitsplätze würden in einem entlegenen Gebiet geschaffen, Wasserzinsen an arme Berggemeinden ausbezahlt. 1985 ist das Projekt wieder ins politische Gespräch gekommen. Der Regierungsrat des Kantons Zürich hat auf eine parlamentarische Anfrage hin die Verwirklichung für wünschbar erklärt, den Kraftwerksgesellschaften Mut gemacht. Im Gegenzug haben die Naturschutzorganisationen ihre Proteste wiederholt. Der Bau einer Stau-

mauer auf der Greina zöge unvermeidlich die touristische Erschließung nach sich. Wo ein Stauwehr entsteht, entsteht eine Bergbahn, eine Straße, ein Hotel.
Längst ist Bryan Cyril Thurston kein unentwegter einzelner mehr im Kampf um die Greina. Er hat Gesinnungsgenossen gefunden, bis in die höchste Politik. Die erste Frau in der Bundesregierung, Bundesrätin und Justizministerin Elisabeth Kopp, hat 1983, als sie noch Parlamentarierin war, eine Eingabe mit unterzeichnet, die von der Regierung eine Übernahme der Greina-Landschaft ins verbindliche Bundesinventar der Landschaften von nationaler Bedeutung verlangt. Ein Beschluß steht aus. World Wildlife Fund (WWF), Schweizerischer Bund für Naturschutz, Schweizerische Stiftung für Landschaftsschutz und Landschaftspflege, die lokale Organisation mit dem romanischen Namen Pro Rein Anteriur (Für den Vorderrhein) veröffentlichen Aufrufe und Appelle: Hütet die Greina! Die letzte Unangetastete darf nicht »für ein energetisches Linsengericht« verkauft, das letzte Refugium des Nicht-Notwendigen muß gerettet werden.
Das Ungewöhnliche an Thurstons Greina-Kampf war und ist sein Medium: die Kunst. Mit Tausenden von Stichen, Zeichnungen, Aquarellen hat er die Greina-Landschaft porträtiert und interpretiert: Die Wirkung seiner Darstellungen ist viel stärker als die von Fotografien. Er zeigte 1975 in der Galerie Studio 10 in Chur seine Greina-Bildnisse unter dem Titel »Kunst als aktiver Landschaftsschutz«. Er hat 1982 mit zwei Bündner Künstlern, Tarcisi Cadalbert und Gian Andri Albertini, die Werkgruppe WIND gegründet.
Die WIND-Künstler arbeiten wie der Wirbelwind. Die drei kauern, knien, liegen am Boden um eine Zinkplatte, jeder bewehrt mit einem Nagelstift, ritzen fast gleichzeitig los, jeder von seiner Seite her, bedrängen sich auf knappem Feld, kratzen übers Kreuz, wechseln ein paar heftige Worte: Fertig ist die Platte! – Sie kommt auf einen Tisch in Raummitte. Jeder mischt an Hintertischen seine Farben. Und schon greifen sie von drei Seiten an, jeder mit seinem Pinsel, tupfen, streichen, werfen Farbe; drehen sich rasch um, tauchen von neuem die Pinsel voll, eilen herzu, noch ein paar Pinselzüge – Schluß! Aufhören! Und ab geht die Platte in die Presse. Eine Bö, weg ist sie, vorbei!
Die erste solche Malperformance fand ebenfalls in der Galerie Studio 10 in Chur statt, im privaten Kulturzentrum des Architektenehepaars Liliane und Richard Brosi, die an der Rabengasse 6 im Palazzo *Pestalozza* (Churer Bürgermeister, 1695–1768) ein Architekturbüro und ein gediegenes Restaurant führen. Die Galeristen in Chur leisteten die Pionierarbeit. Der Erfolg kam in Zürich, wo inzwischen mehrere Galerien Thurston und die Werkgruppe WIND ausgestellt haben. 1985 war die Werkgruppe in Zürich eingeladen, sich in der Städtischen Galerie Zum Strauhof zu präsentieren, was offizielle Weihe und Schaffensanerkennung bedeutet.
In Thurstons eigenen Arbeiten wie in denen der WIND-Gruppe hat sich seit einigen Jahren die Botschaft von der wirklichen, der begeh- und ausmeßbaren Greina abgehoben. Die drei wenden sich gegen »jegliche legalisierte Zerstörung«, gegen »jegliche Zertrümmerung der Hoffnung« (Tarcisi Cadalbert). »Greina« ist zur Metapher geworden, steht für den Lebensgrund, den man nicht aufwühlen, nicht anpflügen, nicht bebauen soll. Der Wind, der darüberstreicht und braust und heult, kündet von der Macht des Ursprünglichen. Von diesem Wind fühlen sie sich erfaßt. Das handfeste ökologische Anliegen hat sie angetrieben, gab ihren Beschwörungen die Wucht. Sie meinen inzwischen jede Art von Verletzung des Naturzusammenhangs, der Weltordnung, der Menschenrechte. Seit sie sich zusammengefunden haben, sind auf ihren Gemeinschaftsbildern die figürlichen Anspielungen immer mehr einem abstrakten Wehen der Winde gewichen. Wie ein Kammerorchester treffen sie sich alle paar Monate zu gemeinsamen Auftritten. Dazwischen verfolgt jeder seinen eigenen Weg.
Die Windbilder drängen über den Gesichtssinn hinaus, wollen nicht nur vom Auge, sondern auch vom Gehör wahrgenommen werden. Wer sie anschaut, möge das Pfeifen und Rauschen der Lüfte vernehmen. Schon vor Jahren hatten Thurstons Greina-Bilder Komponisten bewegt und angeregt. Armin Schibler zum Beispiel schrieb 1975 das »kontradiktorische Hörwerk ›Greina‹ für Stimmen und Instrumente« sowie ein Klavierstück mit dem Titel »Plaun la Greina«. Die Kompositionen sind auf einer Schallplatte zu haben. Das »Hörwerk« gleicht einer flammenden, von Wasser- und Windmusik unterlegten Predigt: »Erhaltet die Greina!« »Die Greina trägt den Stempel des Göttlichen!«
Der Musiker und Komponist Walter Giger, geboren 1952, hat sieben Jahre später, angeregt von den Arbeiten der Werkgruppe WIND, ein »Pastorale für Windharfe, Windmaschine, Flöte, Hackbrett, elektrische Gitarre, Trommel und Tonbandgerät« geschrieben und mit Musikerfreunden am 5. November 1982 im Saal der Galerie Studio 10 in Chur uraufgeführt. Vom Band brausen im Originalton die Greinawinde. Die Wind- oder Äolsharfe, das romantische Instrument, ahmt, beweht von einer Windmaschine, das Heulen und Sirren der Alpenstürme nach. Auf den an- und abschwellenden Windbewegungen tanzt die Flöte; Hackbrett und Trommel unterlegen einen rhythmischen Teppich; zerrend, nervend, böse fährt immer wieder das Zivilisationsinstrument E-Gitarre laut und rockend dazwischen. Eine irre und kühle Symphonie des Windes. Sie wurde bei mehreren Gelegenheiten in Zürich wiedergegeben. Zur Vernissage der WIND-Ausstellung Zum Strauhof hat Walter Giger ein weiteres Werk komponiert: »Somnambule Protector and Clouds« für Flöten, Violine und E-Gitarre.
Die Wind-Künstler gehen inzwischen selber nicht mehr hinauf auf das Greinaland im Schnittpunkt der vier Windrichtungen. Sie tragen Bilder und Töne weiter, durch die la Greina nur noch fern anklingt, als eine Unsichtbare, die wir beschützen müssen.
»Greina« übrigens ist ein tessinisches Dialektwort. Es bedeutet: »Dichter Nebel, der die Berge umhüllt.« □

Greina« ist zur Metapher geworden, steht für den Lebensgrund, den man nicht aufwühlen, nicht bebauen soll, sie ist das Refugium des Nicht-Notwendigen

3 neue Asse
Erstmalig!
2 x 2 Millionen Mark
6 x 1 Million Mark
und über 200.000 Gewinne
Staatliche Nordwestdeutsche Klassenlotterie
H. & W. Goothusen Kaiser-Wilhelm-Str. 89 2000 Hamburg 36
G. Boesche An der Alster 13 2000 Hamburg 1
Sie machen mit. Wir machen Millionäre.

Werner Catrina

WOVON GRAUBÜNDEN LEBT

Auf keine Region der Schweiz trifft das Attribut »steinreich« so zu wie auf Graubünden. Die Geographie hat seit jeher die Wirtschaft des größten Schweizer Kantons bestimmt. Früher lebte Rätien fast ausschließlich von der Landwirtschaft. Die Bauern nutzten den oft kargen und steinigen Boden vom Talgrund über die Maiensässe bis hinaus an den Rand der hochalpinen Zone; die Wälder lieferten Bauholz und das Brennmaterial für die langen Winter. Außer der Landwirtschaft brachte der Paßverkehr Verdienst für Säumer, Händler und Gastwirte. Mit dem Bahnbau, der vor etwas mehr als hundert Jahren begann, wagten sich die ersten Touristen in die abgelegenen Täler Rätiens. Groß war das Volkseinkommen des dünnbesiedelten Bergkantons bis zur Mitte unseres Jahrhunderts freilich nicht. Viele Bewohner mußten auswandern, weil das »Land der 150 Täler« sie nicht zu ernähren vermochte. Chroniken künden von Bündner Söldnern in fremden Heeren, von erfolgreichen Kaufleuten und Zuckerbäckern in fernen Städten, von Tausenden, die ihr Glück in San Francisco, Kiew oder Sydney suchten, weil die Heimat ihnen keine Existenz bieten konnte.

Heute muß niemand mehr auswandern. Aus dem armen Kanton ist in den vergangenen Jahrzehnten eine prosperierende Region geworden. Graubünden liegt mit seiner Wirtschaftskraft im helvetischen Mittelfeld. Aus einem Bauernvolk, das sich eher mühsam von seinen steilen Wiesen, Wäldern und vom Transitverkehr ernährte, ist fast schon eine Dienstleistungsgesellschaft geworden. Im einstigen »alt fry Rätien« verdienen bereits gegen sechzig Prozent der Arbeitskräfte im tertiären Bereich, in den Serviceberufen, ihren Lebensunterhalt.

Einst war die Landwirtschaft der wichtigste Erwerbszweig. Im sogenannten Primärsektor steht heute gerade eben noch jeder zehnte Beschäftigte in Lohn und Brot. Die Daten der Volkszählung von 1980 zeigen, daß zwischen 1965 und 1980 Jahr für Jahr über zweihundert Bündner Landwirte ihren Beruf aufgaben. 1980 zählte man im Kanton rund 3300 hauptberufliche Landwirte und knapp 3000 Nebenerwerbsbetriebe; inzwischen ist die Zahl der Höfe weiter zurückgegangen. Obwohl die bewirtschafteten Flächen pro Hof ständig größer werden, sind immer mehr Bauern gezwungen, in einem zweiten Beruf ein zusätzliches Einkommen zu erwirtschaften.

Wovon lebt der Bündner Bauer? In den Ställen stehen rund

Aus einem Bauernvolk ist in weniger als zwei Generationen eine Dienstleistungsgesellschaft geworden. Fast 60 Prozent verdienen ihren Lebensunterhalt in Serviceberufen: Die »Tourismusindustrie« erwirtschaftet die Hälfte des Volkseinkommens

90000 Stück Rindvieh, und obwohl in den Bergtälern auch Getreide und Kartoffeln gedeihen, liegt der Schwerpunkt nach wie vor auf Viehzucht, Milch- und Fleischproduktion. Zwar ist die Landwirtschaft durch Mechanisierung in den letzten Jahrzehnten deutlich leistungsfähiger geworden, dennoch trägt sie gemeinsam mit der Forstwirtschaft zum Bündner Volkseinkommen vergleichsweise wenig bei. Ohne die Kostenbeiträge aus der Bundeskasse in Höhe von rund 90 Millionen Franken jährlich müßten die meisten Betriebe aufgeben: Ein Bauer im Gebirge kann nicht mit den Landwirten im Schweizer Mittelland und schon gar nicht mit seinen Kollegen in der EG, die ebenfalls Subventionsempfänger sind, konkurrieren.

Mit einem Betrag zwischen drei- und vierhundert Millionen Franken sind Land- und Forstwirtschaft am bündnerischen Volkseinkommen beteiligt. Dennoch läßt sich ihre Bedeutung mit Zahlen allein nicht gewichten. Ohne Bauern, Förster und Waldarbeiter wäre es in absehbarer Zeit um einen Großteil der übrigen Wirtschaft geschehen. Sie verkörpern nicht nur ein Stück alpiner Kultur, sondern sie sind Hüter und Pfleger des wichtigsten Kapitals, der Landschaft. Werden die Alpentäler nicht mehr bewirtschaftet, so ändert sich ihr Antlitz rasch und unwiderruflich. Ungemähte Wiesen verbuschen und versteppen innerhalb weniger Jahre. Die Folgen, nicht zuletzt für den Tourismus, wären verheerend.

Der beispiellose wirtschaftliche Aufschwung der Schweiz nach dem Kriege verlief in Graubünden noch stürmischer als in den meisten anderen Kantonen, wenn auch ungleichmäßig. So hat das Gebiet um St. Moritz natürlich mehr von dem Boom profitiert als etwa das Calancatal oder Dörfer der Surselva. Ruedi Schäfli, Delegierter für Wirtschaftsförderung des Kantons Graubünden, faßt im Grauen Haus, dem Sitz der Bündner Regierung in Chur, die Triebkräfte der Nachkriegskonjunktur zusammen: Der Bau der großen Wasserkraftwerke in einer Reihe von Talschaften, der Anschluß des Kantons an das Nationalstraßennetz und die Aufwärtsbewegung im Fremdenverkehr seien die markanten Wirtschaftsimpulse gewesen.

Industrie und Handwerk sind in Graubünden mit knapp einem Drittel der Beschäftigten von nicht allzu großem Stellenwert. Bedeutende Industriebetriebe, wie sie für Mittelland-Kantone typisch sind, kann man fast an einer Hand

abzählen. An der Spitze rangiert die Ems-Chemie mit 1700 Mitarbeitern. Das große Potential an Arbeitskräften sowie das Angebot an Holz waren in den vierziger Jahren für die Standortwahl entscheidend.
Die Bauwirtschaft hat noch das größte Gewicht. Der Bau von Straßen, Wasserleitungen, Kanalisationen, Wildwasser- und Lawinenverbauungen erfordert im zerklüfteten, weitläufigen und dünnbevölkerten Kanton einen unvergleichlich höheren Aufwand als im Flachland.

Der Aufschwung in der Hauptstadt Chur und in den Fremdenverkehrsgebieten zog auch den Hochbau mit. Jährlich wird in Graubünden für 1,3 bis 1,4 Milliarden Franken gebaut – bezogen auf die Bevölkerungszahl weit mehr als in allen anderen Kantonen. Nicht zuletzt, weil der Verkauf von Häusern und Wohnungen an Ausländer erschwert und von vielen Gemeinden ganz gestoppt worden ist, beginnen sich Sättigungsgrenzen abzuzeichnen.
Die Bauwirtschaft, einst Motor der Bündner Konjunktur, wird inzwischen von vielen umweltbewußten Schweizern auf die Anklagebank gesetzt. Große Projekte stoßen auf Widerstand, Einheimische und Gäste erkennen die gravierenden Veränderungen in Landschafts- und Dorfsilhouetten. Der beunruhigend schlechte Zustand der Gebirgswälder hat sie aufgerüttelt: Mehr Straßen, mehr Ferienhäuser, mehr Bergbahnen – sie bedeuten unweigerlich eine höhere Belastung des fragilen alpinen Ökosystems. Die Zeiten der ungebremsten Expansion sind für die Bauwirtschaft vorbei. Sie wird sich künftig auf Reparaturen und Erneuerungen einstellen müssen und Arbeitsplätze verlieren.
Vor hundert Jahren tummelten sich die ersten Wintersportler auf den Abhängen rund um Davos und St. Moritz, durch Serviceleistungen nicht sehr verwöhnt. Heute sind im Bündner Dienstleistungsbereich mit 50 000 Menschen fast sechzig Prozent aller Arbeitskräfte tätig. Der Tourismus beschäftigt direkt oder indirekt die meisten der Köche, Zimmermädchen, Kurdirektoren, Skilehrer, Bankbeamten, Serviertöchter, Seilbahnoperateure, Helikopterpiloten und viele andere, die die Hälfte des Bündner Volkseinkommens von total 4,5 Milliarden Franken jährlich erwirtschaften.

Graubünden, bis an die Schwelle der sechziger Jahre Heimat vieler Arbeitskräfte für die Region Zürich und andere Wirtschaftsschwerpunkte des Landes, ist heute selbst zum Arbeitsplatz für viele Unterländer und Ausländer geworden. Allein rund zehntausend »Saisonniers« arbeiten im Winter vorwiegend in der Hotellerie. Heute könnte Graubünden den größten Teil seiner Bewohner ernähren, dennoch ziehen noch immer viele junge Leute ins Unterland. Früher mußten sie gehen, heute – so scheint es – wollen nicht wenige ihren Kanton verlassen. Neueste Statistiken zeigen jedoch, daß wieder mehr Einheimische in Graubünden bleiben oder dorthin zurückkehren. Doch so überraschend es klingen mag: Arbeitsplätze im Sektor Tourismus sind nicht besonders beliebt.
Ein weiteres Zeichen setzte die Olympia-Abstimmung von 1980: Obwohl die Bündner Regierung die Kandidatur für die Olympischen Winterspiele im Jahre 1988 vehement unterstützte, schickte das Stimmvolk die Vorlage mit großer Mehrheit »bachab«, und gerade aus Fremdenverkehrszentren kamen gewichtige Nein-Kontingente. Die Signale mehren sich, daß Graubünden nicht in erster Linie mehr, sondern qualitativ besseren Tourismus will, also nicht noch mehr Seilbahnen, Skilifte und Parkplätze, sondern optimale Auslastung der vorhandenen Einrichtungen.

Der riesige Aufschwung der sechziger und siebziger Jahre machte aus dem größten Kanton des Landes auch die weitaus gewichtigste Ferienregion der Schweiz. Vierzehn Millionen Logiernächte sind 1984 gezählt worden; für ein Gebiet mit 170000 Einwohnern eine enorme Zahl. Jede fünfte Ferienübernachtung in der Schweiz entfällt heute auf Graubünden. Neben klingenden Namen wie Arosa, Flims oder Pontresina locken inzwischen fast unbekannte, heimelige Dörfer wie Wiesen, Ramosch oder Andeer auf der Touristikkarte des Kantons: Ferienorte, die gerade darum attraktiv sind, weil der große Boom bei ihnen nie stattgefunden hat. Auch wenn sie noch einen Spielraum haben beim Ausbau ihrer touristischen Infrastruktur: Korrekturen an überholten Entwicklungsmodellen sind unausweichlich, wenn der Kanton das Kapital erhalten will, dem er seine Prosperität vornehmlich verdankt: die einzigartige Natur. □

Noch in den siebziger Jahren war Holz eine wichtige Einnahmequelle vieler Bündner Gemeinden. Heute ist – durch den Noteinschlag in den erkrankten Wäldern – zuviel Holz auf dem Markt. Die Preise brachen zusammen

DER MUT KAM MIT DER ANGST

Von Margrit Sprecher

Sie waren unerfahren im Umgang mit Spekulanten, die 49 Einwohner von Pagnoncini im Puschlav. Hinzu kam: Die Behörden und das ganze Tal waren gegen sie. Aber dann wehrten sie sich doch und kämpften für ihr Dorf

Der Alptraum dauerte zehn Jahre. Begonnen hatte er 1972, als Mario Crameri, Besitzer einer Tessiner Reinigungsfirma, ein Haus in Pagnoncini erbte und verlauten ließ, er wolle aus dem Weiler ein zweites Ascona machen.

Die Pagnonciner lächelten, wie man über die Pläne von Kindern lächelt.

Kurz darauf pflasterte der Tessiner ein Stück öffentliche Dorfstraße und baute ein romantisches Treppchen ein, garniert mit einem niedlichen Steinesel. Das paßte zwar ins herbe Dorf wie eine falsche Nelke ins Haar einer Bäuerin, es hatte aber durchaus seine Vorteile: Das Vieh konnte nicht mehr die Treppe hinuntergetrieben werden, und es verschmutzte damit auch nicht mehr die Straße vor Crameris Haus.

Als nächstes asphaltierte er den Dorfplatz zum Parkplatz: um die Natur, ganz nach den Wünschen der zukünftigen Gäste, naturfreier und handlicher zu machen. Daß er dabei auch den Dorfbrunnen versetzte und das Vieh am neuen, zu hohen Standort nicht mehr trinken konnte – bitte, das war nicht sein Problem.

Die Pagnonciner, ohne Erfahrung und damit wehrlos im Umgang mit solchen Neubürgern, schwiegen um des Friedens willen.

Dann kaufte Crameri Land und begann, Druck auf die Nachbarn auszuüben. Das Dorf erschrak zum ersten Mal. Solche Sprache waren die Menschen nicht

gewohnt. Sie begannen zu ahnen, daß ihre Friedfertigkeit als Dummheit galt, ihr Entgegenkommen als Gehorsam und daß sie keine Gesprächspartner waren, sondern Befehlsempfänger.
Als deshalb Mario Crameri Pläne für ein Hotel mit Nachtklub vorlegte, wehrten sich die Pagnonciner in ihrer Stammgemeinde Poschiavo – in Deutschland bekannt als Wahlheimat Wolfgang Hildesheimers – so heftig, daß das Bauprojekt abgelehnt wurde.
Zwei Jahre später feierte Crameri im Garten seines ererbten Hauses ein rauschendes Sommernachtsfest. Zu seinen Gästen gehörte sein Puschlaver Gewährsmann Nummer eins, Rechtsanwalt Felice Luminati, Behördenvertreter aus Poschiavo und – so die Bauern von Pagnoncini – »die halbe Lombardei«.
Keiner der Einheimischen hatte eine Einladung bekommen. Aber anstatt dankbar staunend hinter ihren Fenstern zu stehen und sich vom Abglanz der »großen Welt« bescheinen zu lassen, riefen sie nachts um zwei den Dorfpolizisten, um Ruhe zu schaffen: »Wir sind Bauern. Wir müssen schlafen.« Der Dorfpolizist, der seine Pflicht tat, wurde kurze Zeit darauf von seiner Behörde in Poschiavo entlassen.
Was in jener Nacht gefeiert wurde, erfuhren die Pagnonciner am 16. Juni 1975. An jenem Morgen drehten ihre Frauen vergebens an den Wasserhähnen, und in den Waschmaschinen wälzte sich die Wäsche trocken. Über ihre Wiesen zog sich eine neue, wüste Spur, auf der die Invasion der Baumaschinen rollte. Mario Crameri hatte zu bauen begonnen und einfach die Wasserleitung gekappt.
Die Pläne für dieses zweite Projekt hatten die Dorfbewohner nie gesehen, eine Bauausschreibung auch nicht. Aber Crameris Bevollmächtigte wiesen die Baubewilligung für einen Betonblock vor, in dem schließlich mehr Eigentumswohnungsbesitzer wohnen sollten als die 49-Seelen-Gemeinde Einwohner hatte: ein Monstrum aus Fertigelementen der Tessiner Firma Prefa, das bald aus dem kleinen, warmen Genist von Mauern und steinbedeckten Dächern wuchern sollte wie ein weißes Geschwür. Rechtsanwalt Luminati hatte es

möglich gemacht. Sein Name kam öfter über die Lippen der Männer als der Name des Spekulanten selbst. Denn sein Verrat wog schwer: Er war Gemeinderat von Poschiavo (also auch von Pagnoncini) und damit einer der ihren. Und als dieser mächtigste Puschlaver sie fragte, ob ausgerechnet sie, weltfremde Bauern, Fortschritt und Entwicklung aufhalten und aus dem Puschlav tatsächlich ein Reservat machen wollten, da wußten sie: Nicht nur er – das ganze Tal war gegen sie.

Nun fuchtelte in Pagnoncini keiner mit den Händen. Da war auch kein Stammtischgepolter. Vielleicht, weil es gar kein Wirtshaus gibt. Statt dessen traf man

Die Leute von Pagnoncini: bedrückt, belagert, isoliert und verlassen

sich in der Stube des Luigi Tuena, eines neunzig Jahre alten ehemaligen Maurers. Dort sahen die Männer von Pagnoncini, bedrückt, belagert, isoliert und verlassen von den eigenen Behörden, nun ein: Ohne juristischen Beistand ging es nicht mehr weiter.

Der junge Rechtsanwalt Plinio Pianta konnte am Fall Pagnoncini fast alles anwenden, was er eben an der Universität gelernt hatte. Zwar war es ein leichtes, einen provisorischen Baustopp zu erwirken, da allzu viele Formfehler gemacht worden waren. Schwieriger wurde es, diesen Baustopp auch durchzusetzen.

Den ersten Sommer seiner jungen Rechtsanwaltpraxis verbrachte er mehr oder weniger in der Baugrube, um Crameris Leute an der Arbeit zu hindern, die sich weder um Papiere noch um aufmarschierende Polizisten kümmerten. »So hatte ich mir die Arbeit eines Advokaten nicht vorgestellt«, seufzte seine ihm eben angetraute Frau. Er selber auch nicht.

Die Gegenpartei begann, die Daumenschrauben anzuziehen, unwillig über das Aufmucken von Bauern, mit denen niemand gerechnet hatte (außer daß sie später als wohlerzogenes Personal die Gäste umsorgen sollten). Zwei der Einheimischen ließen sich mit Versprechungen kaufen: einer, indem man ihm eine Stelle als Gärtner im neuen Betonblock in Aussicht stellte, der andere mit der Garantie, ihm seine Milch abzunehmen.

Dem unangenehm eifrigen jungen Rechtsanwalt Plinio Pianta dagegen offerierte man eine gute Stelle als Bundes-

Bald hatten alle siebzehn Familienväter eine Klage am Hals

gerichtsschreiber im weit entfernten Lausanne. Als er nicht zugriff, versuchte man, ihm das Leben mit einer Ehrverletzungsklage zu versauern.

Mit Prozessen versuchte man auch, die übrigen Pagnonciner einzuschüchtern und gefügig zu machen. Ein Beispiel von vielen: Crameris nächster Nachbar wurde wegen »Immissionen seines Miststocks« angezeigt. Als er, friedfertig, den Miststock mit Beton dicht machte, zeigte man ihn ein zweites Mal an: Er habe ohne Bewilligung der Gemeinde gebaut.

Bald hatten alle siebzehn Familienväter eine Klage am Hals. »Aber«, sagt einer, »richtig Mut haben wir erst bekommen, als sie uns Angst machten.«

Bis dahin hatten die Pagnonciner viele Stunden voller Zweifel und Niedergeschlagenheit erlebt. Wenn wieder eine Schlacht verloren war. Wenn die Gegenpartei immer wieder mit der »gültigen« Baubewilligung aus Poschiavo auftrumpfte und ihnen eine Rechnung wegen Bauverzögerung präsentierte, die sich Monat um Monat um Zehntausende von Franken erhöhte. Wenn andere Puschlaver fragten: »Schämt ihr euch nicht, im ganzen Tal Unterschriften für eure Sache zu erbetteln?« Wenn die eigenen Frauen, erschreckt über die inzwischen vierzig oder fünfzig Prozesse und die deswegen gemachten Schulden von 100000 Franken, verzagten: »Wir werden noch unser Haus verkaufen müssen . . .«

So kam es, daß sie manchmal beinah vergaßen, warum sie soviel Widerstand beweisen wollten, worum ihr Kampf eigentlich ging. Bis sie sich in der Stube des Luigi Tuena, den die Spekulanten mit 1000 Franken kaufen wollten, wieder Mut holten und die Gewißheit, daß der Mensch nun mal der Natur Respekt zu zollen habe. Daß die Dinge, auch die Erde, nur geliehen seien und daß man nicht zerstören dürfe, was einem nicht gehöre.

Hinzu kam, daß es in der Schweiz übergenug Beispiele für das gab, was ihnen die Politiker als Zukunft schmackhaft machen wollten. »Jetzt kostet unser Boden fünf bis acht Franken pro Quadratmeter. Ist die Spekulation einmal am Werk, steigt er mühelos auf das Hundertfache. Dann kann sich keiner unserer Söhne das Land seiner Väter noch leisten.«

Dann würden die Söhne Küchenburschen und Portiers und paßten sich, wie das Dorf, den Wünschen seiner Gäste an. Die Natur würde auf jenes Maß verdünnt, das die Ohren, Nasen und Augen der Gäste vertragen, bevor sie sich wieder hinter Glas und Beton zu ihresgleichen flüchten. Dann würde ein Heugebläse ruhestörender Lärm, ein Stall eine Geruchsbelästigung und die Heimat bloß noch Ferienkulisse sein. Und, so sagte es Roberto Battilana, der Kämpferischste aller Pagnonciner, auf dem Höhepunkt des Kampfes: »Morireremo tutti di malinconia.« (Wir werden alle aus Gram sterben.)

In der ganzen Schweiz sammelten Bürger, um dem Dorf zu helfen

Soweit kam es nicht. Das Pendel begann umzuschlagen, als eine neue Kommission das strittige Gebiet, über dem sich ein blauer Berg fast senkrecht türmt, endlich wegen Steinschlags als rote Gefahrenzone auswies. Bisher hatten dies die Behörden in Poschiavo, trotz dreier Expertisen, mit Erfolg hintertrieben. Im April 1982 bekamen die Pagnonciner Post vom Lausanner Bundesgericht: Der Spekulantenbau wurde verboten, die Schadenersatzklage Crameris und seiner Leute wegen Bauverzögerung und entgangener Mietzinse, die sich auf 700000 Franken belief, abgewiesen. Gleichzeitig sammelten in der ganzen Schweiz engagierte Bürger, um den Pagnoncinern bei der Bezahlung der 100000 Franken Gerichtskosten zu helfen: Die Schuld konnte ganz getilgt werden.

Happy-End? Für Pagnoncini vielleicht, nicht aber für das Puschlav. Denn in Mille Morti wird jetzt – weithin sichtbar im ganzen Tal – eine Ferienhaussiedlung mit vierzig Häusern geplant: starr wie eine Stauseemauer, monoton wie eine Talsperre. Und wieder geht das Tauziehen mit den Behörden von Poschiavo los. Wieder sucht der Gemeinderat von Poschiavo nach dem Haar in der Suppe, um die Proteste der Talbewohner abzuwimmeln. Wieder wird der mit Papier überflutete Weg durch die gerichtlichen Instanzen angetreten. Das Verwaltungsgericht im bündnerischen Chur hat, wie im Fall Pagnoncini, grünes Licht zum Bau gegeben. Jetzt liegt der Fall beim Bundesgericht. □

WIE DIE BERGE IN DIE SCHWEIZ KAMEN

Vier ketzerische Geschichten von Franz Hohler

Früher war die Schweiz eines der flachsten Länder der Welt. Zwar war das ganze Land voller Sesselbahnen und Skilifte, aber sie führten alle geradeaus. Die Bergstationen waren nicht höher als die Talstationen, und wenn die Leute ausstiegen, wußten sie nicht recht, was machen.

»Man sieht hier auch nicht weiter«, sagten sie und fuhren ratlos wieder zurück. Skier und Schlitten versorgten sie zuhinterst in ihren Kellern.

»Was uns fehlt«, sagten sie zueinander, »sind die Berge.«

Einmal nun wanderte ein kluger Schweizer nach Holland. Matter hieß er, Benedikt Matter.

Was er dort sah, erstaunte ihn. Das ganze Land war voller Berge, aber es gab weder Skier noch Schlitten, und schon gar keine Sesselbahnen oder Skilifte. Im Winter stiegen die Holländer zu Fuß auf die verschneiten Gipfel und rutschten in ihren Holzpantoffeln wieder hinunter. Aber nach einem Mal schon hatten sie genug. Die Pantoffeln füllten sich rasch mit Schnee, und sie bekamen nasse Füße.

»Es ist so mühsam«, sagten die Holländer zueinander. »Was uns hier fehlt, ist flaches Land.«

Benedikt Matter horchte auf. »Was würdet ihr denn mit dem flachen Land machen?« fragte er die Holländer.

»Tulpen pflanzen!« riefen sie sofort, »das gibt nicht viel zu tun!« »Das trifft sich gut«, sagte Benedikt Matter, »in der Schweiz gibt es fast nur Tulpen. Wir wissen kaum, wohin damit.«

Da beschlossen die Holländer, mit den Schweizern zu tauschen: Berge gegen Tulpen.

Die Schweizer begannen nun, alle ihre Tulpenzwiebeln in Kisten zu verpacken und nach Holland zu schicken.

Mit den Bergen war es etwas schwieriger.

Da erinnerte sich Benedikt Matter an das Bibelwort »Der Glaube versetzt Berge«.

»Wir müssen es nur glauben«, sagte er, »dann passiert es auch.«

Da gingen alle Schweizer und Holländer einen Tag lang in die Kirche und glaubten ganz fest, daß die Berge von Holland in die Schweiz kämen. Und siehe da, in Holland knirschte und krachte es, ein Berg nach dem andern riß sich vom Boden los, flog in die Schweiz und ließ sich dort nieder.

Endlich führten die Schweizer Bergbahnen und Skilifte in die Höhe, man hatte oben eine Aussicht auf andere Berge und konnte mit den Skiern hinunterfahren, und nun kamen die Leute von weit her, um hier Ferien zu machen.

Die Holländer aber brauchten sich mit den Bergen nicht mehr abzumühen. Jetzt war bei ihnen alles flach, und sie pflanzten überall Tulpen und verkauften sie in die ganze Welt.

So waren beide zufrieden, die Holländer und die Schweizer. Und weil der Mann, dem dies alles in den Sinn gekommen war, Benedikt Matter hieß, nannte man den schönsten Berg in der Schweiz zu seinen Ehren das Matterhorn. □

Die wilde Jagd am Oberalp

Erschien sie früher ab und zu bei Mitternacht und Vollmond einem Sennen, der darob zu Tod erschrak, so ist sie neuerdings an jedem schönen Sonntag im Sommer zu sehen.

Die unruhigsten Seelen aus dem Unterland tauchen bereits mit dem ersten Sonnenstrahl auf der Paßstraße auf. Gebannt sitzen sie am Steuer ihres Wagens, während sie von einer dunklen Macht, welche sie nachts schon aus den Betten trieb, unaufhaltsam aufwärts geschoben werden. Wer die bleichen Gesichter hinter den Frontfenstern gesehen hat, den gequälten Ausdruck des Fahrers oder den glanzlosen Blick seiner Beifahrerin, der weiß, daß sie diese Fahrt nicht aus freiem Willen unternehmen, sondern daß sie einem Zwang gehorchen. Besonders bedauernswert sind die Unseligen, die in einem Autobus zusammengepfercht der Höhe entgegenstreben und durch grünliche Scheiben verzweifelte Blicke auf die weidenden Kühe werfen, denen es vergönnt ist, am selben Ort zu bleiben oder gemächlich ein Bein vors andere zu setzen, während ihr Los sie weiterschickt, dem nächsten Paß entgegen.

Und zwischen den Paßfahrern auf vier Rädern preschen die zweirädrigen, bis zur Unkenntlichkeit vermummt in schwarzes Lederzeug, welches sie so grauenhaft zusammenschnürt, daß sie, wie Einheimische schaudernd erzählen, nach einem Sturz selbst mit gebrochenem Fuß noch gehen können. Sie sind zum steten Todesmut verflucht, der sie in unübersichtlichen Kurven auf die Gegenseite jagt, von der sie nur mit größter Not zurückschwenken können, den Überholten zu jähem Bremsen zwingend. Wo sie fahren, reisen Angst und Schrecken mit, meistens sind ganze Kolonnen von Dunkelgewandeten zusammen, und häufig hockt ein Weib auf ihrem Hintersitz, das sie voll Lust und Ohnmacht mit ihren schwarzen Armen umklammert. Rufen sie sich untereinander mit rauhen Stimmen etwas zu, sind das die einzigen Geräusche, die sich vom großen, tiefen Brummton der Paßprozession abheben.

Die Unglücklichsten jedoch arbeiten sich keuchend und mit gekrümmtem Rücken auf Leichtstahlfahrrädern empor. Die Qual des Aufstiegs versuchen sie mit bunter Kleidung zu vertuschen, aber wenn sie am Brunnen von Tschamut vom Sattel taumeln und mit verzerrten Mündern ihre Isostarflaschen auffüllen, dann wird deutlich, daß sie nicht hier oben sind, weil sie wollen, sondern weil sie müssen. Auch wenn sie sirrend talwärts sausen, dabei das Tempo der Autos überbieten, mit Geschicklichkeit auch Busse überholen, hört man keinen Jauchzer, sondern es steht ihnen eine Strenge im Antlitz, die etwas ahnen läßt von der geheimen Gewalt, die ihren Lenker führt.

Ein Bleiben gibt es nicht. Darüber täuschen auch diejenigen nicht hinweg, die auf einer alten Ausweichstelle in abgetretenem Gras ein Picknick einnehmen und, auf Klappstühlen sitzend, Getränke aus Thermosflaschen schlürfen, denn ihre Augen machen von der Schönheit der Landschaft keinen Gebrauch, sondern sind stier den Leidensgenossen zugewandt, dem Schicksal Straße nicht entrinnend. Auch die Rast auf der Paßhöhe ist von Ruhelosigkeit geprägt. Wohl werden auf den Restaurantterrassen Speisen aufgetischt und große Eisbecher herangetragen, doch öfter wird die Formel »chanigradzale« (kann ich grad' zahlen?) gemurmelt, und die Gespräche der dickleibigen Männer in blauen Unterleibchen, die sich schwitzend über ihren Schoppen hermachen, sind nicht frei und leicht und sonntagsfrisch, sondern kreisen in fataler Weise um das Gefährt ihrer Verdammnis. Die Frauen sitzen dumpf und dick daneben und schreiben Ansichtskarten an die Hinterbliebenen.

Erst wenn die Sonne untergeht, verschwindet allmählich auch der Spuk, der letzte Satteltaschenvelofahrer erkennt auf seiner Karte, die er vor die Lenkstange geklemmt hat, daß er die Höhe heute nicht mehr schafft und sucht Zuflucht im Massenlager. Der eine oder andere Automobilist flieht noch seinen Scheinwerfern nach in Richtung Tiefland. Der Blei- und Schwefelrauch, in den der ganze Zug sich hüllte, löst sich auf, die Luft wird sternenklar, und am Oberalp kehrt wieder die große Ruhe der Nacht ein, in welcher nichts mehr zu hören ist als das majestätische Dröhnen der Heutrocknungsanlagen und das plötzliche Verstummen der Bergbäche, die einer nach dem andern von den Fassungen des Curnerastollens verschluckt werden. □

Der Knecht

Als es an einem schönen Sommerabend bei Melchior Zinsli, einem Bergbauern im Safiental, nach dem Eindunkeln noch an die Türe pochte, war er überrascht. Sein Heimwesen war sehr abgelegen, und es war selten, daß um diese Zeit jemand anklopfte. Seine Überraschung legte sich aber wieder, als er sah, wer vor der Türe stand: Es war der Papst.

»Willkommen«, sagte Zinsli, »tretet ein. Ihr kommt gerade zur rechten Zeit.«

»Ja«, sagte der Papst in gutem Hochdeutsch, »als ich gestern den Wetterbericht hörte, dachte ich, jetzt oder nie.«

»Seid Ihr allein?« fragte Zinsli und warf noch einen Blick vors Haus, bevor er die Tür hinter seinem Gast zuzog.

»Ja«, sagte der Papst, »es war nicht ganz einfach, aber ich habe einen Freund in der Schweizergarde, der hat mir geholfen.«

Er zog sein weißes Käppchen ab und legte es erleichtert auf den Stubentisch.

Melchior Zinsli hatte keine weiteren Fragen, hieß den Papst sich setzen und stellte ihm sogleich einen starken Milchkaffee mit Brot und Alpkäse auf den Tisch. Der Papst sprach allem kräftig zu und wollte bald zu Bett gehen. Er freute sich, als ihm Melchior Zinsli die Knechtekammer zeigte mit dem schweren Bett und der großen gewürfelten Bettdecke. Da der Papst ohne Gepäck gekommen war, bot ihm Zinsli auch ein altes, aber sauberes Nachthemd an und für den morgigen Tag ein Paar Drillichhosen und ein Militärhemd.

»Wann stehen wir auf?« fragte der Papst noch, bevor er zu Bett ging.

»Ich muß um fünf Uhr zu den Kühen, aber für Euch langt es, wenn ich Euch um halb sieben Uhr wecke.«

»Herrlich«, sagte der Papst und strich mit der rechten Hand über die Bettdecke, »eine Stunde später als im Vatikan.«

Am andern Morgen war er richtig ausgeschlafen, als Melchior Zinsli die Tür einen Spalt öffnete und der Kaffeeduft in sein Zimmer strömte. Die ersten Sonnenstrahlen fielen gerade durchs Fenster, und es versprach ein wunderbarer Tag zu werden.

Melchior Zinsli hatte im Sinn zu heuen, deshalb hatte er dem

Papst auch einen Brief geschrieben. Er hatte im »Landwirt«, einer Zeitschrift für die Bauern, gelesen, daß der Papst sich in einer Ansprache an eine Bauerndelegation der Europäischen Gemeinschaft als Knecht der Menschen bezeichnet hatte, und da hatte er sich hingesetzt und ihm geschrieben, daß er seine Bergbauernwirtschaft alleine betreiben müsse und dringend einen Knecht brauchen könne, vor allem zur Zeit des Heuets, und ob er ihm nicht zwei, drei Tage helfen kommen könne. Dazu hatte er ihm auf einem Plänchen eingezeichnet, wie man sein Haus fand.

Und so schritt nun der Papst den ganzen Tag hinter Melchior Zinsli und seinem »Rapid« her und verzettelte das Heu, und am nächsten Tag machten sie mit den Rechen prächtige Schöchlein, und am dritten Tag luden sie die Schöchlein auf den Brückenwagen und gabelten alles ins Ansauggebläse der Scheune hinein, und dazwischen aßen und tranken sie Roggenbrot, Bündnerfleisch und Birnenmost und sprachen über Gott und die Welt, Zinsli mehr über Gott und der Papst mehr über die Welt. Und als die drei Tage um waren, wunderten sich die Bauern an den Nachbarhängen, woher sich der Melchior, der nicht als der Schnellste galt, plötzlich einen Knecht geholt hatte, und einen tüchtigen dazu.

Der Papst hatte Bäcklein wie Berner Rosen, er hatte in dieser Zeit keine einzige Messe gelesen, geschweige denn sein Brevier, aber er habe, sagte er Melchior Zinsli zum Abschied, schon lange nicht mehr das Gefühl gehabt, etwas so Vernünftiges zu tun wie in den drei Tagen, und er solle ihm schreiben, wenn er wieder Hilfe brauche, nächstes Jahr würde er gerne selbst mit dem »Rapid« die Hänge abmähen, er knattere so schön.

Dann stieg er in den Helikopter der Rettungsflugwacht, mit dem ihn der Schweizergardist wieder abholte, und während er winkend himmelwärts entschwebte und bald als winziger Punkt zwischen dem Piz Beverin und dem Bruschghorn verschwand, ging Melchior Zinsli nachdenklich in sein Bauernhaus und schrieb noch am selben Abend einen Brief an eine Heiratsvermittlung. Denn obwohl er nicht daran gezweifelt hatte, daß der Heilige Vater seine Einladung annehmen würde, war ihm doch klar, daß auf diese Art von Hilfe auf die Dauer kein Verlaß war, und ein zweites Mal würde er den Papst ohnehin nicht mehr einladen, denn an den »Rapid« gehört nun einmal der Meister und nicht der Knecht. □

Die Bergstation

Ich mache jedes Jahr einmal eine Wanderung in den Bergen und nehme nur Rucksack und Schlafsack mit. Mehrere Tage lang wandere ich dann, wo es mir gerade gefällt, und übernachte in Heustadeln oder Schafställen, bei Sennen oder in Alpenklubhütten, manchmal auch im Touristenlager eines Berggasthofs. Auf einer solchen Wanderung kam ich einmal, als ich gegen Abend den langgezogenen Grat eines Berges hinunterschritt, zur Bergstation eines Skilifts. Es war einer jener Skilifte, die weit über die Waldgrenze hinausführen, zu einem im Sommer völlig verlassenen Grat, über den winters sicher ein eisiger Wind pfeift, der einen sofort talwärts treibt. Als ich eine kleine Rast machte und um die Bergstation herumging, bemerkte ich, daß ein kleiner Schuppen offenstand, in welchem ein Rettungsschlitten mit einigen Wolldecken lag. Da es mir auf diesem Grat gefiel, beschloß ich, hier zu bleiben und mich für die Nacht auf dem Rettungsschlitten einzurichten. Ich

kochte mir auf meiner Biwakflasche eine Tütensuppe, schaute dem Sonnenuntergang zu und verkroch mich beim Eindunkeln in den Schuppen.
Als ich erwachte, begann schon der Morgen zu dämmern. Es war aber nicht das Licht, das mich weckte, sondern das Geräusch des Skilifts, der in Betrieb war. Ich konnte das fast nicht glauben, aber dennoch hörte ich deutlich, wie ein Bügel nach dem andern klappernd um das große Rad fuhr. Einer davon schlug mehrmals an die Wand, als habe ihn soeben jemand losgelassen. Ich wickelte mich aus den Wolldecken, zog den Reißverschluß meines Schlafsacks auf, erhob mich von meinem Rettungsschlitten und trat aus dem Schuppen. Da sah ich, wie vor der Bergstation ein Mann mit raschen Griffen zwei Felle an seinen Skiern befestigte, die Skier an seine Füße schnallte und dann auf den Grasnarben in die Höhe zu steigen begann. »Hallo!« rief ich ihm zu, fand aber keine weiteren Worte. Der Mann drehte sich flüchtig nach mir um. »Keine Angst«, rief er zurück, »dies ist eine Ausnahme!« Dann stieg er, während der Skilift ächzend zum Stillstand kam, den Grat hinauf, den ich gestern heruntergekommen war, und ich schaute ihm nach, bis er verschwunden war.
Kurz nach Sonnenaufgang ging ich noch einmal diesen Grat hinauf bis zum Gipfel, das Gelände war völlig schneefrei, und auf dem ganzen Berg fand ich keine Spur dieses Mannes; auch ein Paar, das von der anderen Seite heraufgekommen war und vor mir oben war, hatte niemanden gesehen, schaute mich im übrigen auf meine Frage hin recht zweifelnd an. Und ich muß sagen, soviel ich in der Zwischenzeit über den Vorfall nachgedacht habe, so wenig vermag mich die Erklärung zu befriedigen, daß es sich hier um eine Ausnahme handle. □

Fortsetzung von Seite 107

mierte aus der Kapuzinerpredigt: »Der Rheinstrom ist ihm geworden zum Peinstrom.«
Er ertrug es geduldig, die Zielscheibe satirischen Bedauerns zu sein, überzeugt im Herzen, daß man ihn um ein Abenteuer beneide, das er, durch einige zwanzig Schuh Erhöhung der verräterischen Schneebrücke und allerlei Zutaten gleichen Gehalts gehörig verbrämt, nun um keinen Preis mehr hergegeben hätte. Als aber endlich die Kumpane im bekannten Rheinweinlied, auf den Schiffbrüchigen weisend, parodierten:

Der arme Tropf, wie auf verfehltem Wege, / Er elend plumpst hinein, Schrieb's er uns nur, daß er dort traurig läge, / Wir brächten ihm den Wein.

Als dann mit verdoppelten Schreiregistern sie fortissimo brüllten: Gesegnet sei der Rhein, da nahm auch er das Wort und extemporierte in komischem Zorn, allegro furioso:

Seht nur erst hin, / Die Quelle aufzusuchen, / Und plumpst wie ich hinein, / Statt segnen hör gewiß ich Euch dann fluchen, / Der Teufel hol' den Rhein.

Gleich wie unter hundert Komödien, der Anfang mag noch so verschieden lauten, neunundneunzig auf die nämliche Art ausgehen, das heißt, daß sich alles verheiratet, was der Dichter füglicher- und unfüglicherweise zusammenzuintrigieren wußte, so endigte auch dieses Gelage, gleich jedem anderen, mit heruntergebrannten Lichtern, schweren Köpfen und bedeutend erleichterten Beuteln.
Ist es richtig, daß, je kürzer und unbedeutender eine Erzählung am Ende ausfällt, der Erzähler eben um so mehr berechtigt, oder, besser gesagt, verpflichtet sei, durch moralische Nutzanwendung das Fehlende einigermaßen zu ersetzen, so werde ich mich dieser Schuldigkeit diesmal allerdings nicht leicht entschlagen können. Denn ich fürchte nur zu sehr, es möchte etwa mancher auf das Geschichtchen den schlechten Witz anwenden wollen, mit dem ein italienischer Gastwirt uns seine ebenso schlechten Früchte vorstellte: »Sie sind zwar klein, aber – geschmacklos.«
Ich könnte nun allerdings viel Erbauliches sagen über die Anteilnahme des menschenfreundlichen Wirts am verloren geglaubten Fremdling und so weiter. Aber dadurch irgendeinem seiner cis- oder transalpinischen Kollegen Gefühle einflößen zu wollen, welche die Natur ihm versagt oder die Atmosphäre der Schenkstube schon längst wieder in ihm erstickt hat, wäre eine eitle Hoffnung. Drum halte ich es für zweckdienlicher, ein paar Regeln für Reisende, in recht eindringlicher Form abgefaßt, hier anzuhängen. Der Anlaß ist in der Tat so günstig, daß ich mir schmeicheln darf, sie gehen nicht, so wie man zu sagen pflegt, zu einem Ohr hinein und zum andern hinaus. Sollte ich nun so glücklich sein, durch ihre Bekanntmachung irgendeinem Vaterland irgendeinen Sohn zu retten (den Töchtern darf man Vorsichtsmaßregeln wie etwa die Beigesellung eines tüchtigen Begleiters nicht erst empfehlen), so bin ich für alle Mühe ja reichlich belohnt und, was noch mehr ist, über alle guten und schlechten Kritiken getröstet.
Erste Regel: Getraue in der Bergluft deinen Kräften nicht zuviel, ohne daß dein Magen hinlänglich bedacht sei. Wer glaubt, diesen unerbittlichsten aller Gläubiger in einer Höhe von fünf- bis sechstausend Fuß über dem Meer mit der nämlichen Ration befriedigen zu können wie in dem dickeren Dunstkreis der niederen Regionen, möchte sich ungefähr gleich stark irren wie der Ehemann aus der Provinz, wenn er mit seiner jungen Frau die Residenz während des Karnevals besuchen wollte, ohne seinem Geldbeutel eine erkleckliche Extrazulage zu sichern; denn die Reinheit der Atmosphäre in den Schweizer Bergen arbeitet im Magen des Ausländers mit nicht viel geringerem Erfolg als die Karnevalstoilette einer eitlen Frau in der Kasse des gefälligen Ehemanns. Genährt sein ist ebenso unerläßlich für jenen, um bei Kräften wie geputzt sein für diese, um bei guter Laune zu bleiben.
Zweite Regel: Läßt Fülle von Selbstvertrauen oder Leere im Beutel dir's nicht zu, einen Wegweiser in die Berge mitzunehmen, so ist zwar, um den Ursprung eines Flusses aufzufinden, die vom Berliner Wanderer gewählte Methode allerdings die richtige. Dabei aber sieh dich wohl vor, wo du deinen Fuß hinsetzt, und bedenke, daß ein philosophisches System zu betreten, dem die Grundlage fehlt, nicht halb so gefährlich ist wie die gewölbte Schneedecke über den schäumenden Fluten eines wilden Waldstroms; denn eine solche Brücke steht, an einem heißen Julitag, nicht fester als ein ewiger Friede.
Dritte Regel (die ist die allgemein nützlichste, indem man sie auf die berühmten und nicht berühmten Seen, Flüsse und Bäche aller Länder anwenden kann): Fällst du ins Wasser, und es ist niemand da, der dir heraushilft, so – tu' es selbst. □

Das Heidi zeigt dem
reichen Herrn Sesemann
aus Frankfurt seine
Berge. Mit von der Partie:
der Geißbock Türk,
die beiden Geißen
Schwänli und Bärli
und der Geißenpeter.
Zeichnung: Tomi Ungerer

Für MERIAN las der Schweizer Autor noch einmal den weltbekannten Roman, der seine Kindheit geprägt hat – und erlebte eine Überraschung nach der anderen

Heidis verlorene Unschuld

Von Niklaus Meienberg

Heidi hat mir einen Vorgeschmack der Alpen und ihrer Reinheit gegeben, als ich kaum richtig lesen gelernt hatte, und da war ich etwa so alt wie der Geißenpeter, der seinerseits nicht lesen konnte, und die Alpen hatte ich damals noch nie gesehen. Das Buch war kartoniert, abgegriffen, die Illustrationen halfen der Phantasie, die durch das stockende Lesen eher gehemmt wurde, auf den Sprung, so daß die Hügel, in welche meine ostschweizerische Vaterstadt eingebettet war, beim Lesen ins Unermeßliche, Spitzige wuchsen und die kleine Schwester, die auf -i auslautete, aber leider, wie ich damals fand, nur Ursi und nicht Heidi hieß, durchaus bukolische Züge annahm. Ein Großvater – Alpöhi! – war in der Familie leider nicht mehr vorrätig, aber die Großmutter gab es noch, eine ausgesprochen gütige Person, die den Vergleich mit der Sesemannschen Großmama nicht zu scheuen brauchte, so daß die reale Ahnfrau mit der geschilderten zu einem Inbild verschmolz. Die Großmutter nannte man im Schweizer Dialekt übrigens Grosi, so wie man den Taufpaten Götti nannte, während der Vater Vati hieß. Vati, Grosi, Götti, Ursi, Heidi – das Geschöpf der Hanna Spyri paßte nahtlos in die Familie, zu der auch Chläusi, wie ich damals genannt wurde, gehörte. Und es blieb nicht aus, daß ich begann, meine Schwester Ursi an Heidi zu messen, und obwohl Ursi mit ihren blonden Zapfenlocken einigermaßen bezaubernd wirkte, fiel der Vergleich nicht zu ihren Gunsten aus, weil sie nämlich noch nie im Ausland gewesen war und außerdem auch nichts von den Geißen und der Geißenmilch und dem Alpglühen zu erzählen wußte – in unserer Nachbarschaft gab es fast nur Schafe und Kühe. Wie dumm die Kühe doch waren, wie blöd die Schafe, verglichen mit den witzigen Ziegen (Schwänli & Bärli). Die unerlaubt brutalen, formlosen Kuhfladen, der unästhetische Schafdreck ließen bereits auf einen schlechten Charakter dieser Tiere schließen, während die Geißen zierliche Geißenbölleli, wie man das im Dialekt nennt, hinterließen, etwas Abgerundetes, fest Umgrenztes, sozusagen Schweizerisch-Sauberes, eine miniaturisierte Version der Roßbollen.

Ursi muß schwer darunter gelitten haben, daß ich sie immer mit Heidi verglich, denn Heidi war damals realer und zugleich idealer als die leibhaftige Schwester, welche den Anforderungen, die der Bruder an sie stellte, nicht gewachsen war. Das wurde schon durch die Tatsache erhärtet, daß Ursi, obwohl vom Bruder mehrmals ermuntert, sich durchaus nicht dazu entschließen konnte, als Nachtwandlerin das Haus zu verlassen, wie Heidi das mehrmals getan hat (in Frankfurt).

Auch das Heimweh habe ich dank Johanna Spyri trainiert, bevor ich es erlebte, Heidis Heimweh, ebenfalls den Haß, Heidis Haß auf Fräulein Rottenmeier, die Fürchterliche, die ich ohne Federlesen hätte umbringen können. So wurden Gefühle eingeübt, bevor sie noch ein wirkliches Objekt hatten. Emotionale Trockenschwimmkurse. Als das wirkliche Heimweh zum ersten Mal kam, in den Ferien beim Götti, konnte ich auf Heidis Heimweh nach den Alpen – die ich, wie gesagt, noch nie gesehen, und nach denen ich also kein Heimweh haben konnte – zurückgreifen. Es hatte mir vorgeweint, und ich mußte nur in seine Fußstäpfchen treten, schon ging es mir beträchtlich besser.

Mit dem Haß hingegen war es schwieriger, ein derart tiefes Gefühl, wie es Fräulein Rottenmeier provozierte, eine so durch und durch giftige, hassenswerte Person war weder in der Familie noch sonst im Bekanntenkreis aufzutreiben, und so blieb denn der Haß lange Zeit bis weit über die Primarschulzeit hinaus ein freischwebender, freischaffender, ein durch und durch rottenmeierisch geprägter, der sich seinen Gegenstand erst suchen mußte und dann relativ spät im Lateinlehrer fand. Vielleicht hat die frühe Heidi-Lektüre diesen Nachtmahr recht eigentlich erschaffen, vielleicht war er in Wirklichkeit nicht so schlimm, hatte nur einige gouvernantenhafte Züge mit Fräulein Rottenmeier gemeinsam, und die restlichen habe ich ihm dann großzügig angedichtet, um den Prototyp namens Rottenmeier endlich in der Wirklichkeit erleben zu dürfen.

Er hat mir die negativen Gefühle alsbald reichlich zurückerstattet, und so waren die miserablen Lateinnoten schließlich Johanna Spyri zu verdanken. Der Fami-

War mit dem »alten Raubvogel« vielleicht der muntere Großvater gemeint?

lienrat beschloß, mich in eine alpine Lateinschule zu stekken und aus dem Dunstkreis jenes Lehrers zu entfernen, und dann wurde ich im bündnerischen Internat zu Disentis, wo es damals noch massenhaft Geißen gab, eingeweckt. Dort habe ich fünf Jahre in einer Landschaft, die in den fünfziger Jahren noch fast so unschuldig war wie jene von Maienfeld, also die Heidi-Urlandschaft, inmitten von Bergen und Benediktinern leben dürfen, die Luft war würzig, die Gräslein auch, der klösterliche Studentenfraß weniger, und der gregorianische Choral vermischte sich mit dem Geißenglöckleingebimmel. Aber von anmutigen Mädchen, den Maitli, nicht die Spur.
Das ideale Heidi hätte jetzt ein wenig älter sein müssen als jenes im Buch, und den Blick auf ein solches konnte man nur in der Maiandacht erhaschen, denn das Internat war eine reine Männergesellschaft. Jedweder Verkehr mit dem anderen Geschlecht war untersagt; das Träumen nicht. Unsere zölibatäre Phantasie blühte mindestens so stark wie die von Johanna Spyri, welche die Traumfigur des Heidi als alleinstehende, verwitwete Matrone geschaffen hat.
Mit den Jahren habe ich Heidi leider anders lesen gelernt, seine Unschuld hat gelitten. Schuld daran ist Fredi Murer.

In »Höhenfeuer«, einem Spielfilm, der mit großem Erfolg in Zürich lief und beim Filmfestival von Locarno den ersten Preis erhielt, läßt Murer in realistisch geschilderter Bergbauern-Familienatmosphäre zwei Geschwister auftreten, die mit den Eltern nicht zurechtkommen (während die Großeltern – wieder eine gütige Großmama – positiv gezeichnet sind). Der Bub hat Sprachhemmungen, die Bergeinsamkeit hilft ihm nicht, seinen erwachenden Sexualtrieb in normale Bahnen zu lenken, die Eltern sind ziemlich verständnislos, das Mädchen ist dem Buben überlegen, hilft ihm beim Lesen-und-Schreiben-Lernen, schließlich gehen sie miteinander so hoch hinauf, bis es nicht mehr weiter geht, und lieben sich im Angesicht der Berge, in der freien Natur. Der Bub zeigt sich dem Vater gegenüber weiterhin störrisch, der Vater bedroht ihn mit dem Gewehr, die beiden raufen miteinander, ein Schuß geht los, es trifft den Vater, die Mutter trifft der Schlag, die beiden werden von den Geschwistern aufgebahrt und im Schnee begraben. Also eine Inzest-Geschichte, wie sie in der Bergeinsamkeit vorkommen mag, mit blutigem Ende. Das Zürcher Publikum hat die Geschichte plausibel gefunden, man hält so etwas durchaus für möglich, die Story könnte, so sagt Murer, selbst ein gebürtiger Urner und Kenner der Bergler, so oder ähnlich passieren, und daß sie nicht aus der Luft gegriffen ist, wird von etlichen Volkskundlern bestätigt.
Es ist noch nicht lange her, da wurden vom Zürcher Publikum die Heidi-Filme begeistert und in aller Unschuld beklatscht, ein knorriger Alpöhi mit dem glutschigen, anmächeligen Maitli allein in der Hütte, und was hat man sich dabei gedacht? So ein zutraulich Kind, so ein alleinstehender Mann, es webt die Sympathie ihre unsichtbaren Fäden zwischen den beiden, und ein bißchen wird man einander wohl noch streicheln dürfen, und das Kind sitzt am Abend doch sicher ein wenig auf den Knien des Alten, der einen prächtigen Kopf hat und in der Bergluft auch ganz munter geblieben ist? Und die würzige Luft trägt doch sicher auch das ihrige dazu bei? Gestreichelt ist schnell einmal. Der Alte ist vom Leben enttäuscht, so steht es bei Johanna Spyri, und da kommt das junge Blut quicklebendig auf ihn zu, da wird er doch wohl einmal streicheln dürfen, oder? Daß der Alte abartig, also z. B. Exhibitionist gewesen sei, wollen wir nicht annehmen, aber immerhin, die Situation ist verfänglich (außerdem: was einsame Sennen mit ihren Tieren treiben, ist manchmal auch im Tal bekannt geworden). Es war doch wirklich so, daß –
»Heidi erwachte am frühen Morgen an einem lauten Pfiff, und als es die Augen aufschlug, kam ein goldner Schein durch das runde Loch hereingeflossen auf sein Lager und auf das Heu daneben, daß alles golden leuchtete ringsherum. Heidi schaute erstaunt um sich und wußte durchaus nicht, wo es war. Aber nun hörte es draußen des Großvaters tiefe Stimme, und jetzt kam ihm alles in den Sinn, woher es gekommen war ... und es erinnerte sich, wie viel Neues es gestern gesehen hatte und was es heute wieder alles sehen könnte ... Heidi sprang eilig aus seinem Bett und hatte in wenigen Minuten alles wieder angezogen, was es gestern getragen hatte, denn es war sehr wenig.«
Da kann man sich wirklich fragen, wie wenig Johanna Spyri beim Erschaffen ihrer Geschöpfe und beim Schildern der Situation sich gedacht hatte, wie wenig die viktorianisch empfindende Frau phantasieren durfte, oder doch, und wie viel sie ausklammerte. Und der Geißenpeter, der überall »pfeifen und rufen mußte und seine Rute schwingen«, war denn der ein Unschuldsengel? Keineswegs zu jung, um Doktor zu spielen (Doktorlis nennt man es in der Schweiz), und auf der Alp ist man unbeobachtet und vor Lehrern sicher und vor Strafe. »Wo bist du schon wieder, Heidi?« rief er jetzt mit ziemlich grimmiger Stimme. »Da«, tönt es von irgendwoher zurück. Sehen konnte Peter niemanden, denn Heidi saß am Boden hinter einem Hügelchen, das dicht mit duftenden Prünellen (sic!) besät war; da war die ganze Luft umher so mit Wohlgeruch erfüllt, daß Heidi noch nie so Liebliches eingeatmet hatte. Es setzte sich in die Blumen hinein und zog den Duft in vollen Zügen ein.
»Komm nach«, rief der Peter wieder. »Du mußt nicht über die Felsen hinunterfallen, der Öhi hat's verboten.« »Wo sind die Felsen?« fragte Heidi zurück, bewegte sich aber nicht von der Stelle, denn der süße Duft strömte mit jedem Hauch dem Kinde lieblicher entgegen. »Dort oben, ganz oben, wir haben noch weit, drum kommt jetzt! Und oben am höchsten sitzt der alte Raubvogel und krächzt!«

Da hätte ein unbefangener, aber genau und liebevoll lesender Leser doch wirklich schon lange auf den Gedanken kommen können, daß mit dem »alten Raubvogel« der muntere, äußerst gut erhaltene Großvater gemeint ist, welcher mit dem Geißenpeter erbittert um die Gunst der Heidi rivalisiert; und was mit den Felsen, über die das Mädchen nicht hinunterfallen darf (freier Fall! Flug! Angst vorm Fliegen!), gemeint ist, liegt auch auf der Hand. (... »der Öhi hat's verboten«.) Beide Männer, der Alte und der Adoleszent, hatten vermutlich ihr Augenmerk auf die duftenden Prünellen ge-

Nur die Japaner haben ein ungebrochenes, unerotisches Verhältnis zur Alpenwelt

richtet, und die olfaktorische Gewalt der ungestüm ihren Duft verströmenden Bergpflanzen-Welt, das verführerische alpine Parfüm, hat bestimmt nichts zur Triebdämpfung beigetragen.

Wen wundert's da noch, daß »der Peter eingeschlafen war nach seiner Anstrengung«, und »Heidi hatte unterdessen sein Schürzchen losgemacht« und »es war ihm so schön zumut, wie im Leben noch nie«. Im Schürzchen befinden sich unterdessen all die sorgsam gepflückten (gebrochenen?) verschiedenartigen Bergblumen, Alpenrosen etc., sah ein Knab' ein Röslein stehn. Der gepflückte Flor – Deflor-atio. Und wirklich, Johanna Spyri trägt die Farben immer dicker auf (nur hat sie das nicht merken wollen), ohne den Sachverhalt – wie Fredi Murer das tut – präzis beschreiben zu können. Das war eben damals, im ausgehenden 19. Jahrhundert, noch nicht möglich.

Heute, spätestens seit Murers »Höhenfeuer« hat das Heidi die Unschuld verloren. Man wird das Buch kaum mehr so naiv in den Schulen lesen, und die Eltern werden es nicht mehr ihren Kindern als »Bettmüpfeli« (Zückerchen vor dem Einschlafen) darbieten dürfen wie bisher. Das wird auf die Dauer nicht ohne Einfluß auf die Heidi-Industrie bleiben. Nur die Japaner, welche ein ungebrochenes, unerotisches Verhältnis zur Alpenwelt haben und in dieser Geschichte weiterhin keine Doppelbödigkeit vermuten dürften, werden weiterhin ihre quicken Heidi-Filme drehen, und der Kurort St. Moritz, der sich auf den Fremdenverkehrswerbungsplakaten frech als »Heidiland« anpreist, obwohl jedermann weiß, daß Johanna Spyri ihre Figuren sehr weit davon entfernt, nämlich in und oberhalb von Maienfeld, angesiedelt hat, wird wacker weiter werben. Aber der Mythos ist dechiffriert. Woran sollen sich die Auslandsschweizer fortan aufrichten? Wer bläst ihnen hinfort Mut ein?

Zwischenbemerkung: Die Entmythologisierung unserer alpinen Jeanne d'Arc kann man nicht zur Gänze Fredi Murer anlasten, dem Historiker obliegt's, die Gewichte gerecht zu verteilen – Hansjörg Schneiders, des Dramatikers, Verantwortung darf nicht allzu gering veranschlagt werden. Dieser Schneider hat bereits vor Jahren eine Figur namens Sennenuntschi erfunden, und bereits damals konnte man sich vorstellen, was die Sennen auf der Alp in ihren Mußestunden treiben und Rückschlüsse auf den Alpöhi ziehen und ausmalen, was Frau Spyri ausgeklammert hatte. Sennenuntschi nennt der Senn nämlich eine lebensgroße, aus Holz geschnitzte Frauenfigur, mit der er es treibt. Das Stück über die alpische, alptraumhafte Männereinsamkeit wurde und wird immer noch mit großem Erfolg gespielt. Aber die Schneidersche Variante hat nicht im gleichen Ausmaß zur Mythenzerstörung beigetragen wie die Murersche, erstens, weil sie ein bißchen hölzern wirkt, und zweitens, weil das Kino auch in der Schweiz mehr Zuschauer erfaßt als das Theater.

Und nun endlich ein Spaziergang. Die Gegend von Maienfeld, in der Frau Spyri, geb. Heusser, ihr Personal angesiedelt hat, ist von einer südlich anmutenden Großzügigkeit. Oder Weitschweifigkeit? Man wähnt sich im Veltlin, es wächst auch ein entsprechender Wein, der sogenannte Herrschäftler (Maienfelder, Jeninser, Malanser), und die Berge erheben sich hier nicht wie Bretter vor dem Kopf, stehen als weit weg gerückte, entrückte Kulisse am Horizont. Man hat Platz, die Gedanken können schweifen. Herbstluft liegt dunstig über der Talsohle, die Trauben reifen prächtig. Uralte Steinmauern fassen die Wiesen ein, Mostbirnen liegen zerplatzt auf einer Naturstraße, Wespen summen, eine alte Römerstraße führt nach Chur (Curia Rhaetorum, so hat die Stadt doch wohl geheißen?), und natürlich wird die Ruhe wieder von einem dieser kostbaren schweizerischen Düsenflugzeuge zerspellt.

Wenn man den Berg hinansteigt, dort, wo auch Frau Spyri hinangestiegen war und sie blitzhaft, nachdem ihr einige Geißen zu Gesicht gekommen waren, und vermutlich auch ein bärtiger Senn, die Heidi-Idee hatte, als sie bei der Familie von Salis in der Sommerfrische weilte (in Jenins; das Salis-Haus ist heute Pfarrhaus), sieht man heute keine Geißen mehr. Die paar spärlichen überlebenden Tiere werden heute nur noch von müden Hirten zur Selbstversorgung gehalten, vereinzelt, bald wird man ein paar ausgestopfte Exemplare im Heimatmuseum besichtigen können, neben den alten Söldnerharnischen und -hellebarden.

Als Romanschriftstellerin hatte es Frau Spyri nicht einfach. Die großen kriegerischen Themen waren besetzt von den Männern, Conrad Ferdinand Meyer, mit dem sie einen lebhaften Briefwechsel führte, schickte sich an, die bündnerische Kriegs- und Freiheitsgurgel Jürg Jenatsch literarisch zu verbraten, außerdem auch diesen Duc de Rohan, der die Burgunderreben gebracht hatte, und Gottfried Keller war bereits als Sänger der jungen Demokratie aufgetreten. Blieb ihr als Marktlücke nur die Idylle, und da sprang sie schwupps hinein und kolonisierte literarisch die Bündner Alpenwelt auf ihre zürcherische Weise (Meyer und Spyri wichen nach Graubünden aus, der erste in die Historie, die zweite in die Idylle; Keller blieb in Zürich und schrieb realistisch). Sie kolonisierte Graubünden, das heißt, sie verlegte ihre Sehnsüchte in die nach ihrer Ansicht heile Alpenwelt und erfand also einen ihrer 36 Romane in dieser Gegend – das Heidi. Seither ist die Gegend von Mythos überkrustet.

Als Tochter eines Arztes und einer schriftstellernden Mutter hatte sie eine, wie man wohl sagen darf, glückliche Jugend in Hirzel, auf einer welligen Anhöhe bei Zürich, in ungetrübt ländlicher Umgebung verlebt, sich dann mit dem ebenso staubtrockenen wie tüchtigen Juristen Johann Bernhard Spyri (1821–84) vermählt, der ihre dichterischen Neigungen kaum förderte und während der Mahlzeiten, anstatt angeregt mit seiner Frau zu diskutieren, seinen Kopf öfters hinter einer Zeitung versteckt haben soll. Er hat denn auch Karriere gemacht und seine Laufbahn als Stadtschreiber von Zürich abgeschlossen. Johanna Spyri gebar *ihm*, wie man damals sagte, den Sohn Bernhard Diethelm (1855–84), der noch vor dem Vater starb.

In Maienfeld nun fand Johanna Spyri, so schien es ihr, das Paradies ihrer Kindheit wieder, eine unbefleckte Welt. Während in Zürich und überhaupt im Unterland das Kapital die Landschaft veränderte, die Industrialisierung die alten Strukturen zerstörte, so daß Gottfried Keller vor der in einigen wenigen Händen angehäuften Geldmacht warnte

Sie forcierte ihre unterschwellige Erotik und schuf zugleich eine wohlfeile Idylle

(nachdem er vorher dem Liberalismus zum Durchbruch verholfen hatte), war die Bündner Landschaft relativ unberührt geblieben. Ganz in der Nähe, in Landquart, gab es zwar einige Fabriken, aber die störten den aufkommenden Tourismus nicht, waren nicht im Blickfeld, und so konnte man denn die Sehnsüchte, welche im heftig wuchernden Zürich nicht mehr befriedigt wurden, in diese Welt hinauf projizieren.

Ihre wirklichen Probleme durfte sie als Schriftstellerin nicht formulieren, ihr Herkommen ließ das nicht zu, das hätte man einer Frau damals nicht abgenommen, ihre Verhärtung an der Seite des phantasielosen Mannes (auf den Fotografien kann man ablesen, wie ihr Gesicht im Laufe der Jahre versteinerte) war kein Romanthema, das Elend der bäuerlichen Bevölkerung auch nicht, von der ein großer Teil damals zur Auswanderung gezwungen war, nachdem die fremden Kriegsdienste abgeschafft waren. Also scheint sie ihre Wünsche in der zeitlosen, ungeschichtlichen Figur des Heidi investiert zu haben, im lieben, etwas trotzigen, der Welt immerhin mit Courage gegenübertretenden Maitli, das alle Männer der Reihe nach bezaubert, angefangen vom Almöhi über den Geißenpeter bis zum schwerreichen Herrn Sesemann in Frankfurt, und, im Einverständnis mit der Natur, so gewaltige Heilkräfte entwikkelt, daß die an den Rollstuhl gefesselte Klara Sesemann, sobald sie in die Berge kommt, an der Alpenluft genest (und, wunderbare Heilung wie im Evangelium, wieder laufen kann). Eine bessere Fremdenverkehrswerbung konnte man sich im Bündnerland nicht wünschen.

Und doch muß Johanna Spyri von den wirklichen Problemen der Gegend etwas gewußt haben, weil in Graubünden damals gehungert wurde wie heute in der Dritten Welt. Bestimmt hat sie auch etwas vom Lehrer Thomas Davatz aus dem graubündnerischen Fanas gehört, der 1855 mit einer Gruppe von Auswanderern nach Brasilien ging und dort in der Provinz São Paulo dem Senator Vergueiro in die Hände fiel. Dieser war ein Sklavenhändler, der die schwarzen Sklaven, die nur noch selten aufzutreiben waren, durch europäische Lumpenproletarier ersetzte und an Plantagenbesitzer verschacherte, so daß die Auswanderer wie Leibeigene gehalten wurden und vom bündnerischen Elend in die brasilianische Misere fielen.

Die Zustände waren so kraß, daß die Heimat sich wieder für die Ausgewanderten zu interessieren begann und ein eidgenössischer Kontrolleur nach Brasilien geschickt wurde. Dieser hieß Dr. Christian Heusser und war ein Bruder der Johanna Spyri. Er hat die grauenhaften Zustände schriftlich festgehalten. (Eveline Hasler hat vor kurzem über das Thema einen spannenden Roman geschrieben, der sich auf den Bericht von Dr. Heusser stützt: »Ibicaba – Das Paradies in den Köpfen«) Auch Johanna Spyri hatte ein Paradies im Kopf, und darin gab es unter anderem Ziegen. Während die Bergbauern kümmerlich von den Geißen und anderem spärlich vorhandenen Getier lebten, scheinen die lieben Viecher, aber nicht ihre wirtschaftliche Bedeutung, als leibhaftige Personen im Roman auf:

»Da war der große Türk mit den starken Hörnern, der wollte mit diesen immer gegen alle andern stoßen, und die meisten liefen davon, wenn er kam, und wollten nichts von dem groben Kameraden wissen. Nur der kecke Distelfink, das schlanke, behende Geißchen, wich ihm nicht aus. (...) Da war das kleine, weiße Schneehöppli, das immer so eindringlich und flehentlich meckerte, daß Heidi schon mehrmals zu ihm hingelaufen war und es tröstend beim Kopf genommen hatte. (...) Weitaus die zwei schönsten und saubersten Geißen der ganzen Schar waren Schwänli und Bärli, die sich auch mit einer gewissen Vornehmheit betrugen.« Ganz wie Frau Spyri, welche die Geißen den Städtern hübsch frisiert servierte. Der große Türk, der stößige... Welchen Unhold, welchen Macho hat Johanna Spyri in ihm vermutet? Welch bäurischen Unflat? Die Sonntags-Bergbauern in ihrem Roman sind nett – nur bei den Tieren regt sich noch etwas.

Johanna Spyri weilte bei der aristokratischen Familie von Salis, die auch, wie Familie von Sprecher, vom Großgrundbesitz und früher vom Verkauf der Söldner an fremde Potentaten gelebt hatte, aber dieses Milieu beschrieb sie nicht. Was ihr vertraut war, schilderte sie nicht, und was sie schilderte, war ihr nicht vertraut. Von den Bergbauern hatte sie keine Ahnung. Und sie mußte, wenn sie Erfolg haben wollte, nach Deutschland schielen (das mußten Keller und Meyer auch); auf dem schweizerischen Markt allein fand sie nicht genügend Abnehmer, und so waren denn auch ihre heftigsten Bewunderer die deutschen Rezensenten, die von der bündnerischen Bergwelt noch weniger verstanden als die Rezensenten des Schweizer Unterlandes. Indem sie ihre eigenen Sehnsüchte befriedigte, die unterschwellige, ihr vermutlich unbewußte Erotik forcierte – die im wilhelminisch verklemmten Deutschland gut ankam – und sich selbst ein idyllisches Landleben vorgaukelte wie die zürcherischen Bukoliker des 18. Jahrhunderts, verpaßte sie zugleich dem Deutschland der Gründerzeit eine wohlfeile Idylle. Das ging natürlich nur, wenn man das deutsche Personal im Roman positiv schilderte. Herr Sesemann ist ein edler, schwerreicher Bürger-Handelsmann, woher sein Reichtum kommt, erfährt man nicht. Die Dienerschaft ist liebreich, etwas kauzig, und natürlich angepaßt, die Frankfurter Großmama ein Ausbund von Güte, und die Klara im Rollstuhl ist hilfreich und gut (vielleicht kommt dort etwas Zivilisationskritik zum Vorschein: das Stadtleben kann lähmend sein). Was dem Schweizer Maitli noch fehlt, kann es in Deutschland holen, etwas Welterfahrung, Weltluft schadet nicht, aber immer mit Maß, und was den Deutschen fehlt, finden sie auf der Alp, nämlich Gesundheit und Genesung wie die lahme Klara. So sind die beiden Länder psychologisch aufs innigste verbunden, verwoben wie ihre wirklichen Handelsbeziehungen, und so wie kurz vor dem Ersten Weltkrieg der deutsche Kaiser in der Schweiz begeistert begrüßt wird, begeisterter als sonst im Ausland, sind auch die edlen Deutschen auf der Alp willkommen, die sie in absehbarer Zeit kolonisieren werden. So hat alles seine Ordnung, seine Klarheit, edel wie ein Bergkristall glänzt der Roman durch die Jahrhunderte, und die Japaner, einen sahen wir im September schweißgebadet zur Heidialp hinaufkraxeln, werden noch lange an unser Heidi glauben. □

MERIAN

Sammeln mit System.
MERIAN in Sammelkassetten.

Diese Kassette besteht aus Acryl, einem modernen Werkstoff, und paßt deshalb besonders gut in ein modernes Wohnumfeld. Das dunkelblaue Rückenblatt wird lose mitgeliefert. Auf der einen Seite trägt es den typischen MERIAN-Schriftzug. Auf der anderen Seite die Titel eines Jahrgangs mit der Jahreszahl. Sie können das Rückenblatt als dekoratives Element oder praktische Orientierungshilfe einsetzen.
Wichtig: Geben Sie uns bitte auf Ihrer Bestellung die Jahrgänge an, die Sie in den modernen Acryl-Kassetten aufbewahren möchten.

MERIAN **Kassetten-Bestellkarte**

Ja, ich möchte meine wertvollen MERIAN-Hefte in Sammelkassetten aufbewahren. Bitte schicken Sie mir die ausgewählten Kassetten in der angegebenen Anzahl.

Die moderne MERIAN-Kassette.
Transparent. Aus 3 mm starkem Acryl. Erstklassig verarbeitet. Mit individuell zu verwendendem Rückenblatt.
Für 12 MERIAN-Hefte.
Preis: DM 24,80 + Porto.

☐ Exemplare

Jahrgänge für Rückenblatt bitte angeben.

Die exklusive MERIAN-Kassette.
Lederrücken. Dezente goldfarbene Prägung des MERIAN-Schriftzugs. Seitenflächen aus rot marmoriertem Naturkarton.
Für 12 MERIAN-Hefte.
Preis: DM 32,– + Porto.

☐ Exemplare

Die klassische MERIAN-Kassette.
Dekorativ. Mit MERIAN-Stich „Paris" auf den Seitenflächen. Fester grüner Leinenrücken.
Für 12 MERIAN-Hefte.
Preis: DM 12,80 + Porto.

☐ Exemplare

Die junge MERIAN-Kassette.
Schlicht. Mit schwarzem und rotem Kunstleder überzogen. Innen mit schwarzem Naturpapier ausgeschlagen. Besonders strapazierfähig.
Für 12 MERIAN-Hefte.
Preis: DM 16,80 + Porto.

☐ Exemplare

Während die meisten Maler am Ende des 19. Jahrhunderts fasziniert sind vom Leben in den großen Städten, brechen einige aus: Van Gogh wird magisch angezogen vom Licht der Provence, Gauguin verfällt dem zivilisatonsfernen Tahiti. Giovanni Segantini verläßt Mailand und geht in die »strenge, unerbittliche Welt der Berge«. In der alpinen Landschaft Graubündens findet er künstlerische Erfüllung und frühen Tod

WIRKLICHKEIT

Wieland Schmied über den Maler Giovanni Segantini

»Liebe an der Quelle des Lebens«

In einem Brief erläuterte Segantini die Symbolik dieses Bildes: »Es stellt die frohe und unbeschwerte Liebe des Weibes dar und die nachdenkliche Liebe des Mannes, die durch den natürlichen Impuls der Jugend und des Frühlings verstrickt sind. Der Steg, auf dem sie wandeln, ist schmal und von blühenden Alpenrosen gesäumt ... Ein Engel, ein mystischer, mißtrauischer Engel breitet den großen Flügel über die mysteriöse Quelle des Lebens.«

ALS LEGENDE

Giovanni Segantini war ein unruhiger, kämpferischer, anarchischer Geist. Er gehörte nirgendwohin. Er ist nicht festzulegen und nicht einzuordnen. Das gilt für ihn als Künstler, als Mensch, als Figur seiner Zeit. Als Künstler hatte er weder Lehrer noch Schüler. Seinem Wesen nach blieb er immer Autodidakt (auch wenn er einige Jahre die Brera, die Akademie der Schönen Künste in Mailand, besuchte), gehörte keiner Gruppe oder Gemeinschaft an. Einladungen, sich ihnen anzuschließen, schlug er oft sarkastisch aus. Mit seinem ersten Kunsthändler brach er, als dieser ihn in seiner Arbeit bevormunden wollte. Die komplexe Maltechnik, die er entwickelte, war seine ureigenste Sache (mit wie vielen zeitgenössischen Bestrebungen sie auch korrespondieren mag).

Als Mensch fühlte er sich nur im Kreise seiner Familie geborgen – und war doch nicht verheiratet. Von Büchern kannte er nur, was seine Gefährtin ihm während der Arbeit vorlas. Die Malerei seiner Zeit war ihm – wenn überhaupt – nur aus Reproduktionen bekannt. Die großen Kunstzentren hat er nie besucht.

Nach seinem Tode reklamierten ihn drei Länder für sich und ihre geistige Tradition: Österreich, Italien, die Schweiz. Zu seinen Lebzeiten war er ihnen allen – zumindest ihren Behörden und Bürokraten – in hohem Maße suspekt. Nie ist es ihm gelungen, in den Besitz eines Passes zu kommen. Schon die späte Erlangung einer Geburtsurkunde bedeutete für ihn einen Triumph.

Giovanni Segantini wurde am 15. Januar 1858 in dem Dörfchen Arco nördlich von Riva am Gardasee geboren. Arco gehörte – wie ganz Südtirol – bis 1918 zu Österreich.

»Nirwana der Wollüstigen«

Dieses Bild entstand unter dem Eindruck des indischen Gedichts Pangiavahli, das Segantinis Freund Luigi Illica ins Italienische übertragen hatte. Darin heißt es: »Dort oben, in den unendlichen Räumen des Himmels/strahlt Nirwana/dort, hinter den strengen Bergen mit grauen Zacken/scheint Nirwana! . . ./So die Böse Mutter im eisigen Tal/durch ewige Gletscher/wo kein Ast grünt und keine Blume blüht/schwebt umher . . ./So wird das Schweigen dich quälen/schlagen und stoßen/eisige Larve in den Augen/Tränen aus Eis gemacht! . . .«

Die Familie lebte in größter Armut. Nach dem frühen Tod der Mutter (1865) brachte der Vater – der in vielen Berufen gescheitert war – den siebenjährigen Giovanni nach Mailand zu einer Tochter aus erster Ehe. Wenn sie tagsüber zur Arbeit ging, mußte sie ihn einsperren. Der kleine Giovanni litt Höllenqualen und revoltierte. Später schrieb er darüber: »In dem Körper, in den das Schicksal meine Seele gepflanzt hatte, mußte ich einen schweren Kampf ausfechten. Sechsjährig wurde er als Vollwaise sich selber überlassen, ganz allein, ohne Liebe, von allen wie ein Tollwütiger seinem Schicksal überlassen. Unter diesen Umständen konnte ich nur verwildern, eine ewige Unruhe erfaßte mich, und ich lehnte mich gegen alle bestehenden Gesetze auf. Die Gesellschaft bewarf meinen armseligen Körper mit Kot, und der Hunger plagte mich. Aber weder der Kot noch der Hunger konnten mir etwas anhaben . . .«

Immer wieder riß er aus, wurde zurückgebracht, kam – als die Schwester schließlich resignierte – in die Besserungsanstalt, riß aufs neue aus, kehrte noch einmal in die Provinz Trient zurück und arbeitete zwei Jahre bei seinem Stiefbruder in dessen Krämerladen und Fotolabor. 1875, als Siebzehnjähriger, ist er wieder in Mailand, verdient sich sein Geld als Gehilfe bei einem Dekorationsmaler und belegt Abendkurse für Ornamentik an der Brera. Dann studiert er auch in Tagesklassen Malerei und Zeichnung. So radikal er später alle Akademien ablehnte – seine Arbeiten fanden damals doch das Lob seiner Lehrer. Die Silber- und Bronzemedaillen, die ihm die Brera in Anerkennung für Kopien, Figuren- und Landschaftszeichnungen verlieh, können ihm allerdings nicht viel bedeutet haben. Bald darauf hat er sie verpfändet. 1879, auf der Frühjahrsausstellung der Akademie, wird er für den Preis König Umbertos vorgeschlagen, doch bei

der Verleihung übergangen, weil er Ausländer, Österreicher, ist.
Wie lange ist Segantini Österreicher geblieben? Einige italienische Quellen bezeichnen ihn schon früh als staatenlos, doch wird er in Arco und der Provinz Trient weiter als Österreicher geführt. Jedenfalls ist er als Bürger der Habsburger Monarchie der Einberufung zum Militärdienst nicht gefolgt. Er galt deshalb den Österreichern als fahnenflüchtig und war zur Festnahme ausgeschrieben. Segantini hat nach den Mailänder Studienjahren nie wieder österreichischen Boden betreten. Versuche, die italienische Staatsangehörigkeit zu erwerben – mehrfach von ihm unternommen, aber wohl nicht mit letzter Energie betrieben –, blieben erfolglos.
Die Graubündner Kantonalbehörden drohen ihm mit der Ausweisung. Seit 1886 lebt er mit seiner Lebensgefährtin und vier Kindern in Savognin im Oberhalbstein. Den Dorfbewohnern wie den Leuten von der Verwaltung ist er – nach anfänglicher Duldung – in jeder Hinsicht verdächtig geworden. Seine Religionszugehörigkeit ist so unklar wie seine Staatsbürgerschaft. Er kann weder eine Geburtsurkunde noch einen Trauschein vorweisen. Vor allem weigert er sich, trotz mehrfacher Mahnung, die Kantonssteuern pünktlich zu zahlen und ist mit der Begleichung von Rechnungen in Verzug. Schließlich kommt er einer Ausweisung zuvor und wechselt 1894 über den Julierpaß hinüber, wo er in Maloja ein Haus findet, das Chalet Kuoni, das seinen Bedürfnissen ideal entspricht.
Hier fühlt er sich in jeder Hinsicht zu Hause. Nicht zuletzt durch den wachsenden Tourismus ist man im Oberengadin allgemein toleranter als im abgeschlossenen Savognin. Die Bevölkerung gehört hier der reformierten Kirche an und kümmert sich wenig um Segantinis Glaubensbekenntnis. Das Standesarchiv in Samedan ist bereit, seine Lebensge-

»Werden«

Das linke Flügelbild des großen Triptychons, an dem Segantini bis zu seinem Tode arbeitete, hat er 1896 in Soglio im Bergell begonnen, wo er in seiner Maloja-Zeit regelmäßig mit der Familie die Wintermonate verbrachte. Es ist das Bergmassiv bei Soglio, das den Hintergrund der Landschaft durchzieht. Segantini wollte »das Leben aller Dinge« darstellen, »die ihre Wurzeln in der Mutter Erde haben«. Der Mensch tritt in diesem Bild ganz zurück, verschmilzt mit der Natur, die Bauersleute mit dem Bergpfad, Mutter und Kind mit dem Wurzelwerk des Baumes

meinschaft mit Bice Bugatti unkonventionell als »freie Ehe« zu registrieren. In St. Moritz findet er einen Kreis von Bewunderern und Freunden – Ärzte, Anwälte –, die sich für seine Kunst interessieren. Vor allem aber: Hier kann er wieder italienisch sprechen.

Das ist Segantini zeitlebens geblieben: ein Mann ohne Papiere, meist in Geldsorgen, seiner Geliebten in wilder Ehe verbunden wie seinem Gott in freier Religiosität. Gewiß, in seiner Korrespondenz wird er nicht müde, seine Mailänder Kunsthändler um regelmäßigere Zahlungen anzugehen und mit ihnen wie anderen Briefpartnern Sorgen des täglichen Lebens zu besprechen. Tatsächlich interessiert hat ihn aber nur die Kunst. Unter allen Bedingungen versuchte er sich immer so einzurichten, daß er möglichst ungestört arbeiten konnte. Nur wenn er arbeiten konnte, fühlte er sich frei. Zu seinem Sohn Gottardo sagte er: »Ich hätte Soldat werden können, da wäre ich nun General, aber ich stünde unter dem König; ich hätte Priester werden können, da wäre ich nun Kardinal, aber über mir stünde der Papst; darum bin ich Künstler geworden, denn so bin ich frei, und niemand steht über mir.«

So hat er sich selbst gesehen, und so hat er sich gemalt: 1882, als er Mailand, die Großstadt, gerade verlassen hat, um in der ländlichen Brianza seinen eigenen Weg zu suchen: als Verschwörer, als Rebell. Anfang der neunziger Jahre, in Savognin: als Märtyrer, als einsamer Heros. Und schließlich in den späten Selbstbildnissen in Maloja: als Seher, als Prophet, als Wissender. Mag der Ausdruck mit den Jahren freier, souveräner geworden sein: Immer sieht uns in den Bildern des Giovanni Segantini mit düsterem Blick ein unruhiger, kämpferischer, anarchischer Geist an, der sein Gegenüber stets auf Distanz hält. Schon seine Zeitgenossen

haben ihn zur Legende gemacht. Segantini wußte das, und es war ihm durchaus recht. Wo er nur konnte, hat er das unterstützt, durch seine Erzählungen, seine Erscheinung, die Art seiner Existenz. 1890 sagte er: »Fast alle Biographien, die über mich verfaßt wurden, sind mehr als zur Hälfte frei erfunden. Der Grund hierfür ist darin zu suchen, daß niemand meine Kindheit kennt und daß ich selber mich mit niemandem darüber unterhalten habe.« Das hat er, vor allem in seiner 1896 veröffentlichten Autobiographie – die aus Briefen an die italienische Schriftstellerin Neera hervorging – später um so ausgiebiger nachgeholt.

Fast alles an Segantini ist Legende

Fast alles in diesem Leben ist durchsogen und durchwoben vom Stoff, aus dem Legenden sind: von der tristen Kindheit, dem frühen Tod des älteren Bruders, dem bald darauf die Mutter und wenig später der Vater folgten, von der Zeit in der Erziehungsanstalt über die Ausbruchsversuche bis zum schwer verdienten Kunststudium, von den ersten künstlerischen Erfolgen bis hin zur selbstgewählten Einsamkeit, zum Aufstieg in die Berge, in immer höhere Regionen, bis zum plötzlichen Tod auf dem Schafberg über Pontresina, mitten in der Arbeit an seinem großen Triptychon. Segantini stirbt in der Abgeschiedenheit einer Alphütte, nur von wenigen eilig herbeigerufenen Freunden (wie dem Arzt Dr. Bernhard) und der Familie umgeben, am 28. September 1899, gerade 41 Jahre alt, auf dem Höhepunkt seiner Karriere, im Zenit seines Ruhms.
All das trägt die Züge des Legendären und ist doch Wirklichkeit. Und auch in den Begebenheiten, für die es keine unzweifelhaften Zeugnisse oder Dokumente gibt – die Errettung des Vierjährigen aus der Sarca hinter dem elterlichen Haus, die Flucht vor

»Sein«

Die Mitteltafel des Triptychons zeigt eine herbstliche Landschaft – das karge Hochplateau des Schafbergs mit dem Blick hinunter nach St. Moritz. An diesem Bild arbeitete Segantini, als ihn auf dem Schafberg am 28. September 1899 der Tod ereilte. Von allen drei Tafeln des Triptychons ist diese die stillste, ausgewogenste. Es ist ein Bild der Heimkehr: Die Arbeit ist getan. Was bleibt, ist Schweigen

der Stiefschwester, die nächtliche Aufnahme in der Scheune hilfreicher Bauern, die Kunstunterweisung durch einen verständnisvollen Priester in der Erziehungsanstalt, schließlich die Todesahnungen, Träume und Weissagungen, die seinen Tod mit der Zahl 99 verknüpften –, durchdringen sich Legende und Wirklichkeit ununterscheidbar. Gerade dort aber, wo dieses Leben am phantastischsten erscheint, als reiner Mythos, im allmählichen und konsequenten Aufstieg des Künstlers in die Welt der Berge, ist sie am genauesten mit Zahlen, Daten und Fakten zu belegen. Kritiker haben sich die Mühe gemacht, den Lebensweg Segantinis anhand der Höhenangaben der Orte, an denen er nacheinander eine Weile gelebt hat, aufzuzeichnen: Arco, 91 Meter über dem Meer; Mailand 100 Meter; Brianza 258 Meter; Savognin 1215 Meter; Maloja 1800 Meter; Schafberg, die letzte Station: 2700 Meter.

Segantini hat die mythische Dimension dieses Aufstiegs immer gesehen und sie mit seinem Streben, die Natur genauer zu erkennen, dem Wesen der Dinge näherzukommen, begründet. 1898 schrieb er: »So bin ich aus den Niederungen in die Hügel und von diesen in die Berge, ja zu den Gipfeln aufgestiegen: ohne andere Absicht, als in den Dingen die faszinierende Leidenschaft wiederzugeben, die mich dazu geführt hat, ihnen meine ganze Liebe zu schenken.« Und in einem anderen Brief heißt es: »Ich strebte immer weiter hinauf in die Höhen. Von den Hügeln ging ich in die Berge unter die Bauern, zu den Hirten, zu den Bewohnern des Hochgebirges, zu ihren Hütten und Feldern. Ich studierte die Menschen, die Tiere, die Umgebung, die Erde, bis in die innersten Täler von Graubünden . . .«
Zwei große Themen beherrschen die Kunst Segantinis: die Suche nach einer allumfassenden Harmonie, die Sehnsucht nach Schutz, nach Heimkehr,

nach Geborgenheit für alle lebenden Wesen, wie sie letztlich nur die Mutter (oder die Natur als ihr Gleichnis) gewähren kann; und das Bewußtsein des Todes, seiner ständigen Präsenz in unserem Leben, und seiner Aufhebung in einer Harmonie, die nur die Kunst zu stiften vermag, indem sie die Natur als Gleichnis liest.

Beide Themen haben ihre Wurzeln in seiner Biographie. Wenn er sie aufschreibt, wird sie zur Verklärung der Mutter. Ihren frühen Tod hat er nie verwunden. Ihr Bild steht drei Jahrzehnte später so lebhaft vor ihm, als hätte sie ihn erst gestern verlassen. Um es fassen zu können, vergleicht er es mit einem Bild der Natur. »Ich sehe sie wieder mit dem Auge des Geistes, diese hohe Gestalt, wie sie müde einherschritt. Sie war schön; nicht wie Morgenröte oder der Mittag, aber wie ein Sonnenuntergang im Frühling . . .«

Das Bild der Mutter, die ihren Sohn allzufrüh als Waise zurückließ, wird gespiegelt im Bild einer Mutter, die ihr Kind verloren hat. Ein von der Legende durchwirktes Erlebnis aus seinen Jugendjahren offenbart Segantini den Sinn der Kunst. Auf einer seiner Wanderungen trifft er in einem kleinen Dorf eine Frau, die ihr eben gestorbenes Kind beweint. Er bleibt stehen, versucht, sie zu trösten, vergeblich. »Ach, hätte ich doch nur wenigstens ein Bild von ihm«, klagt die Mutter. Er zeichnet ein Bildnis des Kindes und reicht es der Mutter. Er fühlt, daß das, was er getan hat, ihren Schmerz zu mildern vermag, spürt ihre Dankbarkeit. Es gibt also etwas, das mächtiger ist als der Tod. An diesem Tag, so glaubt er sich zu erinnern, erwachte in ihm der Wunsch, Maler zu werden.

Als Segantini 1896 in einem Brief an Neera drei Perioden seiner Kunst – Mailand, Brianza, Savognin – beschreibt, resümiert er die Mailänder Zeit nur ganz kurz. Ein einziges Bild hebt er hervor, in wel-

»Vergehen«

Die rechte, abschließende Tafel des großen Triptychons sollte zuerst »Die Harmonie des Todes« heißen. Rechts im Bild tragen zwei dunkle Figuren einen weißen Kindersarg aus dem Haus, um ihn auf den wartenden Schlitten zu legen. Im blauen Himmel hat sich eine Wolke wie ein Gestirn zusammengeballt. Sie deutet auf neuen Schneefall und reflektiert das Licht der aufgehenden Sonne. Der Tod war für Segantini immer Teil der großen Zyklen und nicht das Ende. Segantini liebte die Verschränkung gegenläufiger Begriffe wie »Frühling« und »Abend«, »Winter« und »Morgen« – »Herbst« und »Mittag«, um zu zeigen, wie in der Natur alles ineinandergreift

chem er das Symbolische einer Szene zu fassen meinte: Die Aufbahrung des »Toten Helden« in der von Licht glühenden Kapelle, die vom »Toten Christus« des Mantegna in der Brera inspiriert war. Dieses Bild steht für ihn am Anfang seines Werkes. Immer wieder markiert das Thema des Todes einen Einschnitt in seinem Werk – bis hin zur Schlußtafel des Triptychons »Werden – Sein – Vergehen«. Wie er die Zeit in der Brianza mit dem »Bildnis eines Mannes auf dem Totenbett« beschloß, so begann er, nachdem er Savognin verlassen hatte, die neue Arbeitsperiode in Maloja mit einem Bild des Todes: »Die Rückkehr in die Heimat« (»Die letzte Reise«). Ein Mann führt – gebeugt, erschöpft – den von einem Pferd gezogenen Wagen in die Hochebene des Oberengadin. Das Gefährt trägt einen Sarg, auf dem eine Frau hockt, in ihren Armen ein schlafendes Mädchen. Ist es der Sohn, den sie heimführen? Das ungeheure Panorama um den

»Ich beginne auf meiner Leinwand loszuarbeiten mit feinen, dünnen und mit pastosen Pinselstrichen, indem ich stets zwischen jedem Pinselstrich einen Zwischenraum lasse, den ich mit den Komplementärfarben ausfülle«
Giovanni Segantini

Malojapaß tut sich auf und empfängt die kleine Gruppe: die Heimat.
Nur ein Thema hat Segantini häufiger und vielfältiger abgewandelt als das des Todes: das Motiv der Mutterschaft – und wie oft verschlingt es sich mit dem des Todes, von den frühen Genreszenen bis zu den späteren, von der indischen Legende Pangiavahli inspirierten Visionen des »Nirwana der Wollüstigen« und der Eiswüste, in die die »Bösen Mütter« verbannt sind.
Fast alles an Segantinis Leben ist Legende. Indem er es zur Legende stilisierte, stellte er es unter den einzigen Gedanken, der ihn wirklich bewegte: den seiner Kunst. »Das wahre Leben«, sagte er, »ist ein einziger Traum, der Traum, sich allmählich einem Ideal zu nähern, das möglichst fern und hoch ist, hoch bis zum Erlöschen der Materie ...«

Widersprüche sah er nicht

Segantini liebte die Alpenwelt, er brauchte sie für seine Arbeit, und er verfluchte ihre Wirklichkeit. Aus Savognin schrieb er an seinen Kunsthändler Alberto Grubicy: »Du hast keine Ahnung, was es bedeutet, in einem abgelegenen, von der Welt abgeschiedenen Bergdorf zu leben, umgeben von Schnee und Gläubigern ...«
Er konnte große Strapazen auf sich nehmen, war für sich selbst fast bedürfnislos. Und er liebte es doch, Hof zu halten, sich mit kostbaren, alten Möbeln einzurichten, beschäftigte Dienstboten, einen Hauslehrer, ein Kindermädchen (das auch sein Modell war). Er mied die Gesellschaft und suchte doch ihre Anerkennung. Er liebte die Einsamkeit und hielt Kontakt mit der Welt, korrespondierte mit Max Liebermann (der ihn in Maloja besuchte) und Gustav Klimt (der ihn zu den großen Leitfiguren der Wiener Sezession rechnete), mit italienischen Schriftstellern und Malern. Zeigte er sich Einladungen von italienischer Seite gegenüber oft spröde, so fühlte er sich in Deutschland, Österreich, den Niederlanden, Belgien verstanden (und spielte die Aufnahme, die er dort fand, immer wieder gegen das vermeintliche oder tatsächliche Unverständnis in Italien aus).
Segantini beteiligte sich an den Unternehmungen der internationalen Moderne, stellte mit den Sezessionen in Berlin, München, Wien und den »Vingt« in Brüssel aus, »Pan« widmete ihm eine Sondernummer, »Ver sacrum« druckte einen bekenntnishaften Aufsatz und brachte Reproduktionen – und zugleich nahm er ebenso selbstverständlich an den traditionellen großen Kunstsalons teil, vertrat Italien auf der Pariser Weltausstellung von 1889 und gewann für seine Bilder eine Reihe von Goldmedaillen. Den Widerspruch in der von so verschiedenen Seiten empfangenen Anerkennung sah er nicht. Konflikte zwischen beiden Gruppen spielte er herunter, beschwichtigte oder ignorierte sie.
Die Modernen akzeptierten ihn als einen der Ihren, und ebenso akzeptierte ihn das Lager der Tradition, wenn auch aus ganz verschiedenen Gründen: Die einen schätzten ihn wegen seiner revolutionären Malweise willen, die anderen verehrten ihn wegen der Wahl seiner Motive (und ihrer offenen oder versteckten Symbolik). Und auch hierin sah er keinen Widerspruch – und hatte damit sogar recht. Denn die von ihm entwickelte Maltechnik entsprach tatsächlich dem von ihm erstrebten Ziel: der Schöpfung einer großen Harmonie, in der alle Gegensätze und Widersprüche aufgehoben sind.
Segantini hat die Großstadt und die Konflikte der modernen Industriegesellschaft als lähmende Irritation empfunden und gemieden, aber er hat den Menschen nie losgelöst von seinen Lebensfunktionen, nie anders denn als arbeitendes Wesen gesehen, eingebunden in den Kreislauf der Natur, oft ausgelaugt, verbraucht, erschöpft, dem Tode näher als dem Leben. Aber die Arbeit, die seine Menschen tun, ist eine, deren Sinn sie zu erkennen vermögen, der sie sich darum ganz hingeben und in der sie aufgehen, wie der Künstler in seiner Kunst.
Segantini liebte die Einsamkeit, er sang ihren Ruhm, und war doch bereit, sich in den Dienst des Tourismus zu stellen. Für die Pariser Weltausstellung im Jahre 1900 plante er ein gewaltiges Engadiner Panorama in einem Tempel von 75 Meter Durchmesser und 84 Meter Höhe, der in der Nähe des Trocadéro errichtet werden sollte. Schweizer Malerfreunde wie Giovanni Giacometti, Cuno Amiet und Ferdinand Hodler hatte er zur Mitwirkung eingeladen. Eine Tonkulisse mit Alphorn-

Giovanni Segantini im Jahre 1880

Casa Segantini in Maloja

klängen, dem Bimmeln von Kuhglocken, dem Rascheln des Laubes und dem Rauschen der Gebirgsbäche sollte eine Art Alpensinfonie suggerieren, das Verströmen von Ozon, Wald- und Wiesenduft die Vision des Gesamtkunstwerkes abrunden. Insgesamt verband sich in diesem merkwürdigen Projekt Segantinis missionarische Botschaft mit spektakulärem Effekt und dieser mit handfester wirtschaftlicher Spekulation – und das in einer Weise, die sich im Rückblick nur aus dem Geist des Fin de siècle erklären läßt. »Gründerjahre« im Engadin.

Wir wissen nicht, was an den mehrfach geänderten Plänen Segantini tatsächlich ernst war und wo er sich vom eigenen Pathos fortreißen oder von seinem Sendungsbewußtsein blenden ließ, um die »verehrten Herren Engadiner« von dem gewaltigen Projekt zu überzeugen. Denn die hätten es finanzieren müssen, und an der Finanzierung ist es dann glücklicherweise auch gescheitert.

Segantini selbst hat den inneren Widerspruch seines Projekts nie begriffen: den modernen Großstadtmenschen mit der Reinheit einer unberührten Alpenlandschaft als Gegenwelt zu konfrontieren, ihn in diese hinaufzulocken und durch diese Verlockung, sollte sie denn im erwünschten Umfang gelingen, an ihrer Zerstörung mitzuwirken. Allein die Gigantomanie des Vorhabens widersprach allen künstlerischen Grundsätzen, am meisten seinen eigenen, die ebensosehr auf die Genauigkeit des Details wie auf die Wahrheit des Ganzen zielten. Es hätte ihn zwanzig Jahre konstanter künstlerischer Entwicklung gekostet, ihn zurückgestürzt in seine Mailänder Anfänge.

Ein weiterer Widerspruch: Segantini war Freiluftmaler, aber er malte die Natur nicht ab. Er ließ sich seine Leinwände »vor das Motiv« tragen, hatte eine eigene Kiste konstruiert, die ihm auch als Staffelei zu dienen vermochte, mit dem Kistendeckel als Sonnendach, den Seitenwänden als Windschutz. Er konnte nur draußen malen, und wenn es das Wetter nur irgend erlaubte, ging er hinaus, um zu malen. Aber seine Bilder waren ausgewogene und wohlüberlegte Kompositionen, zusammengefügt aus Einzelbeobachtungen, Studien, Skizzen. In späteren Jahren nahm er zunehmend die Fotografie zu Hilfe. Doch all diese Hilfsmittel mußten sich den Gesetzen der Komposition unterordnen. Segantini änderte das Panorama, wenn er es für notwendig hielt, fügte Berge ein oder ließ sie weg, veränderte Entfernungen, baute Dörfer um, verwandelte Wiesen in Äcker und Seen in Weiden, pflanzte Bäume und bestimmte Baumarten dorthin, wo es sie gar nicht gab.

Warum malte er dann im Freien und nicht im Atelier, wie es Caspar David Friedrich getan hatte, der mit dem Naturvorbild ebenso souverän verfuhr wie Segantini mit der Welt seiner Alpen? Segantini brauchte die Natur um sich wie die Luft zum Atmen. Sie war seine unaufhörliche Inspirationsquelle, von der er sich nicht entfernen durfte, sie stimulierte, befeuerte ihn. Er brauchte ihre Atmosphäre, ihr Flimmern, den Wechsel des Lichts, der Farben, der Schatten, der Entfernungen: ihre lebendige Gegenwart. Es ging ihm nicht darum, einen bestimmten Bergzug, eine Hochebene, einen Weg, einen Weiher getreu nachzubilden. Es ging ihm um das, was er als innere Wahrheit der Natur empfand, und diese Empfindung mußte er fortwährend dadurch kontrollieren, daß er sich selbst zu einem Teil der Natur machte. So in die Natur gestellt, mußte sein Bild etwas von ihrer Essenz empfangen und für immer bewahren.

Das Geheimnis seiner Maltechnik

Wie so viele Künstler, durfte auch Segantini von sich sagen, die Natur sei seine eigentliche Lehrmeisterin gewesen. Es mußte aber noch etwas anderes hinzukommen, ein Anstoß von außen. Dieser Anstoß kam von Vittore Grubicy, seinem ersten Kunsthändler. Der war eine vielschillernde Persönlichkeit: weitgereist, gebildet, vermögend, allen modernen Ideen aufgeschlossen, von künstlerischen Ambitionen erfüllt.

Vittore Grubicy hat Segantini »entdeckt«. Er war, nachdem er seine ersten Bilder gesehen hatte, überzeugt, daß in diesem jungen Mann ein ungeheures Talent steckte. Er gab ihm einen Vertrag, damit Segantini völlig unabhängig leben und arbeiten konnte; dafür mußte er seine gesamte Produktion abliefern. Ein solches Vertragsverhältnis war für den italienischen Kunsthandel der damaligen Zeit

Familie Segantini von links nach rechts: Alberto, Gottardo, Frau Bice, Bianca, Floria, Segantini

etwas vollkommen Neues. Vittore Grubicy sorgte aber nicht nur für die äußeren Lebensumstände Segantinis, er versorgte ihn auch mit Anregungen. Grubicy brachte ihm eine Monographie über Jean-François Millet und Reproduktionen nach Bildern des Niederländers Anton Mauve. Was noch wichtiger war: Er machte ihn mit der neu entwickelten Maltechnik der Pointillisten und ihren theoretischen Grundlagen bekannt. Als Segantini 1886 von der Brianza nach Savognin aufbrach – Hab und Gut hatten damals der Legende nach neben der inzwischen fünfköpfigen Familie auf einem Einspänner Platz –, folgte ihm Vittore Grubicy bald nach. Er wollte auf einer Reise nach Holland bei »seinem« Künstler Station machen und sehen, wie er sich eingerichtet hatte, blieb aber ein halbes Jahr.
In diesen Monaten müssen Segantini und Grubicy die neue Malweise in Theorie und Praxis ausführlich diskutiert haben, denn genau in diese Zeit fällt Segantinis endgültige Hinwendung zum Divisionismus, wie man die italienische Spielart des Pointillismus genannt hat. Schließlich aber muß die väterlich-belehrende Art Grubicys Segantini unerträglich auf die Nerven gegangen sein, und er bat ihn abzureisen. Segantini wußte mit instinktiver Sicherheit, wie sein eigener Weg weiterzugehen hatte und war der ständigen Ratschläge des Freundes müde. So kam es zum Bruch. Sein Bruder Alberto Grubicy schloß mit Segantini einen neuen Vertrag. Bis über den Tod des Malers hinaus hat er sich um dessen Werk gekümmert.
Was ist nun das Eigen-, ja Einzigartige der Malweise Segantinis, die mit dem Schlagwort Divisionismus nur höchst unzureichend benannt ist? Er selbst hat sie einmal so beschrieben: »Malerei ist nichts ohne das Mysterium der Factur, und diese ergibt sich in jedem einzelnen Falle organisch auf dem Wege der Erforschung der Natur und der Betrachtung der Dinge, die man malen will. Aus solcher organischer Wiedergabe entsteht das Licht; und das Licht ist das Leben der Farbe . . .«
Und an anderer Stelle sagt er: ». . . ich benutze dünne, möglichst lange Pinsel, und ich beginne auf meiner Leinwand loszuarbeiten mit feinen, dünnen und mit pastosen Pinselstrichen, indem ich stets zwischen jedem Pinselstrich einen Zwischenraum lasse, den ich mit den Komplementärfarben ausfülle, und zwar möglichst, wenn die Grundfarbe noch frisch ist, damit das Gemälde zerflossener wirkt. Das Mischen der Farben auf der Palette führt dem Dunkeln entgegen. Je reiner die Farben sind, die wir auf die Leinwand bringen, um so besser führen wir unser Gemälde dem Licht, der Luft und der Wirklichkeit entgegen . . .«
Immer wieder betonte Segantini in den Äußerungen zu seiner Kunst die Bedeutung des Lichts. Licht, das hieß für ihn: die Farben zum Leuchten zu bringen und die Luft flimmern zu lassen, die Dinge greifbar und ihre Strukturen deutlich zu machen. Denn das Licht enthielt das ganze Spektrum der Farben und wohnte auch noch in den Schatten. Das Licht erreichen, das hieß die Wahrheit des Bildes erreichen und in ihr die Wahrheit der Natur. So ist er, als er in den achtziger Jahren die dunstige Brianza verließ und in die Berge hinaufstieg, einfach dem Licht nachgegangen wie die großen Franzosen seiner Zeit die Ile de France aufsuchten oder in die Provence gingen, sich nach Pont-Aven zurückzogen oder die Côte d'Azur entdeckten. Und erst hier, in der Klarheit des Lichts im Hochgebirge, hat Segantini sich selbst gefunden und seinen eigenen Stil entwickelt.
In drei wesentlichen Punkten unterscheidet sich Segantinis Divisionismus von allen anderen neoimpressionistischen Techniken und Tendenzen: in seiner Begründung, in seiner Erscheinungsform und in seinem Ziel. Segantini hat stets alle wissenschaftlichen Begründungsversuche seiner Malweise beiseite geschoben und sich allein auf das Studium der Natur berufen. Mögen wir in solchen Äußerungen auch die Abwehrhaltung gegen die ermüdenden theoretischen Erklärungen Vittore Grubicys erkennen, eines steht doch unzweifelhaft fest: Segantini ist in allen Neuerungen seiner Maltechnik nur so weit gegangen, als er durch sie dem Wesen der Natur näherzukommen meinte und er sich durch sie gedeckt sah. Stets war ihm die Natur – ihre Anschauung vor Augen und ihre Vision in seinem Bewußtsein – wichtiger als alle Theorie. Die Theorie war grau; Natur aber bedeutete Licht, Farbe, Leuchten.
Wichtiger als die unterschiedliche Begründung ist

Segantini bei einem Festzug in St. Moritz

Segantini mit seiner Lebensgefährtin Bice Bugatti

die gänzlich andere Erscheinungsweise der Maltechnik Segantinis. Zwar setzte er, wie Georges Seurat, Paul Signac und die Pointillisten, die Farben rein und unvermischt auf die Leinwand und suchte wie sie die Simultaneffekte der Komplementärfarben, aber er tupfte die Farben nicht Punkt für Punkt nebeneinander hin, sondern zog sie in zugleich feinen und großzügigen Pinselstrichen über die Leinwand.

Dem unterschiedlichen Farbauftrag entsprechen entgegengesetzte Absichten: Zielten die Pointillisten auf eine Auflösung des materiellen Charakters aller Gegenstände zugunsten einer alles umfassenden atmosphärischen Impression, so strebte Segantini genau das Gegenteil an. Er möchte die Struktur der Materie erfassen, den Dingen körperhafte Konsistenz verleihen, die charakteristische Textur ihrer Oberfläche tastbar erscheinen lassen. Aber zugleich möchte er sie organisch in den Zusammenhang aller Erscheinungen einbinden, durch die Einheitlichkeit des Pinselstrichs und das Zusammenspiel der Komplementärfarben den Widerspruch von Getrenntsein und Einssein aufheben.

Zu den ersten Bildern, in denen Segantini das voll gelungen ist, gehört »Das Pflügen«, 1890 in der Nähe von Savognin gemalt. Man sieht das Dorf im Hintergrund, alle Linien schwingen auf die Kirche und die Häuser zu. Thema und Technik sind hier vollkommen eins: Wie die Furchen, die der Pflug zieht, die sanften Hebungen und Senkungen des Hochtals nachvollziehen, so modellieren die Pinselstriche des Malers die Bodenstruktur im Bild. Wie zwischen den einzelnen Furchen Zwischenräume verbleiben, so bleiben sie auch zwischen den Linien, die der Pinsel zieht. Wie sich zwischen der hellerleuchteten, aufgeworfenen Scholle die dunklen Schatten der Furche winden, so sind zwischen die pastos aufgetragenen Farbzüge die zarten Spuren der Komplementärfarben eingesenkt. Wie das Aufbrechen der Erde durch den Pflug Energie freizusetzen scheint, so weist die bewegte Pinselschrift mit ihren ausschwingenden Linien auf die Energien, die in Erde und Stein, in Gras und Baum verborgen sind.

Der von ihm entwickelte Divisionismus entspricht genau dem Ziel eines pantheistisch orientierten Symbolismus, der überall die gleichen Kräfte am Werk sieht, der alles mit allem in geheime Beziehung setzt, jedes Detail mit einem anderen korrespondieren und auf das Ganze einer universalen Harmonie verweisen läßt.

Die nebeneinandergesetzten Komplementärfarben steigern sich gegenseitig, bringen das Bild zum Leuchten, seine Atmosphäre zum Flimmern. Zugleich schaffen sie ein Netzwerk wechselseitiger Beziehungen. Der Himmel spiegelt sich in einem Weiher oder einem Bach, die Sonne strahlt wider von Grasbüscheln oder Steinen, die Schneeflächen der Berge reflektieren das Blau und Violett des Himmels und der Wolken, das Grün und Gelb der Wiesen und der Wege, das Rot und Braun der Äkker und der Felsen, und wie der Himmel in den Gletscherfeldern wiederkehrt, so spiegeln sich Gletscher, Schnee und Wasser ihrerseits in den Farben des Himmels.

Eines reflektiert das andere, denn jede Erscheinung enthält in sich das gesamte Farbspektrum des Lichts, es ist nur die Akzentuierung, die sich von Mal zu Mal wandelt. So führt die Zerlegung der Farben im Divisionismus zur wesenhaften Einheit aller Elemente. So verbindet Segantinis Malweise alle Phänomene, läßt alles in einem und eines in allem erscheinen.

Er selbst nannte als sein Ziel: »Unter dem Pinsel sollen die Farben des Spektrums in funkelnder Vielfalt dahingleiten und die Gegenstände, Figuren und Linien zum Leben erwecken, die Farbtöne sollen kräftig, aber rein sein, damit das Licht lebendig und tief wirke. Der Künstler muß aus seiner inneren Schau immer neue Impulse schöpfen, und der ständige Wechsel der Farben und des Lichtes soll die Gegenstände in immer neuen Spiegelungen erscheinen lassen. Man muß die sogenannte Natur übertreffen, die fiebernde Leidenschaft für die Kunst muß alles erfassen, wie wenn ein inneres Beben das Ganze erschütterte. Der Künstler muß die innere Erregung, die ihn erfaßt, an den Betrachter weitergeben. Auch die kleinsten Nebensächlichkeiten und zufälligen Zeichen müssen belebt sein. Das Leben muß überall zutage treten. Vor dem Auge des Betrachters soll alles sich in eins verschmelzen, in die tiefe Bewegtheit des pulsierenden Lebens.« □

Segantini-Hütte auf dem Schafberg

Segantini-Museum in St. Moritz

MERIAN im März:
China: Shanghai und der Süden

Huangshan: Die Gelben Berge gehören zu Chinas schönsten Landschaften

Shanghai: Im Teehaus treffen sich die alten Männer

Shenzhen: Experimentierfeld für den Kapitalismus

Keine Woche ohne neue Nachrichten aus China. Das drittgrößte Land der Erde schickt sich an, in die Reihe der Weltmächte aufzurükken. MERIAN-Redakteure und -Fotografen haben den Süden Chinas kreuz und quer bereist, um aufzuspüren, was das Reich der Mitte in Bewegung gebracht hat. Sie besuchten die Wirtschaftssonderzone Shenzhen, ein chinesisches Hongkong; machten eine Reise auf dem Kaiserkanal und schauten dabei in die Hinterhöfe der Chinesen. Sie spazierten durch Chinas schönste Gärten in Suzhou, fuhren durch die drei Jangtse-Schluchten, blieben den Bürgern von Shanghai 24 Stunden auf den Fersen. Sie waren bei den »neuen Reichen« zu Hause und testeten die Reise von Hamburg nach Shanghai mit der Eisenbahn.

Die darauf folgenden fünf MERIAN-Hefte: Kärnten; Provence; Englands Mitte und Norden; Freiburg im Breisgau; Chicago. Die letzten sechs MERIAN-Hefte: Portugal; Schleswig-Holstein; Himalaya; Mailand; Sahara; Frankfurt.

IMPRESSUM

MERIAN – das Monatsheft der Städte und Landschaften

Herausgeber: Dr. Will Keller

Chefredakteur: Ferdinand Ranft

Stellvertretende Chefredakteure:
Emanuel Eckardt
(verantwortlich für den Textteil)
Max Scheler
(verantwortlich für den Bildteil)

Geschäftsführende Redakteurin:
Dr. Barbara Beuys

Redakteure:
Hans-Joachim Györffy
Tibor M. Ridegh
Sonja Sayed Ahmed
Helga Thiessen
Hans Markus Thomsen
Christian Venth

Bildredaktion: Hanni Rapp

Dokumentation:
Reinhard Hoheisel-Huxmann
Dr. Franklin Kopitzsch

Layout: Erika Schmied (Leitung)
Astrid Borowski

Herstellung: Wolfgang Schöppel

Anzeigenleitung: Michael Wittke

Anzeigenstruktur: Bernd Knospe

MERIAN Leser-Service:
Irmgard Struve

MERIAN erscheint monatlich im Hoffmann und Campe Verlag, Harvestehuder Weg 45 · 2000 Hamburg 13 · Tel. 4 41 88-1 · Tel. Leserservice: 4 41 88-2 29 · FS 02 14 259 Anzeigen-Abteilung: Poßmoorweg 1, 2000 Hamburg 60, Tel. 27 17-0, FS 02 13 214 · Zur Zeit gültige Anzeigenpreisliste Nr. 24

Bildschirmtext

Sie erreichen MERIAN über Bildschirmtext (Btx) mit *44044 # · Das vorliegende Heft Februar 1986 ist die 2. Nummer des 39. Jahrgangs · Nachdruck nur mit Zustimmung der Redaktion gestattet, alle Übersetzungsrechte bleiben vorbehalten, für unverlangte Einsendungen haftet die Redaktion nicht · Bezug über den Buch- und Zeitschriftenhandel, die Postanstalten und den Verlag, der auch Liefermöglichkeiten im europäischen Ausland und in Übersee nachweist · Preis im Abonnement monatlich 8,40 DM, zuzüglich 1,50 DM Versandkosten bei Zustellung frei Haus · Der Bezugspreis enthält 7 Prozent Mehrwertsteuer · Kündigungen sechs Wochen zum Ende des Bezugsquartals · Postscheckkonto Hamburg 299 453-202 (BLZ 200 100 00) · Vereins- und Westbank AG, Hamburg, Konto-Nr. 2/16 739 (BLZ 200 300 00) · Führen in Lesemappen ist nur mit Genehmigung des Verlages gestattet · Printed in Germany · Gesamtherstellung: Mainpresse Richterdruck Würzburg □

TIPS UND HINWEISE

REISEZEIT

Graubünden hat eine Sommersaison (Anfang Juni bis Ende Oktober) und eine Wintersaison (Anfang/Mitte Dezember bis Mitte April). 60 Prozent der Gäste kommen im Winter. Davon profitiert der Sommerurlauber. Während im Winter viele Orte ausgebucht sind, findet man im Sommer immer ein Bett. Je nach Lage und Nachfrage kostet eine Ferienwohnung im Sommer die Hälfte oder nur ein Drittel des Winterpreises. Im Mai und im November – zwischen den Saisons – ist es zwar am ruhigsten, aber die meisten Hotels und Restaurants haben geschlossen. Touristische Tummelplätze wie Arosa, Davos oder St. Moritz wirken dann wie ausgestorben. Die Hotelbesitzer und ihre Angestellten (die Saisonniers) machen Urlaub, oder sie reparieren und renovieren.

AUTO

Anreise

Anreise aus dem Norden über Basel und Zürich, aus dem süddeutschen Bereich über Bregenz oder durch das Inntal.
Für Urlauber aus dem Norden fahren Autoreisezüge. Bis Chur und weiter nach Samedan von Hamburg (Sternschanze), Hannover und Frankfurt am Main (Neu-Isenburg). Am Freitag vor Weihnachten und jeden Freitag im Februar und März. Abfahrten: Hamburg 17.15 Uhr, Hannover 19.48 Uhr, Frankfurt/Main 23.22 Uhr. Die Hin- und Rückfahrt kostet für ein Auto und eine Person 1250 DM, Schlaf- oder Liegewagen extra. Preiswerter macht die Bahn es im Sommer nach Lörrach. Da kostet es von Hamburg für ein Auto und Schlafwagen für eine dreiköpfige Familie hin und zurück 784 DM. Der Zug fährt täglich vom 1. März bis zum 31. Oktober, aber auch täglich vor Weihnachten, dazwischen ein- bis zweimal die Woche, jeweils 20.20 Uhr ab Hamburg (Sternschanze). Die Bahn lockt mit Sondertarifen und zusätzlichen Zügen. Deshalb frühzeitig anrufen und buchen: Bundesbahndirektion Hamburg, Tel. 0 40/39 18 65 56-9.

Gebühren

Autobahnen und autobahnähnliche Straßen sind gebührenpflichtig. Die »Vignette« kostet 30 Fr. und ist in allen ADAC-Geschäftsstellen zu haben. Sie gilt ein Kalenderjahr.

Verkehrsregeln

Höchstgeschwindigkeit innerhalb der Ortschaften 50 km/h, außerhalb 80 km/h, auf der Autobahn 120 km/h. Vorfahrt hat, wer bergauf fährt und immer das gelbe Postauto.

Die Pässe

Viele Alpenpässe sind von November bis Juni geschlossen. Ganzjährig geöffnet sind Bernina, Flüela, Julier, Maloja, Ofenpaß und die Zufahrt zum S. Bernardino-Tunnel. Auskünfte über die Straßenverhältnisse Tel. 1 63 (in der Schweiz), Tel. 11 69 (in der Bundesrepublik).

Pannenhilfe, Unfälle

Touring-Hilfe des TCS (Touring-Club der Schweiz) Tag und Nacht: Tel. 140. Kostenlos nur für ADAC-Mitglieder mit Auslandsschutzbrief.
Zuständig für die Schadensregulierung bei Unfällen ist die Zürich Versicherungsgesellschaft, Postfach, 8022 Zürich, Tel. 01/205 21 21.

Leihwagen

In Chur und in einigen größeren Orten (Davos, St. Moritz) kann man Autos mieten. Ein Golf kostet pro Woche etwa 400 Fr., und jeder Kilometer 0.72 Fr. Günstiger ist es, von der Bundesrepublik aus einen Wagen zu bestellen: eine Woche ohne Kilometerbegrenzung 540 Fr. (Avis) oder 490 Fr. (inter Rent). Im Winter gehören M + S-Reifen und Schneeketten zur Standardausrüstung.

BAHN · BUS

Alle 215 Gemeinden Graubündens sind entweder durch die Rhätische Bahn oder durch die gelben Postbusse an das öffentliche Nahverkehrsnetz angeschlossen. Um keinen Anschluß zu verpassen, sollte man sich den »Fix-Fahrplan« besorgen. Er ist von handlichem Format und für nur 2,50 Fr. auf jedem Bahnhof zu haben. Der »Fix-Fahrplan« erscheint halbjährlich und informiert auch über die zahlreichen Bergbahnen Graubündens.
Wer mit dem Auto anreist, aber auf den Zug umsteigen möchte, dem wird auf Anfrage an jedem Bahnhof ein Parkplatz zugewiesen, auch für mehrere Tage. Sollte sich das Bahnpersonal ablehnend verhalten, so berufe man sich auf die gegenüber MERIAN gemachte Zusage von Willi Hochstrasser, der in der Direktion der Rhätischen Bahn für Öffentlichkeitsarbeit zuständig ist: Tel. 0 81/21 91 21.

BÜNDNER FERIENPASS

Der Ferienpaß ist ein attraktives Angebot für alle, die ohne Auto Urlaub machen wollen oder müssen. Er gilt 15 Tage. An fünf frei wählbaren Tagen ist er ein Generalabonnement der Rhätischen Bahn. An zehn Tagen erhält man auf allen Strecken eine Ermäßigung von 50 Prozent. Während der ganzen Zeit fährt man mit dem Postauto und auf den Bergbahnen zum halben Preis. Er wird ausgegeben vom 1. Mai bis zum 31. Oktober und kostet 86 Fr. in der zweiten Klasse und 134 Fr. in der ersten Klasse. Kinder zahlen die Hälfte. An allen Fahrkartenschaltern der Rhätischen Bahn und der Post.

VERSICHERUNGEN

In der Schweiz werden die Krankenscheine der deutschen Pflichtversicherungen

TIPS UND HINWEISE

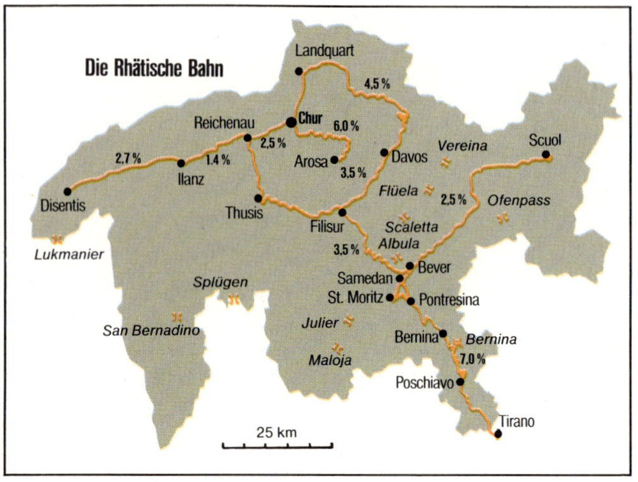

Ab 1889 wurde Graubünden durch ein Netz von Schmalspurbahnen erschlossen, die heute unter dem Namen Rhätische Bahn (RhB) eine organisatorische Einheit bilden. Jede Fahrt mit der RhB ist ein Höhepunkt »panoramatischen Reisens«

nicht akzeptiert. Es empfiehlt sich deshalb, eine Reisekrankenversicherung abzuschließen. Haustiere benötigen eine Tollwutschutzimpfung, mindestens 30 Tage, höchstens zwölf Monate alt.

TELEFONIEREN

Wenn Sie nicht genügend Kleingeld zur Hand haben oder die Urlaubskasse entlasten wollen, können Sie sich in jedem Münzfernsprecher zurückrufen lassen. Die Nummer der Telefonzelle finden Sie auf der Wählscheibe. Vorwahl Bundesrepublik 0049, Österreich 0050, Schweiz 0041.

UNTERKUNFT

Nur 22 Prozent der rund 225 000 Gästebetten stehen in Hotels. Damit setzt sich der Trend zur Parahotellerie (Ferienwohnungen) fort. Aber die Hotels verbuchen 45 Prozent der Übernachtungen. Der Standard in den meisten Häusern entspricht den Erwartungen, die man im allgemeinen an die Schweizer Hotellerie hat und befriedigt hohe und auch höchste Ansprüche. Die lange Tradition der Gastlichkeit hat ein Service-Niveau hervorgebracht, das in der Welt seinesgleichen sucht – im palastartigen Grandhotel der Gründerzeit ebenso wie im Berggasthof. Wer in Graubünden einen Hotelurlaub plant, muß bedenken, daß er in den Wintermonaten rechtzeitig buchen muß und daß viele Hotels Saisonbetriebe sind, das heißt, nur im Sommer oder nur im Winter geöffnet haben oder zwischen den Saisons schließen. Wer eine Ferienwohnung sucht, ist unabhängiger von der Saison. Es gibt allerdings kein Gesamtverzeichnis. Auskünfte erteilen die örtlichen Verkehrsvereine.

Wo man gut schläft

Palace Hotel
7500 St. Moritz
Tel. 0 82/2 11 01
200–350 Fr.
Hotelpalast für Verwöhnte und Betuchte.

Steigenberger Hotel Belvédère
7220 Davos Platz
Tel. 0 83/2 12 81
80–160 Fr.
Das über 100 Jahre alte Grandhotel macht seinem Namen alle Ehre.

Romantik-Hotel Stern
7000 Chur
Tel. 0 81/22 35 55
60–70 Fr.
Abholservice mit 1933er Buick. Zimmer für Behinderte. Pferdekutschensammlung.

Margna
7515 Sils/Segl Baselgia
Tel. 0 82/4 53 06
90–140 Fr.
Das 1817 erbaute Privathaus wuchs kontinuierlich zu einem der schönsten Bündner Hotels.

Chesa Guarda Lei
7513 Silvaplana
Tel. 0 82/2 31 21
90–200 Fr.
Gebäudekomplex aus mehreren Häusern im Engadiner Stil, die untereinander mit Gewölbegängen verbunden sind.

Romantikhotel Guardaval
7550 Scuol
Tel. 0 84/9 13 21
65–95 Fr.
Prachtvolles historisches Engadiner Haus.

Hotel Suisse
7742 Poschiavo
Tel. 0 82/5 07 88
45 Fr.
Klein und gemütlich.

Hotel Crusch Alba
7550 S-charl-Scuol
Tel. 0 84/9 14 05 (Sommer)
0 84/9 12 52 (Winter)
35–45 Fr.
Touristenlager 18 Fr.
Geöffnet von Pfingsten bis Ende Oktober. Gemütliches Berggasthaus, Ausgangspunkt für Wanderungen.

Hotel Chalavaina
7537 Müstair
Tel. 0 82/8 54 68
35–45 Fr.
Ein Wohnturm aus dem 13. Jh. mit sechs Zimmern, war schon im Mittelalter Taverne und Kaufhaus.

Genossenschafts-Hotel Ucliva
7199 Waltensburg/Vuorz
Tel. 0 86/4 22 42
Originelles »alternatives« Hotel. Der Gast bestimmt durch Eigenleistung (Holzsammeln) den Preis.
(Alle Preise pro Person mit Frühstück.)

Camping, Jugendherbergen

Graubünden verfügt über mehr als 40 Campingplätze in allen Talschaften. Sehr schön liegt der Platz von Disentis am Ausgang der Medelschlucht. Das ausgetrocknete Flußbett und der kleine See bilden einen Robinson-Spielplatz. In Poschiavo sind Ugo Bondolfis Feuerstellen immer für eine Fete gut. Pro Person mit Zelt und Auto muß man für die Übernachtung mit 10 Fr. rechnen. Jugendliche unter 16 Jahren dürfen nur in Begleitung Erwachsener campen. Informationen erteilt das Sekretariat des Verbandes ost- und zentralschweizerische Campingplätze, Bertastr. 72, 8003 Zürich, Tel. 01/4 63 03 44.
Wer sich in Susauna (Zuoz), einem Dörfchen zwischen Ober- und Unterengadin gelegen, in der großen Wohnküche von Frau Camichel bekochen läßt, sitzt in der ältesten Jugendherberge der Schweiz. Seit 1924 bietet sie müden Wanderern eine Übernachtungsmöglichkeit. Das in Art und Ausstattung an die Pionierzeit des Jugendherbergswesens erinnernde Engadinerhaus ist von der Station Cinuos-chel-Brail zu Fuß in rund 40 Minuten erreichbar (Tel. 0 82/7 11 05). Geöffnet von Anfang Juni bis Mitte Oktober.
Jugendherbergen findet man an fünfzehn Orten Graubündens, viele, gerade an den Wintersportorten, sind allerdings längst nicht mehr so spartanisch eingerichtet, viele kompensieren aber immer noch wenig Komfort mit einer außergewöhnlichen Lage (zum Beispiel die Burg Ehrenfels oberhalb Sils i. D., allerdings nur für Gruppen). Die Preise schwanken zwischen 4 Fr. (Susauna) und 12

Fr. (St. Moritz Bad) für die Übernachtung. Frühstück überall 4 Fr., Mittag-/Abendessen 7 Fr. Verein für Jugendherbergen, Mutschellenstr. 116, 8038 Zürich, Tel. 01/4824561.

BÜNDNER KÜCHE

Es war vor allem der Tourismus, der die Eßgewohnheiten im Kanton Graubünden nachhaltig veränderte. So findet der Gourmet hier alle Formen der internationalen Küche in hoher Qualität. Die traditionelle Bündner Küche behauptet sich am ehesten noch in den entlegenen Bergtälern. Inzwischen ist es aber wieder Mode geworden, nach alten Rezepten zu kochen und alte Bündner Gerichte auch den Gästen als Besonderheit schmackhaft zu machen. Pionierarbeit leistete hier Emil Pfister vom Romantik-Hotel *Stern* in Chur. Er hat den Bündner Bauersfrauen in die Kochtöpfe geguckt und die Rezepte »mutiert« und verfeinert. Aber auch viele Wirtshausköche bringen wieder gern Bodenständiges auf den Tisch.

Da ist zum Beispiel die **Beinwurst** (siehe Seite 31), die alle Bündner, im Ausland oder daheim, zum beliebten Ritual des Beinwurstessens vereinigt. Dazu gehört eine solide Gerstensuppe, die **Schoppa da giotta,** die sich im alltäglichen Speisezettel gehalten hat. In verfeinerter Form hat sie als **Potage grison** Einzug ins internationale Hotelmenü gehalten.

Die im Ausland bekannteste Spezialität ist das **Bündner Fleisch,** gepreßtes, an der Luft getrocknetes Rindfleisch, das seinen Herkunftsnamen erst durch den Export in die Unterländer bekommen hat. In Graubünden heißt es nach dem »Binde« genannten Rindfleischstück **Bindenfleisch.**

Weitaus kalorienreicher sind allerdings die Mehl- und Kartoffelspeisen: **Pizokel, Tatsch, Plain in Pigna** und vor allem **Capuns** und **Maluns** (beide Wörter werden auf der zweiten Silbe betont, das u wird jeweils lang gesprochen). **Pizokels** sind eine Art Riesenspätzle aus Hartweizengries und Weizenmehl (im Puschlav heißen sie **Pizzocceri neri** und werden aus Buchweizen und Weißmehl zubereitet). Mit Käse und gerösteten Zwiebeln angereichert und mit heißer Butter übergossen, sind sie eine überaus solide Mahlzeit. Nicht weniger nahrhaft sind **Capuns:** Ein Spätzleteig wird mit Speck und Fleischstückchen verrührt, handliche Portionen mit Mangoldblättern umwickelt und gar gekocht. **Maluns** ist die Königin der Kartoffelspeisen. Früher war sie so beliebt, daß sie bei keinem bäuerlichen Hochzeitsessen fehlen durfte. Zwei Tage zuvor gekochte Kartoffeln werden gerieben, mit Mehl gut vermischt und in viel heißer Butter oder Margarine unter ständigem Wenden und Stochern gegart. Dazu serviert man Milchkaffee und Apfelkompott.

Neuerdings bieten einige Gaststätten auch wieder **Chäsgatscheddar** an: Altes Brot, mit Lagen von Käse dazwischen, wird in Milch aufgeweicht und dann in Butter zu einer zähen, Fäden ziehenden Masse gebraten, oft auch mit Milch zu einer Art Suppe verdünnt. In regionalen Varianten erscheint diese Speise auch unter den Namen **Alter Mann** (Vals) oder **Schoppa sütta** (Engadin) auf der Speisekarte.

Nicht vergessen werden darf die Kunst des Backens, die von den aus der Emigration heimgekehrten Zuckerbäkkern und Cafetiers bereichert und verfeinert wurde. Meist werden einheimische Dörrfrüchte verwendet: Da gibt es **Birnbrot, Fruchtstollen, Pitta** (Hefekuchen), **Biesttorte** (aus der ersten dikken Milch nach dem Kalben), und die Kartoffeltorte. Am bekanntesten und ein beliebtes Mitbringsel ist die **Engadiner Nußtorte** mit Walnüssen und Honig.

Wo man gut ißt

Romantik-Hotel Stern
7000 Chur
Tel. 0 81/22 35 55
Hier erlebte die Bündner Küche ihre Renaissance.

Zunfthaus zur Rebleuten
7000 Chur
Tel. 0 81/22 17 13
Schöne arvenholzgetäfelte Gaststube. Bündner Spezialitäten und internationale Küche.

Der Blick von der Terrasse ist so eindrucksvoll wie die Küche.

Gourmet Serail
7074 Malix
Tel. 0 81/22 48 02
Gemütlich und teuer. Spezialitäten à la nouvelle cuisine.

Restaurant Castels
7241 Luzein-Putz
Tel. 0 81/54 19 33
Dienstags geschlossen
Altes Herrenhaus gegenüber der Burgruine. Erfahrene Besucher dieses Lokals empfehlen: Man braucht zwei Tage.

Ritterhof
7299 Fideris
Tel. 0 81/54 32 32
Montags ganztägig, dienstags bis 17 Uhr geschlossen
Ritterhaus der von Salis,

Graubündner Alm: Hier wird Käse noch mit der Hand gemacht

Hofkellerei
7000 Chur
Tel. 0 81/22 32 30
Montags geschlossen
Gaststube aus dem frühen 16. Jahrhundert.
Der besondere Tip: Capuns und Churer Schiller.

Veltlinerkeller
7500 St. Moritz
Tel. 0 82/3 40 09
Die gutbürgerliche Küche hat ihre Höhepunkte in den Bergeller Pizzocceri und Panzerotti (Pfannkuchen mit Tomatensauce und Käse).

Paradies
7551 Ftan
Tel. 0 84/9 13 25

dekoriert mit Rüstungen und Morgensternen.

Chesa Marchetta
7514 Sils i. Engadin
Tel. 0 82/4 52 32
Das Menü des winzigen Restaurants bestimmt der Gast, der zuerst einen Tisch reserviert.

Hotel Maria
7514 Sils i. Engadin
Tel. 0 82/4 53 17
Kleine gemütliche Gaststube. Spezialität: Fondue.

Crusch Alba
7550 Scuol
Tel. 0 84/9 11 55
Montag geschlossen
Kellerrestaurant. Spezialitäten am offenen Feuer.

TIPS UND HINWEISE

Show-Käse

Wer sich die Bergkäsproduktion ansehen möchte, ohne dabei zu hungern und zu dürsten, geht nach Parpan, ins Restaurant *Tschugga*, etwas oberhalb des Dorfes gelegen. An einem Tisch im selben Raum mit dem »Chäschessi« Toni Salzgeber, Käser und Wirt in einem, kann er sich bei Wein und Bündnerplatte über den Arbeitsablauf genau informieren.
Restaurant *Tschugga,* Parpan, Tel. 081/35 15 53.

BÜNDNER WEIN

Ob die Römer die Reben nach Graubünden gebracht haben oder ob schon vorher dort Wein angebaut wurde, ist ungeklärt. Fest steht aber, daß der Kanton Graubünden den ältesten Beleg für Weinbau auf dem Gebiet der heutigen Schweiz vorzeigen kann: 765 erwähnt das Testament des Bischofs Tello von Chur Weinberge bei Ilanz. Daß der Rebbau zu Zeiten Karls des Großen geradezu mit Eifer betrieben wurde, belegt ein weiteres Dokument: Um 800 mußte den Rebleuten die Arbeit im Weinberg an Sonntagen bei Strafe verboten werden.
Damals wurde allerdings noch ausschließlich Weißwein, hauptsächlich der saure **Elbling,** angebaut, aber auch die heute noch in Malans als Rarität erhaltene **Completerrebe.** Der Sortenname leitet sich wahrscheinlich aus der Komplet, dem Vesper- oder Abendgebet der katholischen Kirche ab. Heute versuchen die Winzer in Zusammenarbeit mit der Eidgenössischen Forschungsanstalt für Obst-, Wein- und Gartenbau in Wädenswil, eine ertragreichere, säureärmere und weniger empfindliche Variante zu finden, damit diese alte Sorte der Weinwelt erhalten bleibt. In guten Jahren (mit über 100 Grad Öchsle) entwickelt der Completerwein ein sehr schönes, sortentypisches Bouquet, in schwachen Jahren ist er im Handel kaum erhältlich.
Im 17. Jahrhundert verdrängte in ganz Nordbünden der **Blauburgunder** (Pinot Noir) das weiße Gewächs. Es heißt, Herzog Henri von Rohan, der während des Dreißigjährigen Krieges den Österreichern den Zugriff auf die Bündner Pässe verwehrte und die Spanier aus dem Veltlin warf, habe die Blauburgunderrebe aus seiner Heimat mitgebracht. Historiker haben allerdings inzwischen festgestellt, daß der »gute« Duc de Rohan mit Vorliebe Wasser

Standbild des Duc de Rohan auf der Rohanschanze bei Maienfeld

trank und aus der rauhen Bretagne stammte.
Wer die große europäische Nord-Süd-Verbindung, die Nationalstraße 13, bei Maienfeld verläßt, findet sich im Bündner Weinland wieder. Angebaut wird auf dem 287 Hektar umfassenden Gebiet in der Hauptsache (90,4) Prozent die Blauburgunderrebe. Neben dem Blauburgunder werden aber auch weiße Sorten gekeltert. Der früher verbreitete, eher säuerliche Elbling ist von 1925 an systematisch durch den **Riesling × Silvaner** (Müller-Thurgau) (8 Prozent) ersetzt worden: In noch kleineren Mengen werden auch **Grauburgunder** (Pinot Gris), auch als Ruländer, Malvoisie auf dem Markt, **Chardonnay, Weißburgunder** (Pinot Blanc), **Gewürztraminer, Freisamer** und die alte **Completerrebe** angebaut.
Das Bündner Rebbaugebiet zerfällt in rund 600 Parzellen. Nur etwa 70 Rebbergbesitzer, die allerdings über 50 Prozent der Gesamtfläche bewirtschaften, verarbeiten ihre Trauben selber. Für die meisten Winzer ist der Rebbau ein einträglicher Nebenerwerb. Etwa 40 Selbstkelterer stellen aus dem Most **Beerliwein** her, ein dunkelrotes, gehaltvolles Getränk. Eine Beerli-Auslese gilt als wahrer »Grandseigneur«, voll, vorzüglich ausgewogen, mundig, von rubinroter Farbe, ein Festwein, der auch die internationale Konkurrenz – wie die Exportzahlen belegen – nicht zu scheuen braucht und in der Regel erst nach ein paar Jahren volle Trinkreife erreicht.
Im oberen Teil des Bündner Rebgebietes, also in den »Fünf Dörfern« mit Igis, Zizers und Trimmis, aber auch in der Hauptstadt Chur, in Felsberg und in der Industriegemeinde Domat/Ems wird viel **Süßdruck** bereitet. Die Maische gärt nur kurz, dadurch bekommt der Wein seine hellrote Farbe. Ob **Süßdruck, Rosé** (Wallis), **Œil de Perdix** (Neuenburg), **Weißherbst** (Deutschland) oder wie die nur 24 bis 48 Stunden an der Maische gegorenen Weine auch immer heißen – sie sind elegant, frisch und süffig und werden in der Regel jung getrunken.
Die Weiß- und Rotweine, die heute im Churer Rheintal gekeltert werden, sind eigentlich Rheinweine, doch niemand mag sie so nennen: So kommen die Roten als **Maienfelder, Malanser, Jeninser** oder **Zizerser,** also unter der Ursprungsbezeichnung, auf den Markt, aber auch unter ihrer Lagebezeichnung **(Schloß Salenegg, Pola, Marschallgut).** Die Weißen werden unter dem Namen der Rebsorte angeboten **(Riesling × Silvaner, Chardonnay, Pinot Gris, Completer, Gewürztraminer).**
Wer das Rebbaugebiet Graubündens beschreibt, kommt nicht umhin, das im Süden an das Puschlav angrenzende Veltlin mit einzubeziehen, denn die Bündner haben das Veltlin über Jahrhunderte hinweg bewirtschaftet. Noch heute sind sie nicht nur an der Produktion, sondern auch an Handel und Konsum dieses bemerkenswerten norditalienischen Rotweins beteiligt. Daran konnte auch der Wiener Kongreß im Jahre 1815 nichts ändern, als das Veltlin im Rahmen einer großen europäischen Flurbereinigung dem Kanton Graubünden endgültig verlorenging. Heute wird in unzähligen Gaststuben allabendlich »das Veltlin halbliterweise zurückerobert«.
Eine besondere Spezialität des Veltlins ist der **Sforzato,** ein »Strohwein«, mit einem Mindestalkoholgehalt von 14,5 Prozent. Aus den besten Reblagen des Veltlins werden gesunde und vollreife Trauben ausgelesen und auf Gitterrosten bis zum Januar

gelagert. Die aufwendige Herstellung gab dem Strohwein seinen Namen: Die Trauben wurden früher auf Strohmatten gebettet, durch Verdunstung verringert sich der Wassergehalt in den Traubenbeeren, und der Anteil an Extraktstoffen nimmt zu.
Wenn aus einem Kilogramm Trauben bei den übrigen Graubündner Weinen normalerweise bis 0,75 Liter Wein gewonnen werden, so sind es beim Sforzato höchstens noch 0,4 Liter. Sforzato-Weine sind kräftig und trokken und gewinnen mit zunehmendem Alter an Finesse.

jed. 1. und 3. Fr 19–21 Uhr. Malerei, Bildhauerei und Grafik des 17.–20. Jahrhunderts. Hauptgewicht auf Schweizer Kunst des 18.–20. Jahrhunderts, größere Werkgruppen von A. Kauffmann, G. Segantini, den Brüdern Giacometti, E. L. Kirchner und Malern der Gruppe »Rot-Blau«. Schweizer Kunst zweite Hälfte 20. Jahrhundert, ständige Wechselausstellungen nationaler und internationaler Kunst.

Bündner Natur-Museum
Masanserstraße 31
Tel. 081/22 15 58
Di–So 10–12 Uhr und 14–17 Uhr.

Bündner Kunstmuseum: Der letzte Ritter von Hohenrätien

MUSEEN

Die reichhaltigsten und schönsten Museen Graubündens finden sich in Chur. Schon deshalb ist ein Besuch der Kantonshauptstadt unumgänglich. Aber auch viele Talschaften haben kleine, originelle Museen eingerichtet, deren Besuch sich lohnt. Bei diesen ändern sich gelegentlich die Öffnungszeiten. Es empfiehlt sich, telefonisch nachzufragen, wenn der Besuch mit einer längeren Anreise verbunden ist.

Bündner Kunstmuseum
Postplatz
Tel. 081/22 17 63
Di–So 10–12 Uhr und 14–17 Uhr,

Reichhaltige Ausstellungen und Sammlungen zur Naturkunde des Kantons Graubünden. Geographie, Geologie, Mineralogie, Botanik und Zoologie des Kantons Graubünden.

Rätisches Museum
Hofstraße 1/Museumsplatz
Tel. 081/22 29 88
Di–So 10–12 Uhr und 14–17 Uhr.
Archäologische, historische, kulturgeschichtliche und volkskundliche Sammlung Graubündens. Ur- und frühgeschichtliche Abteilung mit Fundmaterialien aus dem ganzen Kanton. Historisches Museum des Kantons Graubünden.

Rathaushalle Chur
Tel. 081/21 41 11
Di u. Do 14–16 Uhr

(Anmeldung bei der Stadtkanzlei im 1. Stock)
Sammlung edler Steine und Kristalle. Einige Ausstellungsstücke gehören zu den schönsten der Welt.

Dommuseum, Hof 18
Tel. 081/222312
Mo–Fr 10–12 Uhr und 15–17 Uhr
Bedeutender Kirchenschatz. Sakrale Kunst vom 4. bis 18. Jahrhundert.

Heimatmuseum, Davos-Dorf
Museumstraße 1
Tel. 083/52196
Anf. Juni bis Ende Okt.
Ende Dez. bis Ende April
Mi u. So 16–18 Uhr
Heimatkundliche Sammlung. Möblierte Interieurs der Bauern und Patrizier der Landschaft Davos (ehemaliger Zehngerichtenbund). Hausrat, landwirtschaftliche Geräte, Werkzeuge. Alte Kornmühle aus Sculms. Dokumente zu Verkehr und Sport.

Bergbaumuseum Graubünden Davos-Monstein
Tel. 082/35712
Mitte Juni bis Mitte Okt.
Mi 14–16 u. Sa 16–18 Uhr
Sammlung zur Geschichte des Bergbaues. Erze und Mineralien aus Bündner Bergbaugebieten. Werkzeuge und Geräte.

Plantahaus Samedan
Tel. 082/65268
Juli–Sept.: Mo–Fr 9–11, 14–16 Uhr (bis auf 2. Fr im Monat)
Größtes Patrizierhaus des Engadins mit reicher Innenausstattung. Bemalte Türen, Täfer, Möbel und Winterthurer Öfen. Waffen und Kostüme der Familie Planta. »Stüva da Sent« mit Schnitzdecke und Intarsien.

Engadiner Museum,
Sankt Moritz, Badstraße
Tel. 082/34333
Jan.–Mitte April: Di–Fr 14.30–17.30 Uhr. Juni–Sept.: Mo–Sa 9.30–12, 14–17 Uhr, So 10–12 Uhr. Okt., 20.–31. Dez: Di–Fr 14.30–17.30 Uhr.
Gruppe von möblierten Interieurs aus dem 16.–19. Jh., u. a. Prunkzimmer aus Grosio (Veltlin), 17. Jh.: Küche, Möbel, Hausrat, Stickereien, Trachten. Kleine ur- und frühgeschichtliche Sammlung von Ausgrabungsmaterialien aus dem Engadin. Neolithische und bronzezeitliche Funde (Einfassung der Mauritiusquelle). Römische Funde vom Julier- und Septimerpass.

Unterengadiner Museum,
Scuol
Tel. 084/91549
15. Mai–Juni: Di, Do 10–11.30, 15–17 Uhr, Juli, Aug.: Mo–Fr 10–11.30, 15–17 Uhr. Sept.–15.Okt: Di, Do 10–11.30, 15–17 Uhr
Eingerichtete Räume: Küche, mehrere Stuben, Kammern, Möbel, Hausrat. Gewehre. Werkzeuge; land- und milchwirtschaftliche Geräte. Webstuhl, Geräte zur Bearbeitung von Hanf, Flachs und Wolle, Textilien, Trachten. Tabakmühle. Stollenabguß und Werkzeuge aus den Silberbergwerken S-charl. Naturgeschichtliche Objekte und prähistorische Fundstücke.

Schloß Tarasp
Tel. 084/91229, Führungen: 15.–31. Mai: Mi 14.45 Uhr. Juni: Mo–Sa 14.45 Uhr. 1.–10. Juli: 14.15, 15.15 Uhr. 11. Juli–20. Aug.: 10.30, 14.15, 15.15, 16.15 Uhr. 21. Aug.–15. Okt.: Mo–Sa 14.45 Uhr. Gruppen nur außerhalb der Führungszeiten nach Vereinbarung.
Bündner und Tiroler Wohnkultur: Möbel und ganze Zimmer des 16.–18. Jhs., besonders drei Täferstuben: aus dem Salis-Haus in Promontogno, 1539, aus der Casa Olgiati in Poschiavo, 1692, und aus dem Frauenkloster Cazis, 1704. Schweizerische Wappenscheiben des Oberen und des Gotteshausbundes, von Ständen, Stiften, Gemeinden und Privaten. Waffensammlung und Zinngegenstände.

Nietzsche-Haus in Sils Maria

Kirchner-Museum,
Davos-Platz, Postgebäude,
Tel. 083/35135
Dez.–Ostern: Di, Mi, Sa, So 16–19 Uhr. Mai, Juni, Sept., Okt.: Mi, Sa, So 17–19 Uhr. Juli, Aug.: Di, Mi, Sa, So 16–19 Uhr
Werke von Ernst Ludwig Kirchner und Dokumente

Nietzsche-Haus
Sils Maria
Neben Hotel *Edelweiß*
Tel. 082/45369
Jan.–Ostern: Di–So 16–18 Uhr. Juni–Sept.: Di–So 11–12, 16–18 Uhr. Ende Dez.: Di–So 16–18 Uhr.
Bescheidene Sammlung zur Erinnerung an den Philosophen und Dichter Friedrich Nietzsche (1844–1900). Dokumente, Fotos und Erinnerungsgegenstände, v. a. zum Silser Aufenthalt Nietzsches. Büsten, Totenmaske. Einige von Nietzsche inspirierte Kunstwerke. Wiedereingerichtetes Wohn- und Arbeitszimmer.

Segantini-Museum,
St. Moritz, Suvrettastraße
Tel. 082/34454
Jan.–April: Di–Sa 10–12.30, 15–17 Uhr; So 15–17 Uhr. Juni–20. Okt.: Di–Sa 9–12.30, 14.30–17 Uhr; So 10.30–12.30, 14.30–16.30 Uhr. Dez.: Di–Sa 10–12.30, 15–17 Uhr; So 15–17 Uhr.
Sammlung von Gemälden und Zeichnungen Giovanni Segantinis (1858–99). Ölbilder, bes. das Triptychon »Werden – Sein – Vergehen«, Bleistift-, Pastell- und Kohlezeichnungen aus der Italien-, Savognin- und Malojazeit.

Palazzo Castelmur, Stampa
Tel. 082/41370
15. Juni–14. Juli: 14–17 Uhr. 15. Juli–14. Sept: 9.30–11 Uhr. 15. Sept.–15. Okt.: 14–17 Uhr.
Schloß in italienisch-maurischem Castell-Stil mit reichhaltiger Innenausstattung.

Ciäsa Granda, Stampa
Tel. 082/41292
Mitte Juni–Mitte Okt.: 14–17 Uhr.
Naturgeschichte des Bergells: Mineralien, Fauna. Einige Bilder der Brüder Giacometti. Dokumente über die Geschichte des Tals. Haushaltsgegenstände, Landwirtschaftsgeräte, Objekte des Kunsthandwerks.

WANDERN

Seine vielgestaltige und abwechslungsreiche Landschaft macht Graubünden zu einem idealen Wandergebiet. Aneinandergereiht ergeben die markierten Wanderwege eine Strecke von 12000 Kilometern. Alle örtlichen Verkehrsvereine organisieren Gruppenwanderungen, denen man sich anschließen kann gegen ein geringes Entgelt für die Führung: Maultierwanderungen (St. Moritz), Vollmondwanderungen (Vals), Wildbeobachtungen (Laax), Bachbettwanderungen (Savognin). Für diejenigen, die das Landschaftserlebnis mit Kultur und Geschichte würzen wollen, hat ein Kenner vor Ort vier Routen ausgetüftelt und ausprobiert:

Rätisches Burgenland (1)
Burgen, Kirchen, Kapellen

Anreise: mit der Rhätischen Bahn, Postauto oder Auto nach Thusis Bahnhof, mit dem Postauto weiter nach Scharans. Wanderung: Scharans – Almens – Canovasee – Tomils – Rothenbrunnen (ca. 3 Std.). Rückfahrt: a) von Mulegns mit dem Postauto nach Thusis oder b) von Rothenbrunnen Station mit der RhB an den Ausgangsort.

Scharans ist ein guterhaltenes, charaktervolles Dorf. Den Wohlstand verdankt es seiner Lage an der alten Schin-Straße, eines wichtigen Zugangs zu den Pässen Septimer und Julier. Erst der Bau der linksseitigen Schin-Straße (1869) ließ Scharans ins Abseits geraten. – Im südlichen Dorfteil Sumvitg gruppieren sich bemerkenswerte Bauten um den Brunnen: *Haus Gees* (Nr. 37) mit Wandmalereien von Hans Ardüser (1605). Die Rückseite des Hauses ist an die Mauerreste einer ehemaligen bischöflichen Meierei angebaut. Etwas weiter oben das *Haus Balzer* (1668) mit Malereien eines unbekannten Meisters. Die ganze Häusergruppe steht am alten Schinweg. – Vor der *evang. Pfarrkirche* eine uralte Dorflinde, in deren Schatten schon vor 450 Jahren Gericht gehalten wurde. Von der Kanzel der gotischen Kirche predigte Georg Jenatsch (der »Jürg« des Romans von C. F. Meyer). Der Kirchturm stammt aus romanischer Zeit, der gotische Flügelaltar wurde während der Reformation nach Stierva verkauft. – Auf markiertem Sträßchen weiter nach **Almens.** Von der mittelalterlichen Anlage der kath. Kirche *St. Andreas* steht noch die westliche Partie des Langhauses, auf dessen Außenseite spätgotische Malereien (1497) und ein Votivbild (um 1600) erhalten sind. Kirchenschlüssel bei Fam. Mehr, Haus 48, bei der Kirche. – Die *evang. Kirche,* 1694 erbaut, wurde vom Bischof bezahlt, um die Rechte der Protestanten an der Andreaskirche abzulösen. – Am Weg zum Canovasee ist der Zugang zur Burgruine **Neu-Sins** (od. Canova, 13. Jh.). Im nahen See spiegelt sich der alles überragende Piz Beverin. Weiter bis zum Schulhaus von Paspels, dann dem Sträßchen nach Trans bis **Dusch** folgen. Den Schlüssel für die weiter oben gelegene Kapelle *Maria Magdalena* erhält man bei Fam. Battaglia im weißen Haus neben dem Bach. Am *Haus Buol* (vor 1664) vorbei auf der Straße weiter, dann über den Moränengrat zur kleinen romanischen Kapelle mit wunderschönen gotischen Malereien des Waltensburger Meisters (14. Jh.). Rückgabe des Schlüssels nicht vergessen! – Hinunter nach Dusch und auf dem Feldweg nach **Tomils.** Die kath. Pfarrkirche *St. Mariä Krönung* ist ein gotischer Bau von 1486. Schlüssel im Pfarrhaus neben der Kirchentreppe. Innen ein Zyklus von Wandmalereien (1597), volkskundlich interessant durch die Dorfbilder und die Darstellungen der nahen Schlösser. – Der Abkürzung zur Posthaltestelle Mulegns folgen. **Das Schloß Ortenstein** (Wehrturm um 1200) ist eine Gründung der Freiherren von Vaz. Das bewohnte Schloß ist nicht zugänglich. – Je nach Fahrplan und verfügbarer Zeit vom Posthalt Mulegns mit Postauto nach Thusis oder Rothenbrunnen Station. Wer zu Fuß weitergeht, sieht oberhalb der Straße die kühne Burgruine **Ober-Juvalta.** Im Dorf **Rothenbrunnen** lohnt das *Haus Tscharner* mit den Wandmalereien (1584) von Hans Ardüser. – Über die alte Rheinbrücke zum Bahnhof Rothenbrunnen.

Waltensburger Meister (2)
Vom Maler der frühen Gotik, von Galgen und Burgen

Anreise: mit der Rhätischen Bahn oder Auto nach Tavanasa, mit dem Postauto nach Breil/Brigels. Wanderung: Breil – S. Sievi – Breil – Flans – Adlerstein – Burgruine Kropfenstein – Waltensburg/Vuorz – Burgruine Jörgenberg – Ruis Station (ca. 3 Std.). Rückreise: von Ruis mit RhB zum Ausgangsort.

Breil/Brigels liegt auf einer Sonnenterrasse mit schöner Aussicht auf Disentis. Früher führte hier die Oberländer Straße vorbei, weil der Weg durch die Schlucht damals noch nicht begehbar war. Der Ortsname ist keltischen Ursprungs und heißt »Kleine Burg«, womit wohl die ehemalige Flucht- und Kirchenburg von S. Sievi gemeint war. – Die Pfarrkirche *Mariä Himmelfahrt* in Dorfmitte ist nicht verschlossen, die Schlüssel für die Kapellen sind im Verkehrsbüro erhältlich. Die Pfarrkirche

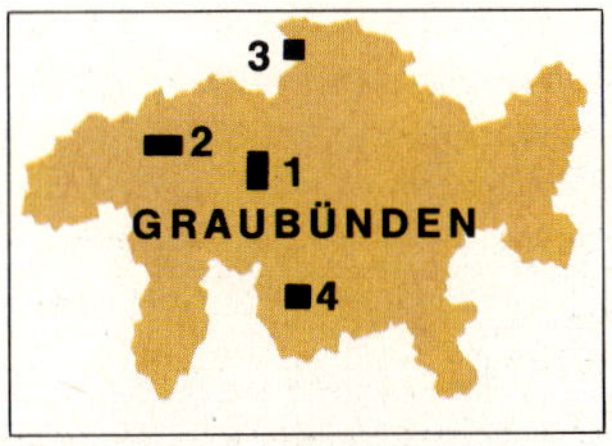

Vier Wanderungen in Graubünden: Wege in die Kulturgeschichte des Kantons. Wer ihnen folgt, kann Naturerlebnis mit Kunstbegegnung verbinden

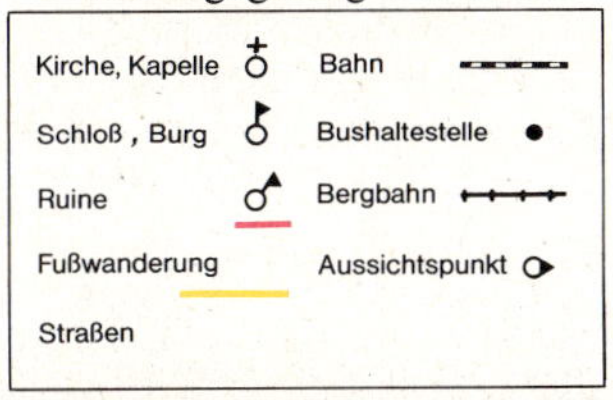

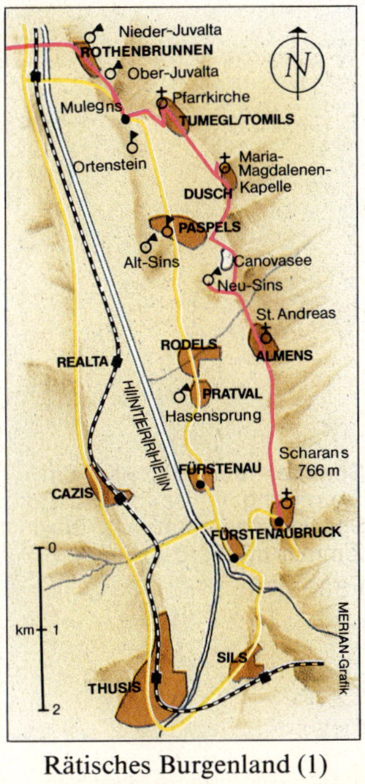

Rätisches Burgenland (1)

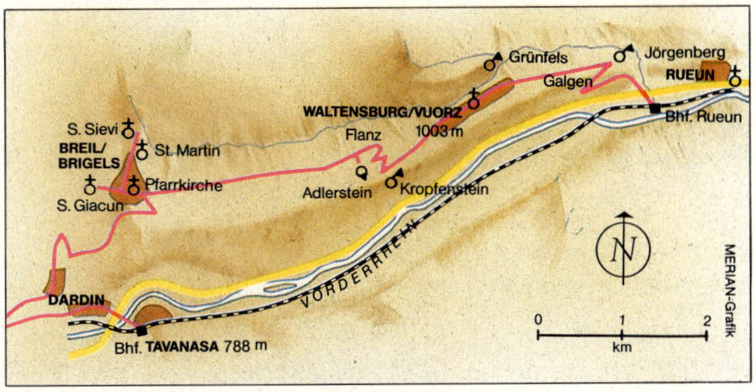

Waltensburger Meister (2)

TIPS UND HINWEISE

wurde 1964 umgebaut. Gotischer Chor von 1464, barokker Hochaltar von 1788. – Die Kapelle *Sogn Giacun* (Jakob) besitzt an der Außenseite Malereien aus der Zeit des Baues (1514), innen eine spätgotische Flachdecke. Die Kapelle *Sogn Martin* wurde schon im 8. Jh. erwähnt, der bestehende Bau ist gotisch. Besonders harmonischer Flügelaltar (1518). – Nun hinauf zur Kapelle *Sogn Sievi* (Eusebius). Gefundene Trockenmauern und Halsgraben weisen auf eine Fluchtburg mit späterer Entwicklung zur Kirchenburg hin. Romanischer Turm (11. Jh.), an der Außenwand Christophorus in lombardischem Stil, Innenraum 11. Jh. mit gotischen Malereien (1451). Die Südwand wird von einem Dreikönigsbild der Brüder da Seregno beherrscht (15. Jh., lombardisch). Auf dem Bild ist das Gepränge italienischer Fürstenhöfe der Renaissance dargestellt! Romanischer Kruzifixus (12. Jh.), wertvoller spätgotischer Altarschrein (1486). – Ins Dorf zurück zum Mittagessen, dann über Flanz zum Adlerstein und hinunter zur **Höhlenburg Kropfenstein** inmitten einer Felswand, heute aber gut zugänglich. Das Felsennest (12. Jh.) war von Ministerialen des Churer Bischofs bewohnt und um 1500 aufgegeben worden. – Nun dem Sträßchen folgen bis **Waltensburg.** Der romanische Name Vuorz kommt vom lateinischen (bi-)furcus (= Gabelung). Im Dorf prächtige Häuser des 18. Jhs., Schlüssel für die *evang. Pfarrkirche* am Postschalter oder im Usego-Laden. Turm mit Hocheingang 12./13. Jh. Das Schiff (1100) wurde um 1300 nach Westen verlängert, Choranbau 1450, Ausbruch der gotischen Fenster 1510. Diese Kirche hat überragende Bedeutung durch die frühgotischen Malereien eines unbekannten Künstlers, den man heute Waltensburger Meister nennt. Er war Bahnbrecher der gotischen Malerei in Rätien. Man hat viel über seine Herkunft gerätselt. »Wahrscheinlich ist, daß der Hauptmeister der Werkstatt aus der Fremde kam und sich dort ausbildete, wobei am ehesten an den Raum Zürich–Konstanz und das Gebiet rheinabwärts zu denken ist« (Alfons Raimann). – Es waren hier aber noch zwei andere Maler am Werk, im Chor um 1460, Christophorus an der Außenwand um 1510. Mit dem Schlüssel erhält man eine Broschüre über die Bildinhalte. Vom östlichen Dorfrand aus nun weiter zur **Burgruine Jörgenberg.** Unterwegs die Markierung zum nahen *Galgen* beachten! Jörgenberg ist die größte Burgruine der Surselva. Aus urzeitlichem Beginn entwickelte sich eine frühmittelalterliche Flucht- und Kirchenburg, dann eine Feudalburg. Die Burgkirche (9. Jh.) ist bis auf die Fundamente abgetragen, der romanische Campanile aus dem 11. Jh. blieb erhalten. – Von der Burg führt ein markierter Wanderweg hinunter zur Bahnstation Ruis/Rueun.

Ausschnitt aus der Bilderdecke von St. Martin in Zillis

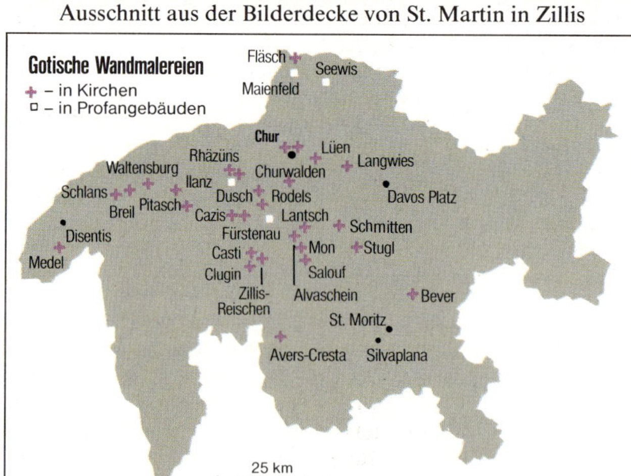

Aus der Zeit der Romanik sind nur wenige Wandmalereien in Graubünden erhalten, darunter allerdings die einzigartige Bilderdecke in der St. Martinskirche in Zillis. Sie ist um 1130 entstanden und gilt als die älteste figürlich bemalte Holzdecke der abendländischen Kunst (oben). In der Gotik erlebt die Freskenmalerei einen auch heute noch nacherlebbaren Höhepunkt. Vor allem der »Waltensburger Meister«, dessen wirklicher Name nirgends in Erscheinung tritt, wirkte als »Bahnbrecher der Gotik« etwa 20 Jahre (1320–1340) in Rätien. Seine Bilderwelt steht in unmittelbarer Nachbarschaft zu der der Manessischen Liederhandschrift, dem Schwanengesang mittelalterlichen Rittertums

Der Wein und die Dichter (3)
Im Garten Rätiens,
in der Heimat von Heidi

Anreise: Mit Bahn oder Auto nach Maienfeld. Wanderung auf dem »Kleinen Heidiweg«: Bahnhof – Städtliplatz – Unter-Rofels – Ober-Rofels (Heididörfli) – Bofel – Heidibrunnen – Weinberge – Maienfeld (ca. 1½ Std.) Rückreise: ab Maienfeld zum Ausgangsort.
Die Landschaft um das mittelalterliche Städtchen Maienfeld ist herrschaftlicher Vorhof und Eingangspforte Rätiens. Das römische Magia war Militärstation an der Straße von den Bündnerpässen zum Bodensee. Jahrhundertelang fuhr hier aber auch eine Fähre über den Rhein, und hier zweigte der Verkehr nach Zürich ab. – Immer hat hier der Weinbau eine große Rolle gespielt, nach einer Legende soll Kaiser Augustus die rätischen Weine allen anderen vorgezogen haben ... Die Klöster St. Gallen, Zwiefalten, Schaffhausen, Pfäfers und Churwalden besaßen hier Weinberge.
Weinländer bringen Dichter hervor und locken Dichter an! Einer der Freunde dieser gesegneten Landschaft war Rainer Maria Rilke. Er sah in ihr »eine gewisse südliche Erfülltheit«. 1926 schrieb er das Gedicht »Die Weide von Salenegg« ins Gästebuch des Schloßherrn. – Auf dem Friedhof von Maienfeld ruht neben Weinbauern und Aristokraten der Schriftsteller (Via Mala) John Knittel (1891–1970). Er verbrachte seinen Lebensabend in der Villa *Zum Römersteig.*

Romane ganz anderer Art schrieb jene Frau, die Maienfeld als Heimat des »Heidi« weltberühmt gemacht hat: Johanna Spyri (1827–1901, siehe auch Seite 145 ff.).
Im Städtchen wird man sich leicht zurechtfinden, wenn man am altersgrauen Turm der *Burg Brandis* (13. Jh.) vorbeigeht, zum *Städtliplatz*. Hier steht das *Sprecher-Haus* (1643), oberhalb der Treppe die *evang. Pfarrkirche* (1724), hinten auf dem Platz das *Rathaus* (1589) mit dem großen Wandbild (1930). Wo früher das Lindauertor stand (1861 abgebrochen), geht es durch die Vorstadt und durch Weinberge hinauf nach Unter- und Ober-Rofels, dem *Heididörfli*. Hier oben hat Heidi gelebt, hier kam frühmorgens der Geißenpeter vorbei und zog dann mit seiner meckernden Schar hinauf zur »Heidialp« ... Das bescheidene »Heidihüsli« ist privat, und man ist gebeten, das zu respektieren ... Hier oben hat sich an der Landschaft sozusagen nichts geändert, Falknis (2562 m) und Glehorn (2450 m) wachen über die bukolische Stille. – Etwas »Heidi-Tourismus« hat sich drüben an der Steigstraße entwickelt, wo sich beim Heidibrunnen die Busse entleeren ... Durch Eichen- und Buchenhaine, dann zwischen Rebbergmauern hinunter, erreicht man über die mittelalterliche »Reichsstraße« nach Maienfeld. Jetzt spätestens ist eine Weinprobe fällig ...

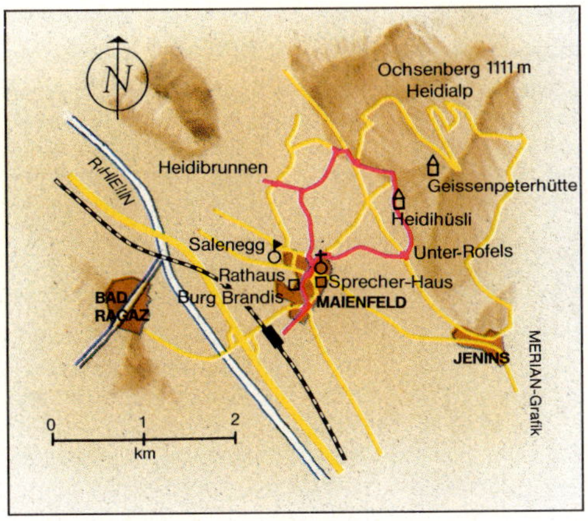

Der Wein und die Dichter (3)

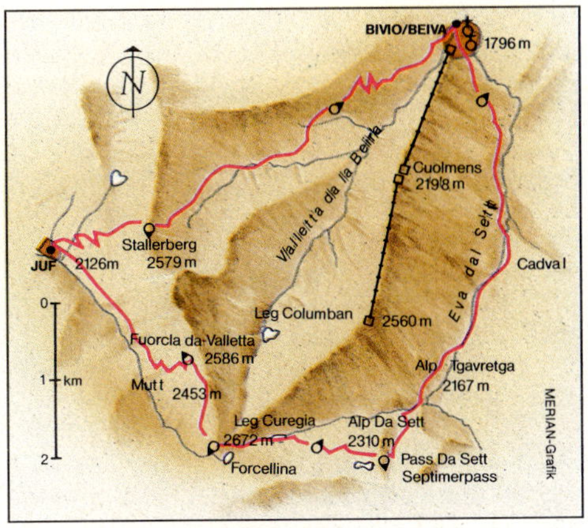

»in obersten wilden höhinen« (4)

»In obersten wilden höhinen« (4)
Vom Hochtal Avers
zum Kaiserpaß Septimer

Anreise: Am Vortag mit Postauto über Andeer nach Avers-Cresta. Übernachten in Cresta oder Juf. Wanderung: Juf–Forcellina–Septimerpass–Bivio (ca. 5½ Std.). Ausrüstung: Berg- oder Wanderschuhe, Rucksack, Wetterschutz, etwas alpine Erfahrung ist nötig, der Hochsommer ist hier die beste Wanderzeit. Rückreise: von Bivio mit dem Postauto an den Ausgangsort.
Von Andeer fährt das Postauto durch die Schluchten des Val Ferrera. Dieser Name erinnert an den frühen Erzabbau in diesen Bergen. Bei Cröt erreicht man das Hochtal **Avers** (sprich Aafers). Das Tal, schon im Frühmittelalter von Süden her besiedelt, sah im 14. Jh. die Einwanderung von deutschsprachigen Walsern. Sie ertrotzten sich bei den Feudalherren bald ein eigenes Gericht und die Wahl eines eigenen Landammanns. Kirchlich verbanden sie sich mit Bivio, das über den Stallerberg leichter zu erreichen war. Nach Süden führten eine Reihe von hochgelegenen Pässen. Wichtigster »Weg zur Welt« waren aber die Forcellina und der Septimer, über die sie ihre Viehherden auf die Märkte Italiens trieben ...
Die Walser stammten ursprünglich aus dem Wallis und siedelten sich hier in Einzelhöfen an. Lawinenkeile schützen Haus und Stall vor niederbrechenden Lawinen. Die noch heute vor den Ställen zum Trocknen aufgestellten Schafmistziegel ersetzen in der waldlosen Zone das Holz als Brennstoff. Eine Besonderheit sind die »Seelapalgga« (Seelenbalken, mit Schieber zu verschließende Öffnungen in der Zimmerwand). Man streitet darüber, ob diese Löcher wirklich dem »Abzug der Seelen in die Ewigkeit« dienen sollten: Das Loch sei früher beim Tod eines Bewohners geöffnet, dann sofort wieder geschlossen worden, damit die Seele nicht zurückkehre und böse Geister nicht ins Haus eindringen konnten. Andere sehen in diesen Öffnungen nur Lüftungen.
In **Cresta** die evang. Kirche *St. Niklaus*, im 14. Jh. erbaut, im 18. Jh. verändert. Innen lombardische Wandbilder (um 1400), Schlüssel im Pfarrhaus. **Juf** ist die höchstgelegene, ganzjährig bewohnte Siedlung der Alpen. Von hier erreicht man über den Stallerberg Bivio in 3 Std., erlebnisreicher ist aber der Weg über die hochgelegene **Forcellina**, hinüber zum **Septimer**, dem Kaiserpaß. Diese Völkerstraße zwischen Deutschland und Italien wurde schon in der Vorzeit benutzt. Die Römer wählten diese Route (neben Julier, Splügen und San Bernardino) für Eroberungen und Handel. Im Mittelalter förderten die Deutsch-Römischen Kaiser die Septimerroute. Otto I. zog 952 über den Paß, Konrad von Staufen 1128. Der Churer Bischof wurde Herr dieser Nord-Süd-Verbindung.
Ende des 14. Jahrhunderts wurde hier die erste durchgehend mit Wagen zu befahrende Alpenstraße gebaut. Ein erstes Hospiz gab es offenbar schon zur Römerzeit, 825 ist ein anderes beurkundet, 1116 entstand das Hospiz bei Casaccia, 1120 dasjenige des Bischofs auf der Paßhöhe mit einer Peterskapelle, Neubau 1646. Mönche mußten schwören, »Arme und Reiche in Nöten aufzunehmen ... hat solcher Geld, so soll er bezahlen, hat er keines, deshalb nicht geschmäht werden«. Als die Kunststraßen für den Warenverkehr entstanden (Splügen 1823, Julier 1826), war es um den Sett geschehen. Die Zeit blieb stehen. Vom Hospiz sind kaum noch Spuren auszumachen.
Hinunter nach **Bivio**. Außenhöfe und Dorf sind typisch für das Bergell im Oberhalbstein. Hier war immer eine Wechselstation für Tiere und Waren. Der Ort liegt im Schnittpunkt der Kulturen: Amtssprache ist hier das Schrift-Italienische, gesprochen werden Bergeller Italienisch, Bivio-Romanisch und Deutsch. – Eine reformierte Minderheit baute 1670 eine eigene Kirche mit schmucklosem Predigtsaal. Die kath.

Walser-Stadel im Hochtal von Avers

Kirche *St. Gallus* (1219 erwähnt, 1518 neu geweiht) birgt einen wertvollen spätgotischen Flügelaltar von 1517. Schlüssel im Pfarrhaus.

Und noch drei weitere Vorschläge:

Zur Segantini-Hütte

Von Punt Muragl (zwischen Samedan und Pontresina) fährt eine Zahnradbahn zum Muottas Muragl hinauf (wunderschöne Aussicht auf St. Moritz, den Silvaplaner und den Silser See). Von dort steigt man in zwei Stunden zur Segantini-Hütte (er starb hier am 28. September 1899, siehe auch Seite 134 ff.). Die Hütte ist bewirtschaftet, das Bilderbuchpanorama gratis. Zurück auf dem Panoramaweg zur Zahnradstation Muottas Muragl.

Poschiavo im Frühling

Der Mai ist die beste Zeit für diese Kombination von Schiene und Schusters Rappen, für eine Fahrt und einen Gang aus dem Winter in den Frühling: Mit dem Bernina-Expreß von Chur oder St. Moritz nach Poschiavo. Eisiger Winter auf dem Berninapass mit Gletschern, Schneeverwehungen und zugefrorenen Bergseen. Dann windet sich der Zug hinunter ins Puschlav, und mit jeder Kehre kommt man dem Frühling ein Stück näher: das erste zaghafte Grün, die ersten Blüten, der erste Blumenduft. Nach einer Dreiviertelstunde dann in Poschiavo das ganze Frühlingskonzert mit gelbleuchtenden Löwenzahnwiesen, blühenden Obst- und Kastanienbäumen. Am besten am selben Tag oder am folgenden mit dem Bernina-Expreß wieder hinauf bis zur Schneegrenze (der Schaffner gibt Auskunft, an welcher Station man am besten aussteigt) und jetzt im Schritttempo in den Frühling hinein- und hinunterwandern.

Soglio im Herbst

Einer der schönsten Höhenwanderwege der Schweiz führt von Soglio nach Casaccia oder umgekehrt. Wer mit dem Auto unterwegs ist, parkt den Wagen in Stampa und fährt mit dem Postauto nach Casaccia. Die sechsstündige Wanderung nach Soglio auf der Sonnenseite des Tals ist auch für Ungeübte nicht beschwerlich und sehr unterhaltsam durch die ständig wechselnden Ausblicke. Wer weniger Zeit hat, fährt von Stampa mit dem Postbus nach Soglio und wandert von dort über die »Treppe« hinunter nach Stampa (1¼ Stunden).

BERGSTEIGEN

Die fünf Bergsteigerschulen im Kanton Graubünden haben ein vielfältiges Angebot an ein- oder mehrtägigen Touren in den verschiedensten Schwierigkeitsstufen. Eine Tourenwoche mit Voll- oder Halbpension kostet 600 bis 700 Fr., Tagestouren 50 bis 70 Fr. Da die Touren schnell ausgebucht sind (kleine Gruppen), sollte man sich frühzeitig einen Platz sichern:

Bergsteigerschule Silvretta
7250 Klosters 083/43636

Bergsteigerschule Davos
7260 Davos 083/52624

Bergsteigerschule Surselva
7180 Disentis 086/74128

Bergsteigerschule
La Margna
7514 Sils Maria 082/45563

Bergsteigerschule
Pontresina
7504 Pontresina 082/66444

FISCHEN · JAGEN

In Graubünden gibt es ausgedehnte und ausgezeichnete Fischgründe mit den einheimischen Fischen Forelle und Äsche und den Fremdlingen Regenbogenforelle, Saibling und der kanadischen Seeforelle. Wer in den Gewässern des Kantons angeln will, muß ein Patent (Angelschein) erwerben. Es kostet: für einen Monat 336 Fr., für 14 Tage 231 Fr., für eine Woche 158 Fr., für einen Tag 53 Fr. inklusive einer ausführlichen Instruktionsbroschüre.
Der Beginn der Hochjagd am 9. September ist für die Graubündner Jäger ein Festtag, für die nichtschweizerischen vor allem ein Zahltag. Das Patent für die Jagdsaison (9. bis 26. September) können sich nur Besitzende oder Besessene leisten: Es kostet 5620 Fr. zusätzlich 20 Prozent Hegegebühr. Außerdem muß eine schwierige Jägerprüfung abgelegt und 40 Hegestunden nachgewiesen werden. Auskünfte über Fischen und Jagen: Kantonales Paß- und Patentbüro, Karlihofplatz 4, 7000 Chur, Tel. 081/213101.

NATIONALPARK

Der 168,7 km² große Parc Naziunal im Engadin, 1914 gegründet, ist ein vielstrapaziertes Stück Natur. 300000 Touristen tummeln sich jährlich auf den Wanderwegen, viele verbotenerweise auch daneben. Für Wildbeobachtungen muß man früh aus den Federn, nach acht Uhr haben sich die scheuen Tiere in abgelegene Gebiete verzogen.
Zernez: Chasa dal Parc Naziunal. Ausstellung und Tonbildschau. 1. Juni–30. Okt., Mo–Sa, im Sommer auch So., 9–12 und 14–18.30 Uhr.

WILDWASSERFAHRTEN

Abenteuerlustige können von Mai bis September täglich über die wilden Wasser des Vorderrheins reiten: im Schlauchboot 17 Kilometer durch die Ruinaulta, den Grand Canyon der Schweiz. Der Spaß kostet für Erwachsene 38 Fr., für Kinder nur drei Franken weniger (ab zehn Jahre). Anmeldungen nimmt bis 17 Uhr am Vorabend das Verkehrsbüro Laax entgegen: Tel. 086/24343.
Alle Schwierigkeitsstufen für Wildwasserfahrer bietet der Inn im Engadin. Für die abwechslungsreichen, auch mehrtägigen Touren lautet die Kontaktadresse in Scuol: Wildwater Expeditions,
La Rouda, 7550 Scuol,
Tel. 084/99645.

FLIEGEN

Wem die Bündner Berge nicht hoch genug sind, der kann sich vom Flughafen in Samedan noch etwas höher hinauf tragen lassen. Für Einzelpersonen gibt es im Sommer Mitflugmöglichkeiten bei Segelfliegern zum Preis von 100 Fr. die Stunde. Mindestens zwei Teilnehmer zahlen bei Rundflügen im Motorflugzeug für die halbe Stunde 80 Fr. pro Person. Bei einer Pauschale von 360 Fr. pro Stunde kann man zu dritt in die Luft gehen. Das gleiche kostet die Gletscherlandung mit dem Flugpionier Fredy Wissel und seiner »Maule Rocket«. Anmeldungen nimmt die Motorfluggruppe Oberengadin unter der Nummer 0 82/6 54 33 entgegen.

BAHNHISTORISCHER LEHRPFAD

Eines der interessantesten Teilstücke der um die Jahrhundertwende gebauten Albulalinie führt auf nur 12,5 km über 416 Höhenmeter von Bergün nach Preda. Der 8 km lange Bahnhistorische Lehrpfad beginnt bei der Station Preda, führt zum Dörfchen Naz und durch die Talenge. Hier bietet sich eine außergewöhnliche Aussicht auf die kunstvolle Linienentwicklung der Rhätischen Bahn, die sich mit Viadukten und Kehren den Hang hinaufschwingt.
An der Bahnstation Bergün gibt es eine Broschüre »Bahnhistorischer Lehrpfad« für 6 Fr.

Viadukt der Rhätischen Bahn

MÄRKTE

Im Sommer ist an jedem ersten Samstag des Monats in Chur »Gänggelimarkt«, ein Flohmarkt, der durch den Arcas, einen spätmittelalterlichen Platz in Churs Mitte, seine besondere Atmosphäre erhält. Große Warenmärkte sind der Maimarkt und der Andreasmarkt im September.
An jedem Mittwochnachmittag im Sommer ist in Poschiavo ein bunter Warenmarkt, zweimal im Jahr mit anschließendem Volksfest: Tel. 0 82/5 05 71.

MUSIK · THEATER

Das herausragende Musikereignis sind die »Engadiner Konzert-Wochen« von Mitte Juli bis Mitte August. Sie umfassen 20 Kammermusikabende in zehn Orten im Engadin. 1985 fanden sie zum 45. Mal statt. Bestellungen und Vorverkauf: Büro der Engadiner Konzert-Wochen, Gemeindehaus, 7504 Pontresina, Tel. 082/66573.
Konzerte, die regelmäßig stattfinden:
Bergüner Abendmusik: Juli/August; Domleschger Sommerkonzerte: Juli/August; HIGA Chur: 8. Mai; Flimser Abendmusik: Juni bis September; Weihnachtskonzerte Flims: 27. Dezember.
Freilichtspiele Chur: 2. Hälfte August.

BÜCHER

MERIAN-Heft 2/34: »St. Moritz und das Engadin«. Hamburg: Hoffmann und Campe 1981, 152 S., zahlr. Abb., MERIAN-Karte; 12,80 DM.
Edmond van Hoorick/Alain Pichard: Bergstaat im Wandel: Graubünden. Frauenfeld: Huber & Co., 1983; 220 S., 107 farb. Ph.; 74 DM.
Max Mittler (Hg.): Graubünden – Land der Täler und Pässe. Zürich: Fretz Verlag, 1984; 162 S., 33 farb. u. über 100 s/w-Abb.; ca. 80 DM.
Reichillustrierte Darstellungen Graubündens.
Otto P. Clavadetscher/Werner Meyer: Das Burgenbuch von Graubünden. Zürich/Schwäbisch Hall: Orell Füssli, 1984; 373 S., etwa 300 Abb., 116 Pläne; 128 DM.
Ein hervorragend bebildertes und dokumentiertes Buch, eine Fundgrube für alle Burgen-Fans.
Friedrich Pieth: Bündnergeschichte. Chur: F. Schuler, 1982; 638 S., 3 Ktn.; ca. 60 DM.
Kompetenter Führer durch die bewegte und komplizierte Geschichte Graubündens.
Erwin Poeschel: Die Kunstdenkmäler des Kantons Graubünden. 1 Überblicksband, 5 Regionalbände (= Kunstdenkmäler der Schweiz). Stuttgart: Birkhäuser, 1975; 300–500 S., 150–500 Abb.; 90–120 DM.
Für Kunstfreunde, die es ganz genau wissen wollen und bereit sind, dafür auch tiefer in die Tasche zu greifen.
Werner Catrina: Die Rätoromanen. Zwischen Resignation und Aufbruch. Zürich/Schwäbisch Hall: Orell Füssli, 1983; 290 S., 29 s/w-Abb.; 35,80 DM.
Einführung in die fast schon exotische Welt des romanischen Bergvolkes.
Bernhard Studer: RhB – Gebirgsbahn in Graubünden. Stuttgart: Motorbuch Verlag, 1985; 210 S., 268 Abb., 56 DM.
Ausführlich bebilderte und dokumentierte Darstellungen für Eisenbahnfreunde und -fanatiker.
Francesco Arcangeli/Maria Cristina Gozzoli: Das Gesamtwerk von Segantini. Mailand: Rizzoli Editore, 1973; 128 S., zahlr. farb. u. s/w-Werkwiedergaben; 29 Fr.
Hans Zbindern: Giovanni Segantini. Bern: Paul Haupt Verlag, 1964; 62 S., 11farb., 34 s/w-Abb., 29 Fr.
Das erste enthält ein vollständiges, bebildertes Gesamtverzeichnis des Malers, das zweite ist aus intimer Kenntnis der Familie Segantinis geschrieben.
Max Pfister: Graubünden. Büchler-Führer 1: Nord- und Mittelbünden; 2: Engadin und Südtäler. Zürich/Wabern: Büchler-Verlag, 1979; 128/120 S., zahlr. s/w-Abb.; je 19,80 DM.
Erhard Meier: Kulturwege in Graubünden. Die schönsten kulturhistorischen Exkursionen (3 Hefte). Chur: Terra Grischuna Verlag, 1982, 1983, 1985; je 48 S., zahlr. s/w-Abb., 20 Wanderkt.; je 9,70 Fr.
Unentbehrliche, zuverlässige Reise- und Wanderführer der MERIAN-Autoren.

Karten

Eine übersichtliche Karte für Autofahrer enthält der Prospekt »Graubünden« des Verkehrsvereins.
Informativ und auch für Wanderer geeignet: **Graubünden 1:200000,** Kümmerly u. Frey; 6 DM.
Das »Land der 150 Täler« zeigt besonders anschaulich die **Panorama-Karte Graubünden** vom Hallwag-Verlag; 12,80 DM.

AUSKUNFT

Verkehrsverein Graubünden, Alexanderstr. 24, CH-7001 Chur, Tel. 0 81/22 13 60, Telex 8 51 111. *Angaben Stand Anfang 1986.* □

GRAUBÜNDEN AUF EINEN BLICK

LAGE UND GRÖSSE

Der Bergkanton Graubünden, das »Land der 150 Täler«, bedeckt eine Fläche von 7106 km^2. Mit 17% des schweizerischen Staatsgebiets ist er vor Bern der größte der 26 Kantone.
Graubünden ist der einzige Kanton, der zu beiden Seiten des Alpenhauptkamms liegt. Die südlichen Zipfel – Calanca, Misox, Bergell, Puschlav – sowie das Engadin befinden sich bereits südlich der europäischen Kontinentalwasserscheide.
Der tiefste Punkt befindet sich an der Kantonsgrenze im Misox mit 270 m Meereshöhe; der einzige Viertausender und höchste Punkt Graubündens ist der Piz Bernina mit 4049 m. Die höchstgelegene Dauersiedlung, der Weiler Juf, liegt in 2130 m Höhe nördlich des Bergells.

ERDGESCHICHTE

Die *Gesteine* Graubündens sind in allen Epochen bis ins Erdmittelalter entstanden.
Die *Auffaltung zum Gebirge* begann vor 65 Mio. Jahren und hält weiterhin an. Durch den Druck der aufeinander zu driftenden Kontinentplatten Afrika und Europa wurden die ehemals flach lagernden Krustenteile in großen Decken überschoben.
Die Überformung dieser Großlandschaft erfolgte in der *Eiszeit.* Während dieser Zeitspanne füllten Eisstromnetze die Alpentäler bis zu 1500 m auf, so daß nur die höchsten Gipfel die Eisoberfläche überragten.

VEGETATION UND WILD

Graubünden hat Anteil am nordalpinen Buchen-, dem inneralpinen Föhren- und dem südalpinen Eichenmischwaldbezirk.
Die Grenzzone zwischen ostalpiner und westalpiner Flora verläuft quer durch das Unterengadin.
Bereits 1914 wurde der Schweizerische Nationalpark eingerichtet, dessen 169 km^2 zu je einem Drittel mit Wald, Alpenmatten sowie Fels und Schutt bedeckt sind. 640 Pflanzenarten sind registriert worden, und neben rund 30 Säugetierarten (u. a. Rot- und Steinwild) sind etwa 100 der insgesamt 260 Vogelarten Graubündens hier vertreten.

KLIMA

Naturgemäß ist das Klima in einer stark zertalten Region sehr unterschiedlich.
Allgemein bewegen sich die Sommertemperaturen in den Tallagen zwischen 18 °C am Tage und etwa 7 °C in der Nacht. Wintertags erreichen die Höchstwerte kaum den Gefrierpunkt; die Tiefstwerte liegen unter –10 °C.
Abgesehen von Inversionswetterlagen (Dunst im Tal, darüber klare Atmosphäre), nehmen die Temperaturen mit größerer Höhe um 0,5–1 °C je 100 m ab. Die höchsten Niederschläge (über 2500 l/m^2 im Jahr) werden in den Gebirgsketten an der westlichen Kantonsgrenze registriert. In den Tälern sinken die Werte auf weniger als 1000 l/m^2, die zu zwei Dritteln im Sommer fallen.
Die Zahl der Regen- und Schneetage schwankt zwischen 80 und 140; Schnee liegt etwa ein halbes Jahr.

BEVÖLKERUNG

Graubünden hat etwa 169 000 Einwohner, das sind rund 2,5% der schweizerischen Bevölkerung (Fläche jedoch 17%). Etwa ein Fünftel lebt in Graubündens größtem Ort, der Hauptstadt Chur. 60% der Einwohner sind deutschsprachig, gut ein Fünftel spricht Rätoromanisch (in allen anderen Kantonen weniger als 1%), für den Rest ist meist Italienisch die Umgangssprache. Von den Rätoromanen der gesamten Schweiz leben drei Viertel in Graubünden. Das Konfessionsverhältnis ist zugunsten der Katholiken verschoben: 51% gegenüber 45% Protestanten.

LANDWIRTSCHAFT

Rund 8% des Kantonsgebietes werden landwirtschaftlich genutzt, dagegen sind etwa ein Drittel des Gebiets unproduktive Flächen in der alpinen Fels- und Eisregion. Bis auf wenige Tallagen mit guten Böden herrschen mäßige Böden vor. Etwa ein Zehntel aller Bündner Beschäftigten (im schweizerischen Durchschnitt nur 6%) arbeiten in der Landwirtschaft, im wesentlichen in der Viehhaltung. Fast die Hälfte der 213 Gemeinden in Graubünden hat jedoch mehr als ein Viertel Agrarbeschäftigte. Betriebe mit weniger als 20 ha Nutzfläche haben stark abgenommen, die größeren zugenommen, wie sich auch der Viehbestand je Hof in den letzten zwei Jahrzehnten fast verdoppelt hat.

FORSTWIRTSCHAFT

Knapp ein Viertel der Kantonsfläche ist bewaldet. Durch die unwegsame Topographie ist jedoch nur weniger als die Hälfte erschlossen; eine Holzabfuhr per Lastwagen ist nur in einem Viertel der Waldungen möglich. Mehr als 90% des Waldes sind im Besitz öffentlicher Hände; von den rund 300 forstwirtschaftlichen Betrieben haben nur 40 weniger als 200 ha, und 15 sind größer als 1000 ha. In ihnen finden etwa 1800 Menschen ganzjährig oder saisonal Beschäftigung. 70% des hochstämmigen Bestandes (rund 40 Mio. Bäume) sind Fichten, weitere 12% Lärchen, während Laubhölzer nur etwa 10% der Waldfläche einnehmen. In den erschlossenen Wirtschaftswäldern werden etwa 80% des jährlichen Zuwachses eingeschlagen; der Rest ist beim heutigen Kosten/Ertrag-Verhältnis nicht nutzbar.
Große Bestandsanteile zeigen Krankheitssymptome durch die Schadstoffbelastung der Luft. Ein weiteres Problem ist der hohe Schalenwildbestand, der die Verjüngung und den Aufbau eines Mischwaldes durch Verbiß, Fege- und Schälschäden beeinträchtigt.

ENERGIE UND GEWERBE

Die 90 Wasserkraftwerke Graubündens produzieren 15% des schweizerischen Stroms, allerdings in der hochwertigen Form des Spitzenbedarfsstroms; am Gesamtverbrauch ist der Kanton nur mit 4% beteiligt. Von der Industrialisierung der Schweiz ist Graubünden infolge seiner Standortnachteile (Bergregion, Randlage) wenig erfaßt worden; der Kanton hat im Industriesektor einen Anteil von etwa 1% an der gesamten Schweiz. Im Kanton sind hingegen 38% aller Erwerbstätigen in Industrie und Handel tätig.
Seitdem der Transitverkehr über die Pässe an Bedeutung verloren hat, ist der Fremdenverkehr mit mehr als 15 Mio. Übernachtungen im Jahr (davon die Hälfte Ausländer) der bedeutendste Wirtschaftszweig (Anteil an der Schweiz 18%). Mit ihm steht etwa die Hälfte aller Arbeitsplätze in direktem oder indirektem Zusammenhang, und gut die Hälfte des Sozialprodukts wird in diesem Sektor erwirtschaftet. □

DATEN ZUR GESCHICHTE

PASSLAND GRAUBÜNDEN

Graubündens Geschichte ist bestimmt durch die Lage des Landes an den seit Jahrtausenden wichtigen Alpenpässen der Nord-Süd-Verbindungen über den Umbrail-, Bernina-, Julier-, Maloja-, Splügen- und Lukmanierpaß.

VON DER RÖMERZEIT ZUM MITTELALTER

15 v. Chr. unterwerfen die Römer Rätien. **284 n. Chr.** wird die *Provinz Rätien,* deren Hauptstadt Augusta Vindelicorum (Augsburg) ist, in *Raetia prima* mit Chur und *Raetia secunda* mit Augsburg als Verwaltungssitzen geteilt. Aus dem rätisch-keltischen Volk, das im späteren Graubünden lebt, gehen die Rätoromanen hervor. Sie halten an der lateinisch-romanischen Sprache fest, als in der Völkerwanderungszeit das Römische Reich zerbricht und die *Ostgoten Ende des 5. Jhs.* die Herrschaft übernehmen. Unter den *Franken,* ab **536**, wird Churrätien, das seit etwa 450 einen eigenen Bischof mit Sitz in Chur hat, von Italien gelöst. **806** wird das Gebiet in die Grafschaften Unter- und Oberrätien geteilt. Im Vertrag von Verdun 843 kommen beide zum Ostfrankenreich, dem Vorgänger des Deutschen Reiches. Fortan untersteht das Bistum Chur nicht mehr dem Erzbistum Mailand, sondern dem von Mainz.

DIE DREI BÜNDE ENTSTEHEN

Neben dem *Bischof von Chur,* der **1170** Reichsfürst wird, bauen weltliche Herren kleinere Hoheitsgebiete auf. Die *Freiherren von Vaz* siedeln im 13. Jh. Kolonisten aus dem Oberwallis, die Walser, an. Sie machen den größten Teil der deutschsprachigen Bündner aus. Die freie Rechtsstellung und die Selbstverwaltung der Zugezogenen werden zum Vorbild für ihre unfreien romanischen Nachbarn. Schließlich versuchen die *Österreicher,* die Alpenwege und -pässe in ihre Hand zu bringen. Dagegen schließen **1367** das Domkapitel, die Stadt Chur und die bischöflichen Untertanen den *Gotteshausbund.* Im Vorder- und Hinterrheintal bildet sich im späten 14. und frühen 15. Jh. der *Graue Bund,* der gleichfalls gegen die Österreicher gerichtet ist. Im Prättigau, Schanfigg und der Landschaft Davos bildet sich 1436 der *Zehngerichtenbund,* in dem sich Bauerngemeinden organisieren und das Mehrheitsprinzip gilt. Die drei Bünde vereinigen sich schließlich **1471.** 1497/98 kommen erste Verbindungen zur Schweizer Eidgenossenschaft zustande. Im Schwabenkrieg zwischen den Eidgenossen einerseits und dem Schwäbischen Bund und dem Haus Österreich andererseits bewähren sich **1499** die Bündner als neue Partner. Die drei Bünde kaufen 1509 die Herrschaft Maienfeld und erobern 1512 das Veltlin, Chiavenna (Cläven) und Bormio. **1524** wird ein *Bundesbrief,* eine Art gemeinsamer Verfassungsurkunde, verabschiedet.

DIE BÜNDNER WIRREN

Von Zürich aus findet die *Reformation* in Bünden Eingang. Zunächst leben Protestanten und Katholiken friedlich nebeneinander. Als die Gegenreformation und zunehmende Spannungen zwischen den Nachbarstaaten auch Bünden beeinflussen, verstärken sich die konfessionellen Gegensätze, brechen Machtkämpfe zwischen den führenden Familien wie auch zwischen den Anhängern Frankreichs und Habsburgs aus, entstehen seit **1607** die *Bündner Wirren.* Blutiger Höhepunkt ist der *Veltliner Mord,* bei dem 1620 über 600 Protestanten getötet werden. Mehr und mehr gerät das Land in den Sog des *Dreißigjährigen Krieges.* Georg Jenatsch, zunächst protestantischer Pfarrer im Veltlin, später Politiker erst auf seiten Frankreichs, dann Habsburgs, tritt 1635 zum Katholizismus über und schafft die Grundlagen für die Erhaltung der Unabhängigkeit Bündens. **1639** wird er ermordet. (Sein Schicksal wurde mehrfach literarisch gestaltet. Am bekanntesten ist der 1876 erschienene Roman »Jürg

Georg Jenatsch (1596–1639)

Jenatsch« von Conrad Ferdinand Meyer geworden.) Auch im 17. und 18. Jh. wirken die alten Spannungen und Gegensätze nach. Das wenig ertragreiche Bergland kann seine Menschen nicht ernähren. 1743 steht ein Achtel der Bündner Bevölkerung – gut 10000 Mann – in fremden Kriegsdiensten. Die schwierigen Paßstraßen werden durch Straßenräuberei noch unsicherer. Friedrich Schillers Satz in seinem Schauspiel »Die Räuber« (1781): »Reis' du ins Graubünder Land, das ist das Athen der heutigen Jauner« löst im Land heftigen Unmut aus.

DER KANTON GRAUBÜNDEN

In der Napoleonischen Zeit gerät Graubünden erneut in die *Auseinandersetzungen zwischen Frankreich und Österreich.* Mehrfach wechseln Regierungen und Besatzungstruppen. **1799** werden die drei Bünde als *Kanton Rätien* (seit 1803: Graubünden) Teil der an Frankreich orientierten *Helvetischen Republik.* 1814 schließt sich Graubünden definitiv der *Eidgenossenschaft* an. Das Veltlin muß 1815 an Österreich abgetreten werden. **1845–54** wird aus dem föderativen Verband der drei Bünde ein als Einheitsstaat organisierter Kanton, der **1854** eine *Verfassung* erhält. Mit der Bahnlinie Rorschach–Chur wird Graubünden **1858** an das schweizerische Eisenbahnnetz angeschlossen. Durch den Bau der Gotthard- (1882) und der Arlbergbahn (1884) wird der *Warentransitverkehr* über die Bündner Alpenpässe stark *beeinträchtigt.* Andererseits entsteht mit den neuen Bahnverbindungen im Land – 1889 wird die Stammlinie der Rhätischen Bahn eröffnet – der *Fremdenverkehr.* Von 1900–25 gibt es ein *Fahrverbot für Automobile.* Ab **1880** sind Deutsch, Rätoromanisch und Italienisch gleichberechtigte Landessprachen im Kanton. **1938** wird Rätoromanisch als vierte schweizerische Landessprache anerkannt. **1961–67** entsteht der Straßentunnel durch den San Bernardino. Als erste Bündner Gemeinde führt die Stadt Chur 1968 das Frauenstimm- und -wahlrecht ein, das im gleichen Jahr auf kantonaler Ebene abgelehnt und dort erst **1972** beschlossen wird. □

BREVIER UND KARTE

Im MERIAN-Brevier wird auf die Planquadrate der MERIAN-Karte sowie auf Texte und Fotos verwiesen.

Albula (dt. veraltet: Weissenstein) Paß (2312 m), Fluß und Talschaft. Früher häufiger Übergang ins Engadin; seit 1903 Eisenbahntunnel. Oberes Albulatal: Bergün (siehe dort). Mittleres Albulatal mit sonnigen Terrassendörfern: **Wiesen** (rom. Tein), Zügenschlucht, Dorfmuseum; **Schmitten** früher Erzbergbau, Ortsmuseum, markant gelegene Kirche; **Alvaneu** (rom. Alvagni), früher Heilbad, Kirche mit spätgot. Schnitzaltar in barocker Umrahmung, vorzügliche Stukkaturen; **Brienz** (rom. Brinzauls), Kirche mit meisterhaftem spätgot. Schnitzaltar; Nähe: Burgruine Belfort; Taldorf **Filisur** mit Engadiner Ortscharakter (Kirche: Malereien um 1500). Im unteren Talabschnitt südseitige Terrassendörfer: **Mon,** romanisches Kirchlein, Barockkirche mit schöner Orgel; **Stierva** (dt. Stürvis), schöne spätgotische Kirche mit einem der besten Schnitzaltäre Graubündens von 1504, noch bewohnter mittelalterlicher Turm. (H IV–J V)

Andeer Hauptort des Talabschnittes Schams an Hinterrhein und Bernhardinstraße. Altes Heilbad (Mineralschwimmbad), Häuser mit Sgraffito-Fassaden. In der Nähe Roflaschlucht, Granitbrüche (Grüner Andeerer Granit). (G IV)

Ardez Musterbeispiel eines Engadiner Dorfes mit stattlichen Häusern, die mit Erkern, Sgraffiti und Wandmalereien (Haus Claglüna: Adam-und-Eva-Darstellung) sowie Fenstergittern verziert sind. Kunsthistorisch interessante erste reformierte Emporen-Kirche der Schweiz. Ruine Steinsberg. (L III, S. 62)

Arosa (2500 Ew.) Bekannter Luftkurort (1888 erstes Lungensanatorium) und Wintersportplatz in windgeschützter, wald- und sonnenreicher Muldenlage im obersten Teil des Schanfigg. Arosa entwikkelte sich aus einer kleinen Walsersiedlung, die bis 1851 zu Davos gehörte, zum Kurort, der seit 1890 einen großen Aufschwung nahm. Seit Jahrhundertbeginn und dem Bau der Chur-Arosa-Bahn immer mehr zum Wintersportort geworden. Breitgefächertes Freizeitangebot: Bergbahnen, Strandbad am See, Golfplatz. Schanfigger Heimatmuseum, Steinbockkolonien; reizvolle Bergseen und Arvenwälder. (H III)

Avers Talgemeinde mit 14 Streusiedlungen (Juf auf 2126 m Höhe höchstgelegene Dauersiedlung Europas) im Hinterrheingebiet, im 14. Jh. von deutschsprachigen Walsern besiedelt. Ruhiges Erholungs- und Skitourengebiet. (G V)

Bergell (ital. Val Bregaglia) Stark abfallendes Talstück zwischen dem Engadin und Oberitalien mit berühmten Kletterbergen (Bergeller Dolomiten). Einzige italienischsprachige Talschaft mit protestantisch-reformierter Konfession. Charaktervolle Dörfer: **Vicosoprano,** alter Tal-, Haupt- und Gerichtsort, Rathaus 16. Jh. mit Pranger, Wohnturm, Patrizierhäusern, Bergbahn zum hochalpinen Albignasee; **Stampa,** Ciäsa Granda mit einzigartigem reichen Talmuseum, Heimatort der berühmten Künstler Giovanni, Augusto und Alberto Giacometti; **Bondo,** geschlossener südlicher Dorfcharakter, eindrucksvoller Palazzo von Salis, Kirche mit bedeut. Frührenaissance-Malereien; Grenzdorf **Castasegna** umgeben von prächtigen Kastanienwäldern. (G/H IV/VII, S. 32–41)

Bergün (rom. Bravuogn) Im obersten Albulatal klimatisch günstig gelegener kleiner Fremdenort mit engadinischem Dorfcharakter. Kirche mit wertvollen Frührenaissance-Fresken, mittelalterlicher Meierturm. In der Nähe Ruinen einer Eisenschmelze (Bellaluna). Im Winter Zentrum des Schlittelsports (Schlittelbahn Preda-Bergün), Skigebiet Darlux. In der Kirche des nahen Terrassendorfes Stuls Malereien, 14. Jh. Oberhalb Preda idyllischer Palpuognasee. (J IV, S. 161)

Meierturm in Bergün

Bernina Alter Paßübergang (2328 m) vom Engadin ins Puschlav mit Paß-See Lago Bianco, einzigartigem Hochgebirgsmassiv (Piz Bernina, 4049 m) und Gletscherwelt. Auf der nahen Alp Grüm Alpengarten und trulloartige Steinbauten sowie berühmter Tiefenblick ins Puschlav. Aussichtswarte **Diavolezza** (2973 m, Luftseilbahn) mitten in der Bernina-Gletscherwelt. (K VI)

Brigels (rom. Breil) Über dem Vorderrheintal in sonniger Mulde gelegenes Terrassendorf, das zum Sommer- und Winterkurort geworden ist, seinen Dorfcharakter aber weitgehend bewahren konnte. Kirchen und Kapellen mit wertvoller Ausstattung (spätgotische Wandmalereien, Flügelaltäre). Bergurwald Scattlé. (E III)

Calancatal Italienischsprachiges Seitental des Misox mit romantischen, aber sich entvölkernden Bergdörfchen. Am Taleingang das aussichtsreiche Höhendorf **Sta. Maria,** reich ausgestattete Kirche, Festungsturm des 13. Jhs. und das Taldorf **Grono,** sehenswerte Kirche, bewohnter Ritterturm. (E VI/VII)

Celerina (rom. Schlarigna) Stattliches Oberengadiner Dorf, Winter- und Sommerkurort mit schönen Engadiner Häusern im Dorfkern. Alte Kirche San Gian auf einem Hügel in der Inn-Ebene mit wertvollen Fresken des 14./15. Jhs. (J V)

Chur (rom. Coira, 31 000 Ew.) Im Rheintal liegende Hauptstadt Graubündens, bereits Hauptstadt der römischen Provinz Raetia prima, älteste Schweizer Stadt und erster Bischofssitz jenseits der Alpen. Als nördliche Drehscheibe wichtigster Alpenpässe schon früh von großer Bedeutung. Altstadt mit malerischen Gäßchen und vornehmen Bürgerhäusern. Darüber der »Hof« mit Bischofspalais und Kathedrale (u. a. bedeutender spätgotischer Schnitzaltar). Die Bischöfe waren ab 1170 Reichsfürsten und spielten eine politisch bedeutende Rolle. Chur ist ideales Standquartier für die Erkundung Graubündens. Skigebiet Brambrüesch-Dreibündenstein (Luftseilbahn). **Museen:** Rätisches Museum (kulturhistorisch bedeutendste Sammlung Graubündens), Bündner Kunstmuseum (Angelica Kauffmann, die Giacometti, G. Segantini, E. L. Kirchner u. a.), Bündner Naturhistorisches Museum (modern eingerichtet), Dommuseum (bedeutende sakrale Kunst), Mineraliensammlung (im Rathaus). (G II, S. 26–31, 154)

Churwalden (1200 Ew.) Vor der Lenzerheide gelegener Sommer- und Wintersportort mit Anschluß an das Skigebiet Lenzerheide. Ehemaliges Prämonstratenser-Kloster; in der alten Klosterkirche wertvolle Wandmalereien und spätgotischer Flügelaltar (1477). Zentrum der Fleischtrocknerei (»Bündner Fleisch«). (G III)

Davos (10000 Ew.) Die Talgemeinde Landschaft Davos umfaßt den städtischen Kern Davos-Platz und -Dorf und die ländlichen Gemeinden Frauenkirch, Glaris und Monstein. Früher Hauptort des Zehngerichtenbundes, einer der drei historischen rätischen Bünde. Großer Fremdenort und Wintersportplatz der Schweiz mit einzigartiger Skiarena: das berühmte Parsenngebiet (bis 18 km lange Abfahrten), ferner Jakobshorn-, Strela-, Rinerhorn-, Pischa-Gebiet (40 Bergbahnen und Skilifte). Eindrucksvolle Eissporthalle in Holzkonstruktion, größte Natureisbahn Europas; über 300 km Spazier- und Wanderwege in unberührte, idyllische Seitentäler. Alpengarten Schatzalp; Steinbockkolonien am Schiahorn und Weißfluhgipfel.
Museen: Heimatmuseum (reichhaltige Sammlung bäuerlicher und patrizischer Kultur), Bündner Bergbaumuseum (einziges der Schweiz) mit Schaubergwerk, Kirchner-Haus; prunkvolle Große Stube im Rathaus (Tagungsraum des Zehngerichtenbundes); modernes Kongreßzentrum. (J III, S. 42–51, 70, 155)

Das Bergdorf Ftan

Disentis (rom. Mustér, 2200 Ew.) Flecken, der von der traditionsreichen Benediktinerabtei geprägt ist, die als Fürstabtei einst das ganze Bündner Oberland beherrschte. Seit Jahrhundertbeginn Kurort (Entdeckung einer Radonquelle) und in neuerer Zeit auch Wintersportort (Skigebiet Caischavedra). Bedeutendste Kunstgüter in der Klosterkirche (Altäre), Pfarrkirche (spätgot. Strigel-Altar), Kapellen St. Agatha und Acletta (Malereien). Klostermuseum mit kulturhistorischer Sammlung. (D III)

Domat/Ems (6400 Ew.) Großes Dorf im Bündner Rheintal mit dem größten Industriewerk Graubündens (Ems-Chemie). Eigenartige, von Bergsturztrümmern geprägte Hügellandschaft. In alter Pfarrkirche und Heiliggrab-Kapelle bedeutende Kunstschätze. (G III)

Domleschg Talabschnitt des Hinterrheintales zwischen Rhäzüns und Thusis mit vielen Burgen und Ruinen. Der Name kommt vom alten Dorf **Tomils** (rom. Tumegl), spätgot. Kirche mit Flügelaltar von 1490. **Fürstenau** ist ein ehem. Städtchen, 1742 niedergebrannt, mit zwei Schlössern; Terrassendorf **Feldis** (rom. Veulden) ein kleiner, aussichtsreicher Kurort. (G III)

Engadin (rom. Engiadina) Das Inntal im obersten Teil vom Maloja bis zur Talenge von Martina (dt. Martinsbruck). Das seenreiche und flache Oberengadin reicht bis Brail, wo das wildere Unterengadin beginnt. Das Engadin besitzt geschlossene Dörfer von charakteristischem Gepräge (sgraffitoverzierte Häuser). Im Engadin wird Ladinisch, ein rätoromanisches Idiom, gesprochen. (J V–M III)

Flims (rom. Flem, 2200 Ew.) In der größten Bergsturzlandschaft der Alpen (15 km^3 Masse) gelegen und von weiten Wäldern mit Seen umgeben. Während sich der Sommertourismus schon ab 1872 entwickelte, begann der Wintersport erst nach dem Zweiten Weltkrieg. Weite Skigebiete, auch Sommerskibetrieb Eindrucksvolle Rhein-Schluchtlandschaft Ruinaulta. (F II/III)

Ftan (dt. Fetan) Bergdorf mit prachtvollem Ausblick auf die Unterengadiner Dolomiten. Erholsamer Sommerkurort; im Winter mit Skigebiet Scuol-Motta Naluns verbunden. (L III)

Guarda Hoch über dem Inn gelegenes Terrassendorf mit einem der schönsten Engadiner Dorfbilder (viele prächtige, sgraffitoverzierte Häuser). (L III)

Haldenstein Nahe Chur gelegenes Dorf mit großem Schloß (heute Filiale des Rätischen Museums) und Burgruinen. Bis 1803 selbständige Freiherrschaft. (G II)

Bündner Herrschaft Fruchtbares Weinbaugebiet mit mildem Klima im untersten Bündner Rheintal mit dem Städtchen Maienfeld, den Winzerdörfern **Fläsch, Jenins** und **Malans,** mit herrschaftlichen Häusern und dem Schloß Bodmer. War früher Gemeine Herrschaft der drei rätischen Bünde; besitzt viele Ruinen, Schlösser und Güter von Bündner Aristokraten. (H I/II, S. 152)

Igis-Landquart (5700 Ew.) Doppelgemeinde. Igis mit bäuerlichem Charakter, dagegen ist Landquart industrialisiert (Werkstätte der Rhätischen Bahn, Papierfabrik). Verkehrsknotenpunkt. Sitz der Bündner Bauernschule Plantahof; nordöstlich eindrucksvolles Schloß Marschlins (einziges ehem. Wasserschloß Graubündens). (H II)

Ilanz (2100 Ew.) »Erste Stadt am Rhein«, am Eingang ins Lugnez und ins Bündner Oberland gelegen, ein alter Verkehrsknoten- und Marktplatz. Hier tagten, abwechselnd mit Chur und

Straße in Guarda

Davos, die drei rätischen Bünde. Hübsche Stadttore und Herrenhäuser. Kirchen mit interessanten Malereien. (F III)

Julier Alter, schon zur Römerzeit begangener Paßübergang (2284 m) vom Oberhalbstein ins Engadin, der auch im Winter offengehalten wird. Auf der Paßhöhe römische Säulenfragmente. Dreisprachendorf **Bivio** (rom. Beiva), in dem Romanisch, Italienisch und Deutsch gesprochen wird, am Nordfuß (kath. Kirche mit spätgot. Flügelaltar). Weiter talabwärts der Marmorera-Stausee mit kühner Höhlenburg in einer Felswand. (H V/VI, S. 24)

Klosters (3500 Ew.) In Muldenlage des Hinterprättigaus liegender Fremdenort, der auf ein Kloster zurückgeht und von Davoser Walsern im 14. Jh. germanisiert wurde. Nach dem Bau der Prättigauerstraße ab 1870 Entwicklung zum Sommer- und ab 1904 zum Winterkurort. Gotische Kirche mit Malereien (Chorfenster von Augusto Giacometti), Heimatmuseum im Nutli-Haus von 1564. Skigebiete Parsenn-Gotschna und Madrisa. – In der Nähe: **Bad Serneus** (seit 15. Jh.). (J II)

Küblis Am Ausgang des Tals, das nach St. Antönien führt, liegt der Hauptort des Mittelprättigaus. Endziel der berühmten Parsenn-Abfahrt. Gotische Kirche, Burgruinen in der Umgebung. (J II)

Laax An zwei Seen gelegenes Dorf, das früher als Markt und Gerichtsstätte der »Freien von Laax« Bedeutung hatte. Seit Erschließung des Skigebietes am Crap Sogn Gion und des Sommerskizentrums auf dem Vorabgletscher Entwicklung zum bedeutenden Sommer- und Winterfremdenort. In der Nähe **Fellers** (rom. Falera), Kirche mit Malereien. (F III)

Lenzerheide-Valbella Zur politischen Gemeinde Vaz/Obervaz (2200 Ew.) gehörende Fremdenverkehrsregion, die in einer Bergsturzlandschaft mit hübschem See liegt. Seit der Jahrhundertwende Entwicklung des Tourismus. In der Nähe die Dörfchen **Lain** und **Muldain** mit hübschen Barockkirchen. **Lantsch** (dt. Lenz), einst wichtiger Etappenort mit Susten (historische Lager- und Rasthäuser), Häuser mit Fassadenmalereien und altem Kirchlein außerhalb des Dorfes. (H III, S. 7, 8)

Lugnez (rom. Lumnezia) Eine romanischsprachige Talschaft, die am sanft geneigten Nordwesthang eine Reihe charaktervoller Dörfer besitzt mit mannigfachen Kunstdenkmälern: **Igels** (rom. Degen) mit kunstvoll ausgestatteter Pfarrkirche und Sebastianskapelle, **Lumbrein, Vrin,** verzierte Holzhäuser, eindrückliche Barockkirche mit originellem Beinhaus, Villa. (E III/IV)

Lukmanier (ital. Lucomagno) Mit nur 1914 m Höhe der niedrigste Alpenpaß. Der Paß, der von Disentis ins tessinische Bleniotal führt, wurde möglicherweise schon von Römern begangen. (C IV)

Kirche Santa Maria im Calancatal

Lumbrein Stattliches Dorf im hinteren Lugnez, mit noch bewohntem mittelalterlichen Wohnturm und einer großen Barockkirche mit wertvoller Ausstattung (Malerei »Jüngstes Gericht«, Flügelaltar). (E IV)

Maienfeld (1800 Ew.) Städtchen im Weinbaugebiet der Herrschaft, das auf die Römerzeit zurückgeht. Prächtige Herrenhäuser (Sprecher-Häuser, Schloß Salenegg, Schloß Brandis, Marschallhaus). Im von Walsern besiedelten östlichen Hinterland spielt das Kinderbuch »Heidi« von Johanna Spyri. (G/H I, S. 130, 152, 158)

Maloja Übergang (1815 m) vom Oberengadin ins Bergell, den schon die Römer nutzten (Reste einer Römerstraße). Reizvolle Naturlandschaften (Reservat mit Gletschermühlen, Cavlocciasee, Innquelle). (H VI, S. 38, 138, 146)

Mistail Karolingische ehem. Klosterkirche nahe Tiefencastel, Ende des 8. Jhs. gebaut, eine der ältesten Kirchen der Schweiz mit Wandmalereien aus dem 14./15. Jh. (G/H IV)

Misox (ital. Mesocco) Italienischsprachige Talschaft zwischen dem S. Bernardino-Paß (2065 m) und dem Tessin, mit dem Fremdenort **San Bernardino,** dem alten Hauptort **Mesocco** mit eindrucksvollem Castello, eine der bedeutendsten historischen Festungsanlagen der Schweiz, Kirchen mit interessanten Malereien, markante Häuser, dem Marktort **Roveredo,** mittelalterl. Marktplatz, bemerkenswerte alte Häuser und Kirchen mit bedeutender Ausstattung, dem Terrassendorf **Soazza** mit talbeherrschender Barockkirche S. Martino und reich stukkierter S. Rocco sowie **San Vittore** mit interessanter Stiftskirche, karolingischer Kapelle und Talmuseum. Aus dem unteren Misox, vor allem aus Roveredo

Kirche in Mistail

und San Vittore, stammen bedeutende Barock-Architekten, die vor allem in Bayern (Theatinerkirche, Schloß Schleißheim) und Polen gewirkt haben. (E/F VI/VII)

Münstertal (rom. Val Müstair) Zwischen Ofenpaß und Vintschgau (Südtirol) gelegenes Tal mit romanischsprachiger Bevölkerung und landschaftlich weitgehend naturparkähnlichem Charakter sowie mit charaktervollen Dörfern: **Tschier; Valchava,** Münstertaler Museum in der Chasa Jaura, **Sta. Maria,** gotische Kirche. (L IV–M VI)

Nationalpark (rom. Parc Naziunal Svizzer) 1914 geschaffenes Naturreservat im Ofenpaßgebiet, in dem Tier- und Pflanzenwelt der natürlichen Entfaltung überlassen sind. In dem 169 km^2 großen Naturpark kommen über 640 höhere Pflanzenarten, 30 Säugetier- und über 100 Vo-

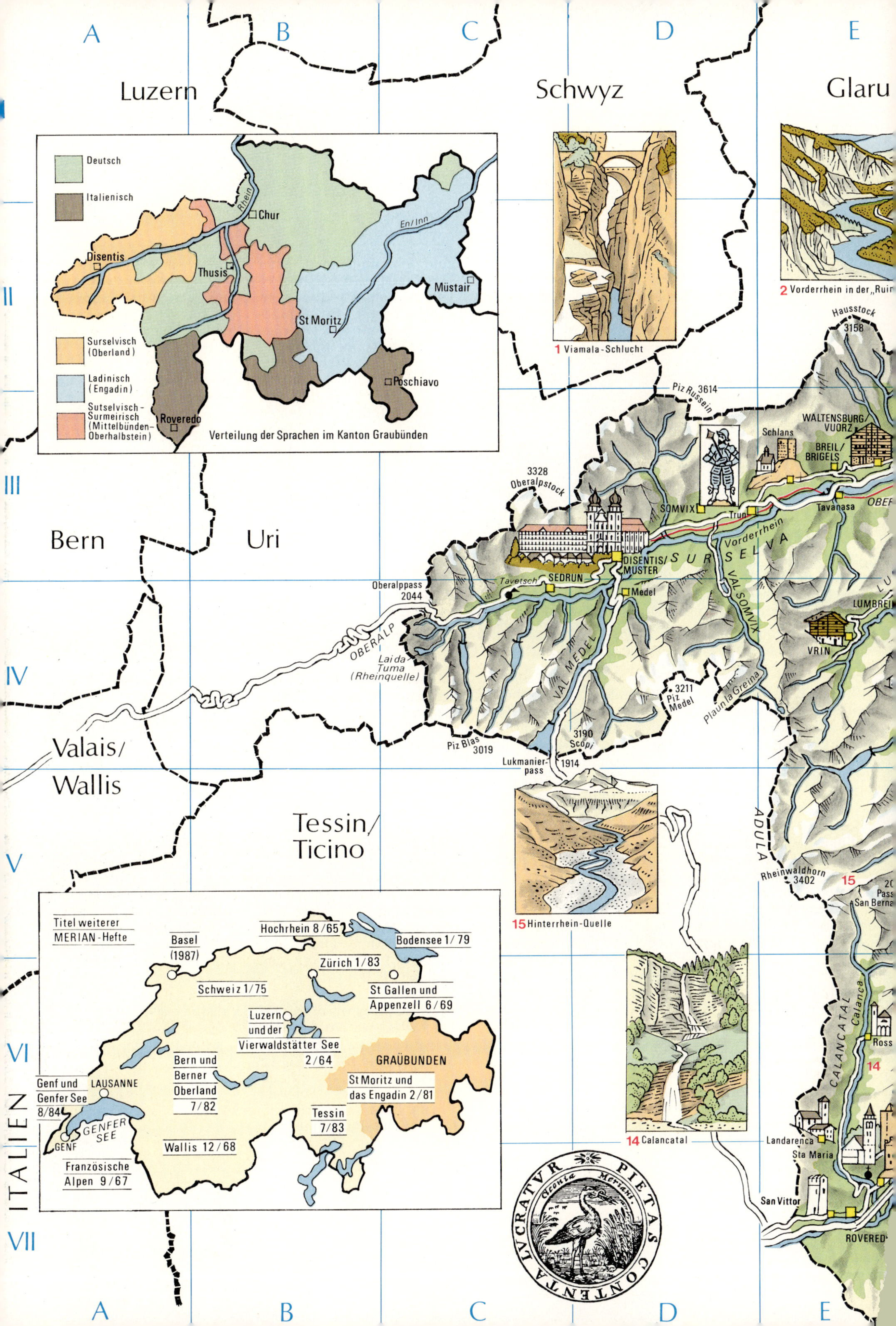

A
B
C
D
E
Luzern
Schwyz
Glaru
Deutsch
Italienisch
Rhein
Chur
En/Inn
Disentis
Thusis
Müstair
St Moritz
Surselvisch (Oberland)
Ladinisch (Engadin)
Sutselvisch-Surmeirisch (Mittelbünden-Oberhalbstein)
Poschiavo
Roveredo
Verteilung der Sprachen im Kanton Graubünden
1 Viamala-Schlucht
2 Vorderrhein in der „Ruin
Hausstock
3158
Piz Russein
3614
WALTENSBURG/VUORZ
Schlans
BREIL/BRIGELS
3328
Oberalpstock
SOMVIX
Trun
Tavanasa
OBER
Vorderrhein
DISENTIS/MUSTER
SUR SELVA
SEDRUN
Tavetsch
Medel
Oberalppass
2044
OBERALP
Lai da Tuma (Rheinquelle)
VAL MEDEL
VAL SOMVIX
LUMBREI
VRIN
3211
Piz Medel
Plaun la Greina
Piz Blas
3019
3190
Scopi
Lukmanierpass
1914
Bern
Uri
Valais/Wallis
Tessin/Ticino
ADULA
Rheinwaldhorn
3402
15
Pass
San Berna
15 Hinterrhein-Quelle
Titel weiterer MERIAN-Hefte
Hochrhein 8/65
Bodensee 1/79
Basel (1987)
Zürich 1/83
St Gallen und Appenzell 6/69
Schweiz 1/75
Luzern und der Vierwaldstätter See 2/64
GRAUBÜNDEN
Bern und Berner Oberland 7/82
Genf und Genfer See 8/84
LAUSANNE
St Moritz und das Engadin 2/81
GENFER SEE
GENF
Tessin 7/83
Wallis 12/68
Französische Alpen 9/67
14 Calancatal
CALANCATAL
Calanca
Ross
14
Landarenca
Sta Maria
San Vittor
ROVERED
ITALIEN
INCRATVR PIETAS CONTENTA
Ciconia Meriani
II
III
IV
V
VI
VII

schöne Dorfplätze und prächtige spätgot. Kirche. (M III)

Sils i. E. (rom. Segl) Zwischen Silvaplaner- und Silsersee gelegenes Dorf mit den Dorfteilen Baselgia (Kirche) und Maria (von *majoria* = Meierei). Ein klimatisch begünstigter Kurort, der u. a. durch den Aufenthalt Friedrich Nietzsches (Museum) bekannt geworden ist. Landschaftlich reizvolles Fextal und Halbinsel Chastè. (J VI, S. 156)

Soglio Intaktes Terrassendorf im Bergell mit eindrucksvollen Salis-Palästen und einzigartigem Bergpanorama. (G VI, S. 32, 34, 36, 160)

Somvix (rom. Sumvitg) Stattliche Gemeinde zwischen Trun und Disentis, zu der auch das Somvixer Tal gehört. Ortsname von lat. *summus vicus* = oberstes Dorf. Schöne Barockkirche. (D III/IV)

Splügen An der Gabelung von Splügen- und San Bernardino-Straße gelegenes Dorf, alter Umschlagplatz mit Susten. Das ursprünglich romanischsprachige Dorf wurde vom Rheinwald her durch Walser germanisiert. Heute ist es ein kleiner Ferienort für den Sommer und Wintersportplatz. Talmuseum Rheinwald. (F V)

Susch (dt. Süs) Unterengadiner Dorf am Fuß des Flüelapasses (2383 m) mit markanten Häusern, Wohntürmen und Festungsruinen (Plantaturm, Gefängnisturm, Fortezza). (K III)

Tarasp Zur Kurregion Scuol-Tarasp-Vulpera gehörende Gemeinde mit mehreren Weilern: Hotelgruppe Vulpera, Funtana an idyllischem See. Schloß Tarasp ist eine der imposantesten Burganlagen der Schweiz. Bis 1803 Zentrum einer zu Österreich gehörenden Enklave. Interessantes Burgenmuseum. (L/M III, S. 155)

Fontana und Schloß Tarasp

Thusis (2400 Ew.) Stattliches Straßendorf am Eingang zur Viamala-Schlucht. Seit alters her wichtiger Etappenort an der Nord-Süd-Route über San Bernardino und Splügen. Schöne spätgot. Kirche und Herrenhäuser in westlichem Altflecken. Markante Burgen und Burgruinen in der Umgebung: Ober- und Untertagstein, Hohenrätien, Ehrenfels. (G IV)

Tiefencastel (rom. Casti) Verkehrsknotenpunkt, an dem sich Lenzerheide-Julier- und Albula-Thusis-Route kreuzen. Markant gelegene Barockkirche im Misoxer Typ. Nahe gelegen: Klosterkirche Mistail. (H IV)

Trin (dt. Trins) Terrassendorf vor Flims, Wehrturm, Burgruine Hohentrins, eine Kirchenburg, die auf das 8. Jh. zurückgehen soll. (G III)

Trun (dt. Truns) Stattliches Dorf im Vorderrheintal, das als Gründungs- und Versammlungsort des Grauen Bundes eine geschichtlich bedeutsame Rolle gespielt hat. Beim Gründungsplatz ein Ehrenhof verdienter Oberländer Persönlichkeiten. Disentiser Hof: Versammlungsort des Bundes und Museum des Oberlandes. Bedeutsame Kirche St. Martin und Wallfahrtskirche S. Maria zum Licht. (D III)

Tschlin (dt. Schleins) Unterstes Terrassendorf im Unterengadin, zu dem auch Grenzort Martina (dt. Martinsbruck) gehört. Spätgot. Kirche mit Wandmalereien. (M III)

Vals Stattliche Walsersiedlung in einem vom Lugnez abzweigenden Hochtal, die im Kern noch gut erhalten ist. Kurort mit Thermal- und Mineralquellen; Skigebiet. Museum walserischer Volkskultur. Barockkirche mit schönen Altären. In der Nähe der 1956 aufgestaute Zervreila-See. (E IV)

Viamala Bis 600 m tiefe Schlucht zwischen Thusis und Zillis, vermutlich schon von Römern begangen (*via mala* = schlechter Weg), 1473 und 1739 ausgebaut; seit 1823 Fahrstraße. (G IV)

Villa Hauptort des Lugnez in schöner Aussichtslage mit malerischem Dorfplatz. Kirche von 1587 mit Malereien. Lugnezer Mutterkirche südöstlich in **Pleiv** mit guter Ausstattung. (E III)

Waltensburg (rom. Vuorz) Hoch über dem Vorderrhein gelegenes Dorf mit Kirche (um 1100) mit frühgotischen Wandmalereien, die zu den bedeutendsten der Schweiz zählen. Imposante frühmittelalterliche Burgruine Jörgenberg und Höhlenburg Kropfenstein in einer Felswand. Kleines Dorfmuseum. (E III)

Zernez An der Abzweigung zum Nationalpark und zur Ofenpaßstraße gelegenes Dorf mit Stammschloß der Planta von Wildenberg, dem Wohnturm derer von Moor und schöner Barockkirche. Nationalpark-Museum mit naturgesch. Sammlung. (K IV)

Zillis Schamser Dorf an der Viamala, das durch die bemalte romanische Holzdecke in der St. Martinskirche weltberühmt geworden ist. Die aus insgesamt 153 gerahmten und figürlich bemalten Feldern bestehende, in Europa einzigartige Decke entstand um 1160. Schamser Talmuseum. (G IV)

Zizers (2500 Ew.) Altes Dorf im Churer Rheintal, umgeben von Weinbergen und Obstkulturen. Das markante Untere Schloß mit wuchtigem Turm unter einer Zwiebelhaube war Wohnung der letzten österreichischen Kaiserin Zita. Oberes Schloß mit schöner Hofanlage. Turmruine. (H II)

Zuoz (1200 Ew.) Der ehemalige Hauptort des Oberengadins ist mit seinem imposanten Dorfplatz und den markanten Engadiner Häusern eines der besterhaltenen Engadiner Dörfer. Das Ortsbild ist durch die wuchtigen Planta-Häuser, den Dorfturm und den schlanken Kirchturm geprägt. (K V) □

Plantahaus in Zuoz

3 Rhäzüns: St-Georgskirche

4 Im Prättigau

13 Juf (Höchstgelegene Dauersiedlung Europas)

12 Piz Bernina

bung bis 1815 eine österreichische Enklave und Sitz des Verwalters der österreichischen Güter in Graubünden war. In der Nähe das kunsthistorisch wertvoll ausgemalte Kirchlein St. Georg. Luftseilbahn zum kleinen Höhenkurort Feldis. (G III)

Bündner Rheintal Beim Becken von Sargans beginnender Abschnitt des Rheintales, das bei Reichenau aus Vorderrheintal (Oberland) und Hinterrheintal (Domleschg, Schams, Rheinwald) gebildet wird. Der unterste Abschnitt ist mit der Herrschaft der mildeste und fruchtbarste Teil Nordbündens und Eingangspforte zu Mittelbünden und den Alpenpässen. Der Vorderrhein entspringt am Tomasee (beim Oberalppaß), der Hinterrhein am Rheinwaldgletscher. (G/H I–III, S. 18, 20)

Rheinwald Oberster Talabschnitt des Hinterrheingebietes, der sich rund 25 km nur noch mäßig ansteigend, als geschlossene Talkammer bis zum Aufstieg des San Bernardino-Passes und zum Rheinwaldhorn (3402 m; Adulamassiv) hinzieht. Das Rheinwald wurde im 13. Jh. durch deutschsprachige Walser besiedelt, die zum Teil weiterwanderten (Avers, Safiental, Vals). (F V)

St. Antönien In einem reizvollen Seitental des Prättigaus gelegene, typische Walser Streusiedlung mit den Ortslagen Castels und Rüti (vereinigt 1978) und Ascharina. Zentrum für Berg- und Klettertouren. Spätgotisches Kirchlein in Castels. (J II)

San Bernardino Zur Gemeinde Mesocco/Misox gehörender Sommer- und Winter-Fremdenort am südlichen Ausgang des Bernardino-Straßentunnels (6596 m lang). Eisenhaltige Mineralquelle. (E V)

St. Moritz (rom. San Murezzan, 5300 Ew.) Der am Beginn der einzigartigen Oberengadiner Seenlandschaft gelegene Ort ist neben Davos der bedeutendste Kur- und Wintersportort Graubündens. Das Heilbad geht auf die Bronzezeit zurück. Weltberühmt wurde der Ort durch die ersten Olympischen Winterspiele in der Schweiz 1928. Mannigfache Sommer- und Wintersportmöglichkeiten. Engadiner Museum (wertvolle Interieurs, Möbel), Segantini-Museum (Hauptwerk des Künstlers). (J V, S. 52–61)

Safien Talgemeinde in einem Vorderrhein-Seitental. Typische Walser Streusiedlung mit verschiedenen Weilern (Neukirch, Thalkirch, Platz). Das hochgelegene Dorf **Tenna** besitzt in seinem Kirchlein einzigartige Wandmalereien. (F III/IV)

Samedan (dt. Samaden, 2500 Ew.) Bahnknotenpunkt und Hauptort des Oberengadins mit stattlichen Häusern. Im Planta-Haus ein romanisches Kulturzentrum mit umfassender rätoromanischer Bibliothek, alten Möbeln, Trachten und Waffen. Gotische Begräbniskirche St. Peter über dem Ort; Dorfkirche mit hervorragender Rokokoausstattung. Flugplatz, Golfplatz, Waldlehrpfad. (J V)

Samnaun (rom. Samagnun) Hochgelegene (1846 m) Talgemeinde im untersten Seitental des Engadin, die einzige der Schweiz, in der Tirolerdeutsch gesprochen wird. Die Gemeinde umfaßt die Dörfer Compatsch, Laret, Plan, Ravaisch und Samnaun Dorf und ist Zollausschlußgebiet, deshalb häufig besuchter Ausflugsort. Ferien- und Wintersportort, der mit dem Tiroler Skigebiet von Ischgl verbunden ist. (M II)

Savognin Im weiten Talbecken des unteren Oberhalbsteins gelegener Hauptort des Tales, drei Dorfteile mit je einer markanten Barockkirche. (Über dem Ort gelegene Kirche St. Martin mit monumentaler Kuppelmalerei.) Sich rasch entwickelnder Sommer- und Winterfremdenort. Waldlehrpfad, Naturschutzgebiet Val d'Err. Regionalmuseum. (H IV)

Schams (rom. Schons) Von der Viamala-Schlucht bis zur Roflaschlucht reichender Talabschnitt des Hinterrheins, in dem teilweise noch Romanisch gesprochen wird. Am Westhang (Schamserberg) verschiedene Bergbauerndörfchen und im Tal die alten Siedlungen Zillis und Andeer. Neben dem Transitverkehr spielte auch der Bergbau eine Rolle. (G IV)

Blick auf Scuol

S-chanf Straßendorf im Oberengadin mit schönen Häusern und Brunnen. Zu ihm gehört auch Chapella mit mittelalterlichem Hospiz und Kirchenruine. (K IV)

Schanfigg Seitental des Churer Rheintals, das sich gegen den nach Davos führenden Strelapaß (2352 m) zieht und bei Langwies nach Arosa abzweigt. Die von tiefen Tobeln durchfurchten Talhänge haben in der Höhe weite »Heuberge« (Alpen). Das Tal wurde von Davoser Walsern germanisiert, die sich von **Langwies** (spätgot. Kirche, Eisenbetonbrücke von 1912) talabwärts verbreiteten. Auf der linken Talseite **Tschiertschen** mit schönem Walserdorfbild, kleiner Kurort. (H III)

Scuol (dt. Schuls) Alter Hauptort des Unterengadins. Heute Kurgebiet zusammen mit Tarasp-Vulpera (Mineralquellen mit alkalischen Glaubersalzen und Eisensäuerlingen) und Wintersportort. Prächtiger Dorfplatz in Unterschuls (reichverzierte Engadiner Häuser, Talmuseum), schöne spätgot. Kirche. – Reizvolles S-charl-Tal mit Ruinen alter Schmelzanlagen und berühmtem Arvenwald. (M III/IV)

Sedrun Zur Talgemeinde Tavetsch (rom. Tujetsch) gehörender Hauptort des Talabschnittes, der von Disentis bis zum Oberalppaß (2044 m) reicht. Ruhige Sommerfrische (Tourengebiet) und Wintersportplatz. Künstlerisch reich ausgestattete Pfarrkirche des 17. Jhs. Burgruine Pontaningen, Mineralienfundstellen in der Umgebung. (C IV)

Sent Hoch über dem Inn gelegenes Unterengadiner Dorf mit rokokoartig geschwungenen »Senter Giebeln« an den Häusern,

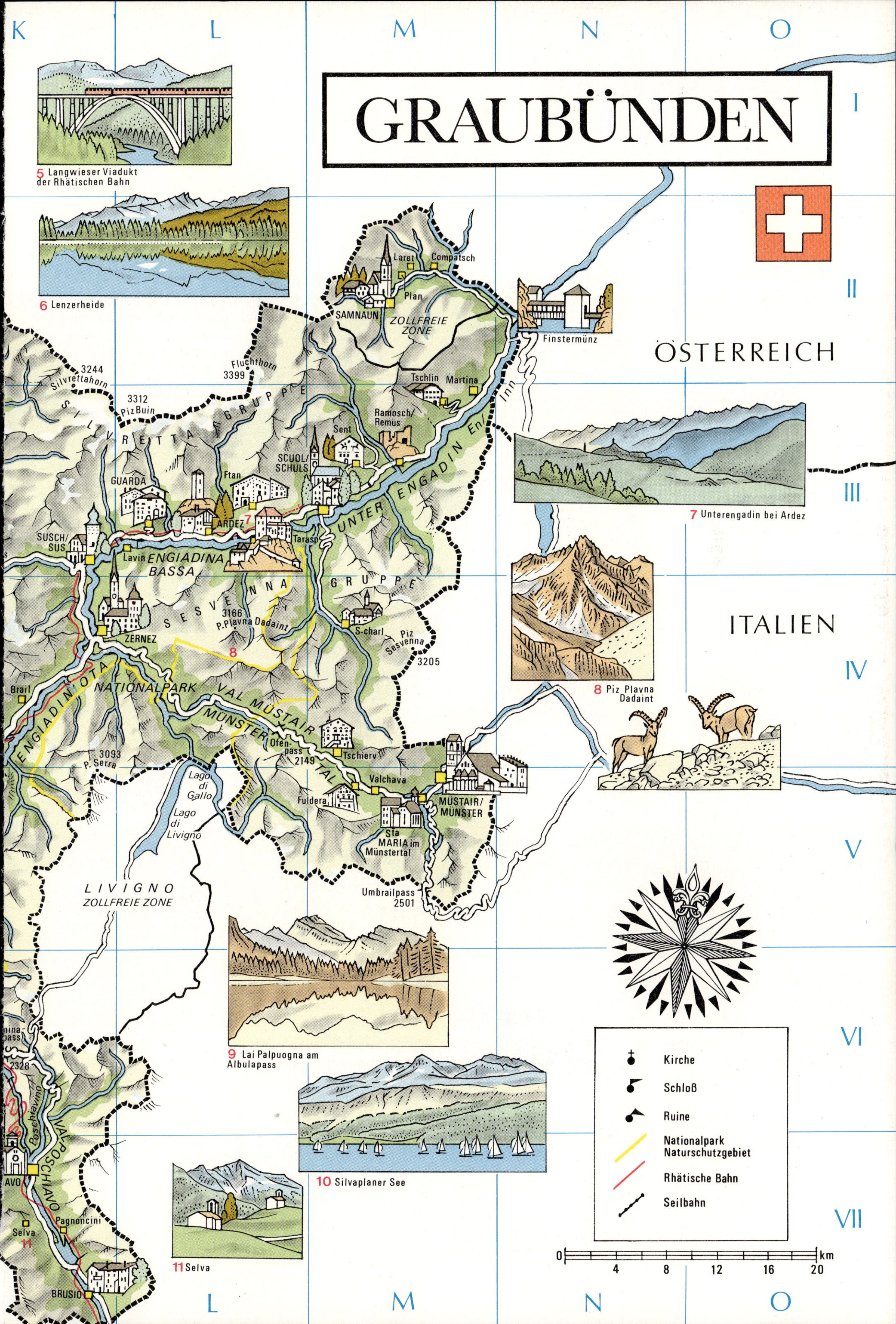

GRAUBÜNDEN
K L M N O
I II III IV V VI VII
ÖSTERREICH
ITALIEN
5 Langwieser Viadukt der Rhätischen Bahn
6 Lenzerheide
7 Unterengadin bei Ardez
8 Piz Plavna Dadaint
9 Lai Palpuogna am Albulapass
10 Silvaplaner See
11 Selva
Laret
Compatsch
Plan
SAMNAUN
ZOLLFREIE ZONE
Finstermünz
Fluchthorn 3399
3244 Silvrettahorn
3312 Piz Buin
SILVRETTA GRUPPE
Tschlin
Martina
Inn
Ramosch/ Remüs
Sent
SCUOL/ SCHULS
Ftan
GUARDA
ARDEZ
SUSCH/ SUS
Lavin
ENGIADINA BASSA
Tarasp
UNTER ENGADIN En
SESVENNA GRUPPE
3166 P. Plavna Dadaint
S-charl
Piz Sesvenna 3205
ZERNEZ
Brail
ENGIADIN' OTA
NATIONALPARK
VAL MÜSTAIR
MÜNSTER TAL
Ofenpass 2149
Tschierv
Valchava
Fuldera
MÜSTAIR/ MÜNSTER
Sta MARIA im Münstertal
Umbrailpass 2501
3093 P. Serra
Lago di Gallo
Lago di Livigno
LIVIGNO ZOLLFREIE ZONE
2328
Poschiavino
VAL POSCHIAVO
Pagnoncini
Selva
BRUSIO
Kirche
Schloß
Ruine
Nationalpark Naturschutzgebiet
Rhätische Bahn
Seilbahn
0 4 8 12 16 20 km

gelarten vor. Nationalparkmuseum und -zentrum in Zernez. (K/L IV, S. 160)

Oberengadiner Seen Einzigartige hochalpine Seenlandschaft im obersten Inntal, mit dem Silsersee (rom. Lej da Segl), Silvaplanersee, Champfersee und dem St. Moritzer See. Sie reicht rund 16 km von Maloja bis St. Moritz und verdankt ihre Entstehung der Eiszeit. Der Silsersee wurde 1946 durch eine Geldsammlung des Schweizer Volkes erworben und so vor Wasserkraftnutzung und Verschandelung bewahrt. Am gleichnamigen See: **Silvaplana,** schöne gotische Kirche, Talstation der bekannten Corvatschbahn, und am Silsersee **Sils** i. E. (H/J VI, S. 146)

Oberhalbstein (rom. Sursès) nach der Felsenenge des Contersersteines (rom. Crap Sès) sich öffnendes Tal an der Julierroute mit romanischsprachiger Bevölkerung. Im weiträumigen unteren Talabschnitt verschiedene Dörfer, so Savognin (siehe dort), das alte **Tinizong** (dt. Tinzen), ein bereits zur Römerzeit (Tinneto) bekannter Etappenort mit schöner Barockkirche (wertvoller spätgot. Schnitzaltar, hübscher Rokokoaltar) und dem landschaftlich reizvollen Val d'Err in der Nähe; **Riom** (dt. Reams) mit talbeherrschender Burg; **Salouf** (dt. Salux) mit schöner gotischer Kirche (wertvoller spätgot. Schnitzaltar) und Ruinen von Erzhütten in der Nähe. (H IV/V)

Oberland (rom. Surselva) Das Vorderrheintal mit seinen Seitentälern Lugnez, Valsertal, Somvix und Medelsertal, das zum Lukmanierpaß (1914 m) führt, oberhalb des Flimser Waldes. In ihm waren früher die Fürstäbte von Disentis auch politisch bestimmend; sie haben bei der Gründung des hier beheimateten Obern oder Grauen Bundes von 1424 Pate gestanden. Ein Teil des sonst romanischsprachigen Oberlandes ist von deutschsprachigen Walsern besiedelt worden: Obersaxen, Safiental, Valsertal, Medels. Der oberste Talabschnitt, der von Disentis bis zum Oberalppaß (2044 m) reicht, heißt Tavetsch. Das Oberland hat interessante Terrassendörfer wie Waltensburg, Brigels, Obersaxen sowie die Talorte Ilanz, Trun, Somvix. (D/E III)

Ofenpaß (rom. Pass dal Fuorn) Landschaftlich großartiger Paßübergang (2149 m) vom Unterengadin (Zernez) ins Münstertal, der zum Großteil durch den Nationalpark führt. Der Name erinnert an die Schmelzöfen: Hier wurde früher Erz abgebaut. (L IV)

Parpan An der Straße über die Lenzerheide liegender kleiner Kurort mit Anschluß an das bekannte Skigebiet von Lenzerheide-Valbella. Hübsches Schlößlein aus dem 16. Jh., spätgotische Kirche mit einzeln stehendem Turm. (H III, S. 10)

Passug Bad Oberhalb von Chur am Zusammenfluß der Flüsse Plessur und Rabiusa gelegenes Thermalbad mit alkalischen und eisen- sowie jodhaltigen Säuerlingen. Neuerdings Kneipp-Kurzentrum. (G/H III)

Pontresina (rom. Puntraschigna) Klimakurort, Tourenzentrum und Wintersportplatz bei der Einmündung der Val Roseg in die Val Bernina im Oberengadin, umgeben von schönen Arven- und Lärchenwäldern und nahe der großartigen Hochgebirgswelt der Bernina. Alte Kirche S. Maria mit wertvollen Fresken des 13. und 15 Jhs., Wohnturm aus dem 12. Jh. Landschaftlich reizvolle Seitentäler Roseg, Morteratsch und dal Fain. Muottas Muragl (Seilbahn): einzigartiger Ausblick auf die Oberengadiner Seenlandschaft. (J V, S. 160)

Blick auf Samedan

Poschiavo (3300 Ew.) Stattlicher, borgoähnlicher Marktflecken und Talgemeinde in Südbünden (größter Teil des Puschlavs). Hübsche Piazza, herrschaftliche Bauten und interessante Kirchen (Stiftskirche San Vittore, reformierte Kirche S. San Ignazio Oratorio S. Anna), Regionalmuseum. – In der Umgebung trulloartige Steinbauten, östlich das landschaftlich reizvolle Val di Campo mit Bergseen, im Süden der Lago di Poschiavo mit dem kleinen Kurort Le Prese. (K VII, S. 116–119, 160)

Prättigau Tal zwischen Landquart und der Landschaft Davos, das sich nach der Felsenenge der Klus zum Vorder- und nach weiteren Talengen zum Mittelprättigau öffnet; im Hinterprättigau die Kurregion Klosters. Prättigau stammt wahrscheinlich vom Namen des Keltenstammes der Prettenos oder Prittenos. Das zum romanischen Sprachbereich gehörende Tal wurde durch Walser germanisiert. Terrassendorf **Seewis** mit Kurzentrum für Herzkranke, **Grüsch** mit schönen Herrschaftshäusern (meist der von Salis), Burgruine Solavers und Prättigauer Talmuseum, **Schiers** (2300 Ew.), Hauptort des Vorderprättigaus mit gotischer Mutterkirche des Tales, Bäuerinnenschule für Graubünden, **Jenaz** mit prächtigen Holzhäusern, **Fideris,** ein kleiner Kurort mit bemerkenswerten alten Häusern, **Küblis** (siehe dort), **Saas** mit einem geschlossenen Dorfbild und dem Denkmal an den Prättigauer Aufstand gegen Österreich 1622, **Luzein** an der Straße, die nach St. Antönien führt, mit stattlichen Herrenhäusern und einer schönen gotischen Kirche. (H/J II)

Ramosch (dt. Remüs) Das 1880 durch einen Brand zerstörte Unterengadiner Dorf besitzt noch eine prächtige spätgotische Kirche und die imponierende Burgruine Tschanüff. (M III)

Puschlav Südliches, italienischsprechendes Tal jenseits der Bernina, mit den Talgemeinden **Poschiavo** (siehe dort) und **Brusio,** Zentrum des Veltliner Weinhandels. Prächtige Rokoko-Orgel in der reformierten Kirche. (K VI/VII)

Rhäzüns (rom. Razén) Am Nordzugang zum Domleschg gelegenes, stattliches Dorf mit markantem Schloß (13. Jh.) über dem Hinterrhein, das mit der Umge-